연꽃 피는 시간

연꽃 피는 시간

芸　成 (金貞子) 著
慧　敎 (李香淑)

學古房

발 간 사

톨스토이는 이렇게 말했습니다.

"최상의 행복이란 1년의 맨 마지막에 당도한 자신이, 1년의 맨 처음에 비해 한결 훌륭해졌다고 느낄 때이다."라고 말입니다.

저는 지금 행복합니다. 왜냐하면 1년 전에 비해 우리 전국비구니회가 훨씬 더 발전했다고 생각되기 때문입니다. 그것은 바로 전국비구니회가 상생과 소통 그리고 도약의 3대 핵심 목표를 세우고 '한국비구니승가연구소'를 개원하게 된 점에 기인하고 있습니다.

'한국비구니승가연구소'를 기반으로 전국비구니회의 위상이 점진적으로 발전하게 될 것을 약속드린 바 있습니다만, 이번에 비로소 그 결과물로서 학술총서 2권을 출간하게 되었습니다.

먼저 학술총서 제1권은 성기스님의 『보살십지사상연구(菩薩十地思想研究)』이고, 제2권 『연꽃 피는 시간』은 운성스님의 「운문사 학인승의 수행(修行)」과 혜교스님의 「묘공대행(妙空大行)의 주인공(主人空)사상과 관법(觀法)」을 한 권으로 엮었습니다.

'한국비구니승가연구소'는 전국비구니회 최초의 비구니 정책연구소로 비구니 승가의 실질적인 권익 증진은 물론이고 불교계 발전에 핵심적 역할을 하며 연구와 더불어 세부실행 방안도 도출할 예정입니다.

그동안 연구소가 개원하기까지 성원과 원력을 아끼지 않으신 전국에 계신 비구니스님들과 운영위원스님들께 이 뜻 깊고 고마운 쾌거를 전하면서, 앞으로 비구니승가의 역할 증대에 부합할 수 있는 연구와 실행이 활발하게 이루어져 불교의 사회적 책임에 능동적으로 대처하게 되기를 기대하는 바입니다.

불기 2559(2015)년 8월 17일

전국비구니회 한국비구니승가연구소 초대소장
명우 합장

『雲門寺 學人僧의 修行』 책을 내면서

을미년 여름, 大邱를 누군가는 '대프리카' 라고하며 "대프리카의 더위 속에서 어떻게 지내십니까?"라는 신조어를 탄생시킬 정도의 더위와 씨름하고 있을 때, 전국비구니승가 연구소에서 비구니스님 관련 논문을 모아 책으로 출판한다는 소식을 접하고 부끄러움을 무릅쓰고 '비구니 승가대학에 관한 논문이라 해당되지 않을까?' 하는 마음으로 올려보았습니다.

막상 미숙한 저의 논문이 채택되었다는 소식을 접했을 땐, 기쁨과 함께 큰 부담으로 다가왔습니다. 진흙 속의 한 줄기 연꽃은 자연의 섭리를 위배하지 않은 많은 공력과 인력으로 한 포기 연꽃이 탄생 됩니다.

이 책의 제목 '연꽃 피는 시간'처럼 韓國 比丘尼 僧伽는 佛敎가 한국에 전래되었던 때부터 시작되어 1700여 년간 오랜 修行傳統을 지니고 있습니다. 그러나 先代의 比丘尼들은 著述活動을 거의 하지 않았고 그 弟子들 역시 스승의 行狀과 가르침을 어록으로 남기는 일을 많이 하지 않았습니다. 그로 인해 전해져 내려오는 口傳과 현재 僧伽의 修行活動 모습을 통해서만 비구니들의 삶과 수행 및 교육과정을 미루어 알 수 있을 뿐입니다.

저의 졸고 〈雲門寺 學人의 修行 體系〉는 韓國 比丘尼僧伽 大學 成立科程 및 敎育課程의 변천을 알 수 있는 우리나라 최대의 比丘尼僧伽 大學인 雲門 僧伽大學 學人僧의 修行體系를 體系的으로 살펴본 것입니다.

1958년에 개원한 운문사는 立志發願·精進不退·流通敎誨를 교육목표로 우리나라 최대의 비구니 승가대학인 '雲門僧伽大學'을 운영하고 있으며, 우리나라를 대표하는 比丘尼 僧伽大學으로 자리매김하고 있습니다.

저의 논문은 미력하나마 비구니강원의 시원부터 현재 승가대학까지의 변화를 살펴보며 정리한 것으로 말의 흔적을 빌려서라도 산발적으로 흩어져있는 비구니승가대학-운문승가대학-관련 자료들을 통해 현재 운문승가대학의 교육과정과 방법 등의 수행체계에 관한 체계적인 이해가 가능할 것을 기대합니다.

한국 전통 비구니 승가대학의 성립은 그 모태인 전통승가 교육기반이 있었기에 가능했습니다. 불교 교육은 삼보에 대한 신심(信心)·신해(信解)·신행(信行)·신증(信證)을 근간으로 올바른 정신과 사상 그리고 올바른 행위의 실천을 추구해야 합니다. 수행자로서의 마음가짐을 세우고 끊임없는 수행과 자기 극복을 통해 이웃에 대한 회향을 목적으로 모든 비구니승가대학의 공통된 목표라고 할 수 있습니다. 믿음이 투철한 수행자에게는 말이나 글이라는 방편이 필요 없다고 합니다만 이 책과 인연한 초심자나 연구자들에게 조금이나마 도움이 되기를 기원합니다.

저의 졸고를 학술총서2『연꽃 피는 시간』에 채택해 주신 승가연구소 소장님께 심심한 감사를 드리며 이 책이 발간되기까지 애써주신 모든 분들께 예를 올립니다.

* 이 論文은 芸成(속명; 金貞子)스님의 「雲門寺 學人僧의 修行 體系 硏究(2008)」碩士學位 論文을 수정 보안 한 것 입니다

乙未年 立秋 저녁에
운성 합장

『妙空大行의 主人空 思想과 觀法』 책을 내면서

연일 계속되는 폭염 주의보와 폭염 특보 속에 뚝뚝 떨어지는 땀을 주체할 수 없다. 이렇게 심신이 지쳤을 때 어딘가에 문득 들러 몸과 마음을 휴식하고 싶은 곳. 그 곳에 가면 마음이 쉬어지는 곳. 언제라도 나를 반기는 곳. 안양에 있는 한마음선원은 관악산 줄기 자락과 맞닿아 있다. 앞쪽에서 보면 10차선의 시끄러운 도심 한복판에 위치해 있고 고층의 아파트 숲에 둘러싸여 있어서 마음공부를 하는 절집으로서의 풍모라고는 할 수 없다. 그러나 뒤쪽으로 조금만 올라가면 앞쪽의 풍경과는 대비되는 쭉 뻗은 등산로가 신선한 법향으로 우리를 맞이한다. 그 곳에 대행스님의 숨결이 살아 움직이고 있다.

올해는 대행스님 열반 3주기였다. 3주기 기념영상으로 제작한 "허공에 길을 놓아 바퀴 없는 마차를 타고"가 문득 떠오른다. 이 영상은 한마음선원 도량 탑을 건립하게 된 동기와 의미를 담은 영상이다. 대행스님은 도량 탑의 의미를 법당 지붕의 칠보 탑과 더불어 다음과 같이 말씀하신다. 칠보 탑은 모든 중생의 불성이 끊어지지 않게 이어져 나아가기를 바라는 염원을 담은 것이며, 도량 탑은 모든 중생이 깨달을 수 있기를 바라는 염원을 담고 있다.

합장한 두 손을 가슴에 모으고 지그시 눈을 감고 탑돌이를 하는 사람들의 모습 속에서 부처님의 모습이 보인다. 각자 살림살이의 희노애락과 가족의 건강과 행복을 기원하며 마음의 자성불을 활짝 피우고자 하는 서원을 담고 있겠지! 내면에 한발한발 떼어 놓을 수 있는 길을 낼 것이며, 바퀴 없는 마차를 타고 자유자재하게 스님의 발자취를 쫓아 걸을 수 있는 자양분을 쌓아 갈 것이다.

어느 날 비구니 연구소에서 비구니스님 관련 논문을 모아 책으로 출판한다는 연락을 받았다. 필자의 글은 대행스님께서 펼쳐 보여주신 불법의 사상과 수행의 방법을 수박 겉 핥기 식으로 쓴 석사논문이다. 대행스님은 한암스님에게 삭발염의를 하시고 산속으로 만행을 하시면서 깨달음을 성취한 분이다. 경허스님이 스승의 가르침 없이 홀로 대도를 이루시고 근현대 한국불교의 선맥을 뻗어 나가게 한 중흥조로서 존경을 받는다면, 대행스님은 비구니로서 홀로 깨달음을 얻고 다양한 포교방법으로 현대 한국불교계가 나아가야 할 방향과 지향점을 제시한 선사로서 경허스님에 버금가지 않을까.

대행스님의 가장 큰 가르침의 대의는 삶은 고가 아니라는 것이다. 언뜻 스쳐 들으면 우리의 삶은 경쟁과 갈등의 연속선상에 있기 때문에 역설의 의미로 들릴 수 있다. 그러나 이 말씀은 역설이 아니며 삶을 고통으로 여기고 살아가는 사람들에게 생각을 바꾸면 참된 인생살이를 할 수 있다고 믿음을 주는 패러다임이다.

대행스님은 유마거사의 병처럼 중생들의 아픔은 곧 내 아픔이기에 치료하지 않을 수 없다고 하신다. 내가 아픈 사람들을 위해서가 아니라 내가 아프기 때문에, 내가 아프지 않기 위해서일 뿐이라고 한다. 이보다 더 큰 보살행이 있을 수 있는가? 이보다 더 큰 보살도를 찾을 수 있는가? 오로지 나를 위해서일 뿐이라는 것은 곧 모든 사람들을 향한 사자후인 동시에 경책이 아닐까 하는 생각이다. 스님처럼 남의 아픔이 곧 내 아픔이 되어 돌아오는 不二法을 행하라는 침묵의 명령 아닌 명령일 것이다.

이 글은 대행스님께서 대중을 향해 나와 똑같이 '오직 내가 있기 때문에 나만을 위해' 살아가라는 수행의 방편으로 펼쳐 보이신 主人空 사상과 觀法을 소개한 글이다. 화두를 잡고 참선하는 것이 한국불교계를 이끄는 원동력이었던 시대에 스님께서는 깨달음을 얻은 주인공 관법 수행을 펼쳤다. 대행스님의 주인공 관법 수행은 일반적인 참선 수행과는 거리감이 있다. 빛의 속도로 빠르게만 돌아가는 현대인의 삶에 참선 명상 수행은 일부러 시간을 투자해야하는 단점이 있다. 그렇다 보니 참선 수행으로 마음을 편안히 하고 싶어도 할 수 없는 사람들에게는 꿈만 같은 일이다.

이에 반해 대행스님의 주인공 관법은 따로 시간을 내지 않아도 되는 고퀄리티의 장점이 있다. 이 책을 통하여 바쁘고 지친 사람들이 다소나마 심신의 평온함과 삶의 여유로움을 찾을 수 있기를 기대해 본다.

불기 2559년(2015) 불볕의 여름 날
혜교 합장

目 次

🪷 PART *1* | 雲門寺 學人僧의 修行 – 芸成(金貞子)

雲門寺 學人僧의 修行

芸 成(金貞子)

I

서 론

이 논문은 우리나라 최대의 비구니승가대학인 운문사(雲門寺)[1] 승
가대학(僧家大學, 이하 운문승가대학)의 학인승(學人僧)의 수행체계
를 체계적으로 살펴보는 데 그 목적이 있다.

현 한국 비구니 승가(僧家)[2]는 불교가 한국에 전래되던 때[3]부터 시
작되어 1600여 년간의 오랜 수행(修行)[4] 전통을 지니고 있다. 그러나

---

1) 雲門寺는 대한불교조계종 제9교구 본사인 동화사의 말사로 560년(신라 진흥왕
   21)에 神僧이 창건한 절로 608년(진평왕 30)에는 원광법사가 이곳에 머물면서
   크게 중창했다고 한다. 그러나『삼국유사』권4 圓光西學 및 寶壤梨木條에 원광
   법사와 운문사는 관련이 없다고 기록되어 있다.「寺蹟記」에 따르면 고려시대
   인 937년(태조 20) 중국 唐나라에서 법을 전수받고 돌아온 寶壤國師가 까치
   떼의 도움으로 이 절을 짓고 鵲岬寺라 했으나, 943년 삼국을 통일한 태조 왕건
   이 보양국사가 절을 세웠다는 말을 듣고 많은 전답과 함께 雲門禪寺라고 사액
   한 뒤부터 운문사라 부르게 되었다고 한다. 1105년(숙종 10)에 圓眞國師가 중
   창한 이후로 많은 고승들이 배출되었으며, 조선시대인 1690년(숙종 16) 雪松이
   임진왜란 때 폐허화된 절을 다시 중건하여 어느 정도 옛 모습을 되찾게 되었다.
   현재 이 절에는 조계종 운문승가대학이 설치되어 많은 비구니들의 교육과 연구
   기관으로서의 역할을 담당하고 있다. 경내에는 우리나라 사찰 중 가장 규모가
   큰 萬歲樓를 비롯하여 대웅보전(보물 제835호)·미륵전·鵲鴨殿·금당·강
   당·관음전·명부전·오백나한전 등 조선시대의 많은 건물들이 남아 있다. 중
   요문화재로는 금당앞석등(보물 제193호)·동호(보물 제208호)·원응국사비(보
   물 제316호)·석조여래좌상(보물 제317호)·사천왕석주(보물 제318호)·3층석
   탑(보물 제678호) 등이 있다.
2) 해주,「불교교단의 성립」,『불교교리강좌』(서울: 불광출판부, 1993), 53쪽. 승
   가의 원래 의미는 출가수행자의 통제된 집단으로 전문승려 집단을 가리키며
   승가를 僧이라고 약칭하기도 한다.
3) "한반도에 불교가 처음 전래된 것은 고구려 소수림왕 2년(372)이고, 이어서 백
   제는 침류왕 원년(384)에 전래되었다. 신라는 법흥왕 14년(527)에 이차돈의 순
   교에 의해 공인되었으며, 삼국 모두 왕실에 의해 불교가 되었다." 소운,『하룻
   밤에 읽는 불교』(서울: 랜덤하우스, 2006), 94쪽.
4) 修行에 대한 국어사전에 기재된 일반적인 정의는 ①행실 학문 따위를 닦음,
   ② 불도에 힘씀으로 말할 수 있다. 그러나 불교에서 말하는 수행은 이보다 훨씬
   포괄적인 의미를 가지는 것으로 上求菩提 下化衆生을 할 수 있는 行·住·
   坐·臥·語·默·動·靜 등 모든 정신적인 면과 육체적인 면을 포함한 것을
   이른다.

선대의 비구니들은 거의 저술활동을 하지 않았고, 그 제자들 역시 스승의 행장(行狀)과 가르침을 어록으로 남기지도 않았다. 그로 인해 전해져 내려오는 구전(口傳)과 현재 승가의 수행 활동 모습을 통해서만 그들의 삶과 수행 및 교육과정을 미루어 알 수 있을 뿐이다.

운문승가대학의 사정도 이와 비슷하다. 운문승가대학은 1956년에 최초로 설립된 동학사 비구니승가대학 다음으로 1958년에 개원하였다. 이후 국내에는 봉녕사 승가대학(경기), 청암사 승가대학(경북), 삼선승가대학(서울)등 3곳이 잇달아 설립되었다. 그리고 이 중에서 현재 우리나라 최대의 비구니승가대학을 이루고 있으며 우리나라를 대표하는 비구니승가대학이라 불리고 있는 강원은 운문승가대학이다.

그러나 운문승가대학의 이러한 전통과 위상에도 불구하고 교과과정이나 수행전통에 대한 체계적인 연구가 거의 없었다. 더욱이 졸업 운문승가대학 동문간의 유대관계, 활발성, 영향력, 경제적 여건, 장학 제도 등을 고려해 볼 때, 학인승 제반에 관한 체계적인 연구는 더욱 절실한 것으로 보인다. 이러한 운문승가대학에 관한 전반적인 연구를 통해 그동안 자료의 부족으로 인해 잊혀져가던 비구니승가대학의 본래 의미와 그 수행체계들을 점차적으로 밝혀갈 수 있을 것이다.

본 연구는 이러한 현실인식을 바탕으로 현재 산발적으로 흩어져 있는 비구니승가대학 - 운문승가대학 - 관련 자료들을 모아 정리하는 것을 일차적 목표로 삼을 것이다. 그리고 이렇게 정리된 자료들을 통해 현재의 운문승가대학의 교육과정과 방법 등의 수행체계에 관한 체계적인 이해가 가능할 것이라 기대된다. 이러한 목표들에 따라 본 논문은 다음과 같은 순서로 진행될 것이다.

먼저, 운문승가대학의 수행 전통에 있어서 그 시원(始原)이 되는 한

국 전통 〔비구〕승가교육의 성립과 변천을 살펴볼 것이다. 비구니승가
대학의 모태로서 일반 승가의 경우를 먼저 살펴보고, 이어서 비구니승
가교육의 성립을 서술하고자 한다. 그 뒤 근·현대 비구니강원의 성립
과 그 수행양상을 살피고, 현재 승가대학의 모습에 이르기까지의 과정
을 5대 강원을 중심으로 살펴볼 것이다.

둘째, 비구니승가대학으로서의 운문사에 관한 제반 사항들을 개괄적
으로 살펴볼 것이다. 운문사의 창건과 연혁, 그리고 운문사 학인들의
일상, 하루 일과, 수행 활동, 경전공부, 부서별 활동 등을 사진과 함께
살펴본다.

셋째, 운문승가대학의 학칙을 비롯하여 교육과정 및 교육내용 등의
사항을 통해 운문승가대학만이 가지고 있는 특징들을 살펴본다. 이와
더불어 운문승가대학과 관련된 주요 인물들의 활동 사항 및 연보를 통
해 운문승가대학의 현주소를 찾아볼 것이다.

마지막으로 운문승가대학의 교육과정을 살펴볼 것이다. 이는 비구
니승가대학이 표면적으로는 전통 승가대학 시기보다 교육환경이 개선
되었고 승가교육제도의 정착을 가져왔다고 보여 지지만, 내부적으로는
현대교육과 조화를 이루어야 할 과제가 남아있다는 점을 염두에 두면
서 비판적 안목으로 관련 자료들을 분석하고자 한다.

본 논문의 주된 연구범위는 비구니들이 교육을 받을 수 있는 환경이
조성된 해방 이후의 시기, 특히 비구니 전문 강원5)이 생기기 시작한
1956년부터 2007년까지로 한정하고 가능한 한 관련된 도표와 그림들을
많이 제시하여 이해를 돕고자 한다. 이를 위해 문헌자료와 기록, 남겨
져 있는 여러 저서들을 참고할 것이다.

---

5) 강원은 승가의 교육 기관을 말하며 현재 강원이라 지칭하는 것은 승가대학을
   가리킨다.

II

한국 비구니승가대학 성립과정
및 교육과정의 변천

1 전통 승가대학의 성립과 변천

한국 전통 비구니승가대학의 성립은 그 모태인 전통 승가교육의 기반이 있었기에 가능했다. 그러므로 비구니승가대학의 모태로서 전통 승가의 성립과정을 살펴보고 이어서 전통 비구니승가대학이 성립되게 된 배경과 그 변천을 살펴보고자 한다.

1) 비구니강원의 모태로서 전통 승가교육의 성립과정

한국의 승가교육은 모든 사찰이 수행도량(修行道場)이고 교육기관에 해당된다는 점에서 불교가 전래된 삼국시대부터 시행되었을 것이라는 설이 학계의 일반적 견해이다.[6] 승가교육은 삼국시대에는 사원 자체 내에서 교학(敎學)을 중심으로 이루어졌고, 통일 신라 말기 중국에서 전래되었다. 그리고 고려시대에는 교종과 선종이 병립하게 되면서 선·교를 융섭(融攝)하는 교육으로 새 전기를 맞이하게 된다.

오늘날 승가대학의 수행전통이 언제부터 시행되었는지는 정확히 알 수 없다. 그러나 승가대학 교육이 삼학(三學)[7]의 수행을 강조하고 이력과정도 선·교 겸학을 하고 있는 점을 고려해 볼 때, 선·교 융회(融會)의 사상을 정립, 정혜쌍수(定慧雙修)와 돈오점수(頓悟漸修)를 주장했던 고려 보조국사지눌(普照國師知訥, 1158~1210)[8]에게서 그 원류를

---

6) "6세기 전반경부터 불교교학의 연구가 수준 높게 이루어지고 있는 점을 들어 알 수 있다. 이 시기 고구려에서는 인도 般若空사상을 연구하는 三論學을 체계적으로 발전시켜 중국의 삼론종에도 영향을 미쳤다. 이러한 사상적 흐름을 주도한 승려로는 僧朗과 『涅槃經』의 대가였던 普德. 그리고 天台學을 수학한 波若(562~613)가 있다." (소운, 같은 책, 96쪽).

7) 불교의 세 가지 학문인 戒學·定學·慧學을 총칭하는 말이다.

8) 知訥은 고려의 승려로 불자의 수행법으로 頓悟漸修와 定慧雙修를 주장하였다.

찾을 수 있다.

지눌 이후 승가 수행은 조선시대에 들어 숭유억불(崇儒抑佛)정책으로 인해 크게 위축되었다가 벽계정심(碧溪正心, ?-?)에 의해 승가 수행의 전통이 이어지게 된다. 그의 제자 중 벽송지엄(碧松智儼, 1464~1543)은 사집(四集)9) 교과과정의 중요성을 부가시켰으며, 그 후 교과과정 편제에 사집과(四集科)10) · 대교과가 조직되는 조치가 취해졌다. 조선시대 중엽에는 청허휴정(淸虛休靜, 1520~1604)과 부휴선수(浮休善修, 1543~1615)의 활약으로 불교계가 중흥되자 사원 내에 전문적인 도제양성의 교육기관으로서 강원(講院)11)과 선원(禪院)12)이 설치되었고 제도적으로 정비되었다. 17세기 인조-숙종 때에 이르러서는 월담설제(月潭雪齊, 1632~1704), 월저도안(月渚道安, 1638~1715), 백암성총(柏庵性聰, 1631~1700)이 나와 불경을 펴내는 일과 강학에 힘씀으로써 강원제도가 완비된 것으로 보고 있다.13)

이렇게 승가교육은 조선 중엽 이후 선 · 교 겸학의 전통이 세워지고 돈오점수 · 사교입선(捨敎入禪)14)의 교육 방침에 따라 강원에서는 삼

禪으로써 體를 삼고 敎로써 用을 삼아 선 · 교의 합일점을 추구했다. 저서에 『眞心直說』, 『牧牛子修心訣』 등 다수가 있다.
 9) 四集은 출가자에게 가르치는 교과서로『書狀』, 『都序』, 『禪要』, 『節要』의 4가지 書를 말한다.
10) 승가대학 교과과정 중 2학년을 '사집과'라고 한다.
11) 총림을 구성하는 선원 · 율원 · 강원 중의 하나로서 經과 論을 연구 · 학습 · 강의하는 곳을 말한다. 강원은 인도에 그 기원을 두고 있는데,『增一阿含經』권50,『佛祖統記』권38,『三國遺事』권4 등에서 講堂으로 표기하고 있어 강원이라는 명칭 이전에는 강당이라고 하였음을 알 수 있다.
12) 禪修行을 하는 곳이다.
13) 남도영, 「승가교육사와 강원」, 『강원총람』(서울: 대한불교조계종교육원, 1997).
14) "조선 후기에는 불교사상면에서 새로운 변화를 보여 준다. 고려 말 임제선풍의 영향으로 조선조에서는 처음부터 선사상이 지배적이었다. 그런 선가를 중심으로 법맥을 전해가는 일이 주요 과제로 등장하고 있다. 즉 전기에 교 [敎義]의

학수행의 기초교학이 중점적으로 이루어졌다. 이와 더불어 선원에서는 강원교육을 이수한 자들에게 좌선을 통한 교육을 실시해 왔다. 따라서 선·교를 겸수(兼修)하면서도 견성(見成)을 최종목표로 삼았던 조선시대 학풍은 승가교육의 의미를 제도권 안의 선원이나 강원교육으로 한정해서 지칭하게 되었다. 특히 강원이 선원에 들어가기 전의 기초단계로서의 기능을 충실히 함으로써, 근대 승가교육은 점차 강원교육을 의미하게 되었다.

2) 전통 비구니 승가교육의 성립배경과 변천

전통 승가교육의 대상은 강원제도가 완비 된 조선시대부터 근대기[15]에 이르기까지 오로지 비구였으며 비구니는 교육대상에서 철저하게 소외되어 있었다. 그러나 근대라는 시기를 통해 여성에게도 교육의 기회가 주어지게 되면서 비구니들 스스로 교육에 관심을 갖기 시작했다. 당시로서는 비구니를 위한 교육시설이 전혀 없었다. 배움을 갈망하는 비구니들은 스스로 비구강원이나 비구강사를 찾아가 개별적으로 교육을 받거나 청강 할 수밖에 없는 실정이었다. 이러한 구조적 상황은 비구니를 위한 교육시설의 필요성을 촉구하게 되었고, 비구니 전문강원 설립의 단초가 되었다.

선 [善]적인 해석의 경향이 두드러졌던 것에 비해 후기에는 교학을 버리고 오로지 선에 진입한다는 이른바 捨敎入禪의 사상이 보편화 되면서 법맥 상승의 사상 체계를 조직하고 있었다." (소운, 같은 책, 112쪽).

15) 시대구분의 편의상 국호를 대한제국으로 고친 光武元年(1897)부터 일제시대를 지나서 조국광복의 8·15(1945) 이전을 일반적으로 근대 또는 개화기로 부른다. 그러나 이러한 구분은 정치 체제의 변동에 따른 것이며, 대한제국의 성립과 불교와는 구체적인 연관을 찾기 어렵다는 점에서 근대불교의 시작을 승려의 도성출입 금지가 해금된 1895년으로 이해하기도 한다. 불학연구소 편, 『조계종사 근·현대편』 (서울: 대한불교조계종 교육원, 2000), 11~12쪽.

비구니들에게 강원교육을 받을 수 있는 교육환경이 조성 된 시기는 광복 이후이다. 특히 1956년 승려 '경봉'을 중심으로 동학사 비구니 전문 강원이 설립되면서 비구니강원[16]의 승가 교육은 제도적 기반을 잡기 시작한다. 이 당시 비구니들에게 교육의 중요성을 주지시킨 비구강사는 '경봉', '호경', '대은' 등 이었다. 이들의 가르침을 통해 배출된 비구니들은 비구니강원을 설립하고, 비구니들의 강원교육에 헌신하게 되는데 그 대표적인 인물이 운문사 '명성'[17]과 봉녕사 '묘엄'이다.

이들의 헌신적인 노력으로 교육의 필요성과 중요성을 자각한 비구니들은 더욱더 늘어나게 되었다. 이후, 1994년 개혁종단이 들어서면서 비구니강원은 교육과정 및 학제 등 제도의 정비를 단행했다. 또한 승가교육 제도의 정착이라는 안정된 교육 환경을 이룩하여 지금에까지 성장 발전해 오고 있다.

그러나 비구니강원의 이러한 성장과 발전 양상에 비해 비구전통강원은 오히려 신학문에 밀려 쇠퇴의 길을 걷고 있었던 실정이었다. 역설적이게도 비구강원의 쇠퇴가 비구니강원의 성장에 좋은 지렛대 역할을 했다고 볼 수 있다. 비구니들 중에서 비구강사나 강원을 찾아가 교육받기를 원하는 이들이 생겨나자 비구니라도 가르치지 않으면 안 되겠다는 생각이 자연스럽게 비구강원교육자들 사이에서 일어났다. 비구, 비구니가 함께 교육할 수 없는 상황에서 비구강원이 있는 큰절 주변의 암자에

---

16) 현재의 강원은 기본교육기관으로서 행자교육을 마친 사미니들이 다니는 곳이다. 사미니들은 4년 동안 강원교육과정을 이수한 뒤 구족계를 받고 비로소 비구니가 된다. 그러므로 현 제도에 의하면 비구니강원이 아니라 사미니강원이라고 표기해야 하나, 이전에는 사미니, 비구니의 제한 없이 강원을 다녔고, 또 비구니가 여성 출가자를 의미하는 보편적 용어로 사용되고 있기 때문에 본고에서는 비구니강원이라고 했다.

17) 명성에 대해서는 본고의 IV. 운문승가대학의 특징 中 2. 운문승가대학 관련 주요인물에서 자세히 다루기로 한다.

서 통학을 하며, 몇몇이 모여 청강[18]을 하거나 때로는 개인적으로 지도 받기도 했던 것으로 보인다. 이와 같은 교육환경 속에서도 강원교육을 이수하였던 선구자 비구니로는 1960년대 비구니강백으로 인정받았던 월광금룡(月光金龍, 1892~1965)[19], 정암혜옥(晶岩慧玉, 1901~1969)[20], 화산수옥(華山守玉, 1902~1966)[21] 3인을 들 수 있다.

우리나라 최초의 '비구니강원'으로 이야기되는 곳은 해인사 국일암과 통도사 옥련암이다. 그러나 옥련암은 그 설립연도를 1918년이라고 밝히고 있으나『통도사지』[22]에서 그것과 관련된 기록을 찾아 볼 수 없고, 국일암의 경우도『해인사지』[23]에 기록이 없는 가운데『운문회보』에 최초의 비구니강원이라는 표현만 보인다.[24] 이 두 강원에 대한 정

---

18) 이 당시의 청강이란 오늘날 청강의 개념과는 달리 비구들과 함께 공부하는 것이 아니라, 비구들의 수업 후에 비구니들만 따로 모여 수업을 받는 것을 말한다.

19) 3대 비구니 강백 중의 한 사람이며, 1922년(30세)에 '월광'이라는 당호(월광대신 금광이라고 부르기도 함)와 함께 '구하'에게 입실하였다. 이는 비구니가 비구에게 최초로 입실한 예이다. 1958년에 제자 '광우'에게 가사와 대단주 등의 法藏을 전했다. 이는 최초로 비구니가 비구니에게 建幢을 한 예이다.

20) 3대 비구니 강백 중의 한사람으로 1947년 대구 실달사에서 유치원을 개설하고 강당을 지어 포교에 전념하였다. 양로원을 개설해 노인복지에 힘썼다.

21) 3대 비구니 강백 중의 한사람, 1922년 고경스님에게 사미니과와 사집과를 마치고, 1929년 서대문 응선암에서 김대은에게 사교과와 대교과를 수료하였다. 강원 이력을 마친 후 1934년(33세)에 일본으로 건너가 경도 묘심사파 종립학교에서 3년간 수학하였다. 36세에 졸업하고 돌아와 남장사에서 3년간 강사를 역임했고, 다시 1947년 보문사에서 3년간 강의했으며, 6·25이후 경남 양산군 내원사 주지로 취임하면서 내원사를 복원하였다. 저서로『華山遺稿』가 있다. 운문사,『운문회보』4호(청도: 雲門寺, 1983); 불학연구소편,『강원총람』(대한불교조계종교육원, 1997), 729~730쪽; 불학연구소편,『선원총람』(대한불교조계종교육원, 2000), 700쪽.

22) 한국학문헌연구소,『통도사지』(서울: 亞細亞文化社, 1979).

23) 해인사,『해인사지』(합천: 해인사, 1975).

24)『운문회보』에 의하면 국일암을 최초의 비구니강원이라고 표기하고 있다.(운문사, 같은 책 20호)

확한 기록이 없어 학인 수, 강원 규모 등을 알 수 없으나 최초의 비구
니강원 성립이라는 점에서 현재의 규모와는 현저히 차이가 날 것으로
생각된다. 그러므로 강원의 교과과정, 규모, 학인 모집 등 전통 강원의
체제를 어느 정도 갖춘 강원을 근대 강원 효시로 본다면 국일암과 옥
련암은 최초의 비구니강원이라고 말할 수는 없을 것이다.

　이러한 의미에서 본다면 근대 비구니강원의 시작은 1956년 '경봉'을
중심으로 개설하여 다수의 졸업자를 배출하고 있는 동학사가 된다. 그
리고 이와 더불어 오늘날 우리에게 가장 잘 알려져 있는 비구니승가대
학으로 운문승가대학을 들 수 있다. 운문승가대학은 1958년 '오혜련'이
비구니강원을 개설한 뒤 '명성'이 2007년 현재 제43회까지 1533명의 졸
업생25)을 배출하였다.

　하지만 동학사와 운문사의 비구니강원 역시 그 시작에 있어서는 현
재 비구니승가대학의 모습과는 많은 차이가 있다. 특히 전강의식(傳講
儀式)26)을 비교해 볼 때 그 차이를 확연히 알 수 있다. 운문사 학장
'명성'은 선암사에서 중강을 지낼 때, 강주 '성능'이 어느 날 자신이 앉
아 있던 방석을 밀어 주시고 강의 자리에 나오지 않자 그로부터 강의
를 계속해 왔으며27), 봉녕사 학장 '묘엄'은 '경봉'에게 "아무개가 강사
다"28)라고 한 이 한마디가 대중에게 전강을 알리는 것이었다.

---

25) 현 43회까지 졸업생의 수는 총 1532명이다.
26) 전강이란 강맥을 전승하는 일로서 사회에서 교수자격을 인정하는 것과 같이
　불교에서 경율론 삼장을 강의할 수 있는 자격을 인정하는 것을 의미한다. 즉,
　스승이 제자에 대한 강의 능력, 수행의 모범성, 덕망의 구족 등을 공식적으로
　인가하는 것을 말한다. 강사가 되기까지는 일반적으로 학인이 이력과정을 마치
　면 대략 6~7년 정도 중강으로서의 강의경력을 쌓은 뒤 비로소 전강의식을 통해
　강사로서 인정받게 된다.
27) 운문사, 같은 책 14호(1985).
28) 한국비구니연구소, 『비구니와 여성 불교』 5 (김포 : 한국비구니연구소, 2003),

'명성'이 1985년에 '흥륜'29)과 '일진'30)에게 전강 한 것이 비구니가 비구니에게 직접 전강하는 것의 시초이며31) 이후 비구니는 비구니가 전강 하는 것이 일반화되고 있다. 오늘날 전강의식과 비교해 보면 제자에게 강의 자리를 내어 주는 스승의 진솔한 모습을 엿볼 수 있는 전강의식이다. 이 제도가 다분히 강원 자체 내에서 강주(講主)32)를 비롯한 강사들의 판단에 의해 결정 된다는 점에서 앞으로 계속 공신력이 있을지는 알 수 없지만, 지금까지 전강에 의해 강사가 꾸준히 배출됨으로써 비구니강원의 교육을 정착, 발전시킬 수 있음은 부인할 수 없다.

비구니강원의 정착과 발전에 있어서 비구니강사들의 모임인 '비구니 교우회'도 빼놓을 수 없다. 1982년 서울 진관사에서 석남사 원장 '인홍'의 제안으로 강원의 여러 가지 문제점 들을 의논하기 위한 간이회의가 열렸고, 제2차 비구니 강사회의를 수원 봉녕사에서 보다 체계적이고 통일성 있는 비구니교육을 하자는데 모두 결의 하였다. 그때 결정된 사항은 첫째는 강원명칭을 승가학원으로 통일,33) 둘째는 학인의 이동질서 확립, 셋째는 입학금 및 개학과 방학날짜 통일 등이었다. '비구니 교우회'는 지금까지 매년 1회 모임을 갖고 있으며, 현재까지도 비구니

13쪽.

29) 2008년 현재 운문사 강주로 재직 중이다. 보다 자세한 사항은 본고의 Ⅳ. 운문 승가대학의 특성 中 운문승가대학 관련 주요인물에서 자세히 다루기로 한다.

30) 2008년 현재 운문사 학감으로 재직 중이다. 보다 자세한 사항은 본고의 Ⅳ. 운문승가대학의 특성 中 운문승가대학 관련 주요인물에서 자세히 다루기로 한다.

31) 수경, 「한국 비구니강원 발달사」, 『한국 비구니의 수행과 삶』, 전국비구니회 엮음, (서울: 예문서원, 2007), 30쪽.

32) 경문의 뜻을 풀어 가르치는 법사.

33) "이동질서에 관해서 각 강원에 방부 드릴 수 있는 자격이 입산일로 부터 2년 이상이라야 한다. 자퇴나 퇴학을 했을 경우 2년 후에 타 강원에 입방할 수 있으며, 제명 후 각 강원으로 공문을 발송한다. 입학금에 관해서는 7만원으로 통일 한다. 방학 일시는 춘기방학은 3월15일, 하기방학은 6월20일~7월20일. 동기방학은 12월10일~1월20일 등의 내용이다." (운문사, 같은 책 4호(1983)).

교육의 통일성과 질서유지에 큰 역할을 하고 있다.[34)]

2 근·현대 비구니승가대학의 성립과 교육의 변천

이상과 같은 일련의 흐름 속에서 근·현대 비구니승가대학은 성립을 맞게 되고, 시대에 따른 변천을 거듭하게 된다. 이 장에서는 이러한 근·현대 비구니승가교육의 성립과정을 해방 전·후로 나누어 살펴보고, 현존하는 비구니강원의 현황과 그에 따른 수행양상을 비교해 보고자 한다.

1) 근·현대 비구니강원의 성립과 발달

근·현대의 비구니사는 전반적으로 종단사 내지 불교사와 그 흐름을 같이한다. 그 속에서 비구니들은 선원과 강원을 재건·설립하고, 지계·참선·간경·기도·교육·염불·주력은 물론, 가람수호·대중교화·복지사업, 그리고 종무행정관리 및 사회참여도 그 이전에 비해 놀랄 만큼 적극적으로 전개해 갔다. 특히 종단의 정화불사와 개혁에 대다수의 비구니들이 적극 동참하였으며, 문도별 법맥(法脈)을 정비하고 전국비구니를 결속시키는 모임으로서 우담발라회를 결성(1968)하여 1985년에 대한불교조계종 전국비구니회가 창립되는 기초를 다졌다.[35)]

---

34) 수경, 같은 책, 39쪽.
35) 1968년 발족한 우담발라회를 전신으로 하여 교육과 수행, 포교 및 복지의 역량 있는 실천을 위해 결성되었으며, 1985년에 대한불교조계종 전국비구니회로 개칭되었다. 운문승가대학 학장 명성이 제8대 회장을 맡고 있으며 서울지회를 비롯한 13곳의 지회를 결성하여 한국 비구니의 청정수행 가풍의 전통을 지키며 포교와 봉사의 원활한 발전을 도모하고 있다. 1988년 목동청소년회관을 개관하

비구니들의 위상이 향상되고 제도화되는 이러한 과정 속에서 비구니승가교육도 함께 발전해 점차 제도화된 강원교육으로 변해갔다. 강원의 발달은 크게 해방 이전과 해방 이후로 나눌 수 있다. 아래에서는 해방 이전 비구니강원의 효시를 알아보고, 해방 이후 비구니들의 교육환경과 강원 교육의 변화를 간략하게 살펴볼 것이다. 이와 더불어 강원의 변천을 5대 강원 중심으로 살펴볼 것이다.

(1) 해방 이전

근대 문호 개방의 물결을 타고 여성들에게도 교육 개방의 기회가 주어지게 된다. 이러한 시대의 변화는 비구니들이 교육에 관심을 갖게 된 계기가 되었다. 물론 강원 교육 이전의 비구니들이 교육을 전혀 받지 않은 것은 아니다. 그러나 시대의 변천에 따라 비구니 중에는 정규학교교육을 받은 이의 수가 점차 늘어가게 되었고, 격변하는 사회 분위기 속에서 교육의 필요성과 중요성을 감지해 스스로 스승을 찾아가 배운 이들도 있었다. 이러한 자발적인 교육에 대한 관심은 강원교육에 대한 열망을 갖게 만들었다.

비구니들의 교육에 대한 관심과 함께 비구니강원의 탄생과 관련된 또 다른 이유를 찾는다면, 비구 강원교육의 소홀을 들 수 있다. 불교계도 근대라는 새로운 흐름을 맞이하여 제도의 근대적 개혁이라는 당면 과제를 피할 수 없었다. 그러나 기존의 비구강원교육은 전통적 학습방법에 안주하여 새로운 학문을 익혀야 한다는 불교계의 요구를 수용할

___

여 지역사회의 문화, 복지증진에 기여하였고, 2002년5월 서울 수서동에 전국 비구니의 수행교육을 위한 회관을 건립하였다. 전국비구니회 회관은 현재 지역 주민을 위한 문화강좌, 전국비구니회의 종무행정과 교육연수 포교 등의 장으로 사용되고 있다.

수 없었다. 이러한 전통 비구강원교육의 소홀은 비구니들에게는 강원
교육을 받을 수 있는 기회를 확대시켜주었고, 비구니강원의 탄생 원인
을 제공하였다.

이러한 흐름 속에서 1960년대에 비구니 3대 강백으로 인정받았던 월
광금룡, 정암혜옥, 화산수옥은 비구니강원교육 정착 이전 선구자적 역
할을 한 인물들이다. 이 세 비구니를 비롯하여 해방 이전 강원교육의
실태를 살펴보면 다음과 같다.

[표 1] 1945년 해방 이전 강원교육을 받은 비구니36)

순서	법명	생몰연대	강원	강원 관련 이력(강사/졸업년도)
1	설월긍탄	1885~1980	동학사	대교과 수료(1913년, 29세)
2	묘리법회	1887~1975	동학사	경전과어록 수료(만우 상경)
3	월광금룡	1892~1965	통도사	대교과수료(해담 치익)
4	혜월성문	1893~1974	국일암	대교과수료(타불 스님)
5	영춘	1895~?	청암사 극락전 해인사 법주사 수정암	능엄경 이수(운허 용하)
6	정암혜옥	1901~1969	통도사	사미과 사집과 대교과
7	화산수옥	1902~1966	해인사 서울 응선암	사미, 사집(고경 법전/ 1920) 사교, 대교(소하 대은/ 1929)
8	정행	1902~	해인사 국일암	대교과(1922)
9	만허법일	1904~1991	운문사	대교과(1940)
10	보암은영	1910~1981	보문사	사집(1936)/사교(1941)/ 대교(1943)
11	혜운	1911~?	국일암	대교과
12	안광호	1915~1989	통도사	대교과(고경 법전/1944)

---

36) 수경, 같은 책, 21쪽.

순서	법명	생몰연대	강원	강원 관련 이력(강사/졸업년도)
13	태구	1920~	운문사	1941년(입학)~1949(졸업)
14	광우	1925~	남장사	사집, 사교, 대교 (화산 수옥, 혜봉스님)

위의 표를 통해 확인할 수 있는 사실들은 다음과 같다.

첫째, 해방 이전 비구니들에게 강원교육을 시행한 비구강사는 만우상경(1855~1924), 해담치익(1862~1942), 타불(?-?), 운허용하(1892~1980), 고경법전(?-?), 소하대은(1899~1989)이며, 비구니강사는 화산수옥(1902~1966)이다.

둘째, 비구니들이 강원교육을 주로 받았던 사찰은 동학사, 통도사, 해인사 국일암, 서울 응선암, 청암사, 법주사, 운문사, 보문사, 남장사 관음암 등이 있다.

셋째, 앞에서 제시된 사찰 중 국일암, 남장사, 보문사의 경우에는 처음부터 비구니를 대상으로 교육이 이루어졌던 비구니전문강원으로 파악된다. 이 외에 『한국근현대불교사연표』에서는 통도사 옥련암에 해담율사를 강사로 니승강당(尼僧講堂)이 설립, 비구니강원의 효시[37]로 기록되어 있어 해방 이전에 이미 비구니를 위한 강원이 4곳에서 설립되었음을 알 수 있다.

넷째, 비구니강원의 수학 기간은 화산수옥, 보암은영, 태구스님의 예로 보아 사미에서 대교까지의 과정을 마치는 데 대략 10여 년이 소요되었으며, 한 과정이 끝날 때마다 졸업장을 수여했던 것으로 보인다.

---

37) 불학연구소 편, 『한국근현대불교사연표』(대한불교조계종교육원, 2000), 227~228쪽 참조; 정광호, 「近代韓日佛敎關係史硏究」(경희대학원 박사학위논문, 1989), 132쪽 참조.

위의 사실들을 통해 강원 교육이 전무한 시절 비구니들이 자발적으로 교육에 대한 필요성을 자각하고 실천함으로써 비구니전문강원을 설립하기에 이르렀음을 알 수 있다.

그러나 비구니전문강원의 효시를 어디로 보아야 할 것인가 하는 문제는 여전히 남아 있다. 시기적으로는 해인사 국일암과 통도사 옥련암이 비구니강원의 효시가 될 수 있을 것이다. 하지만 강원의 교과과정, 규모, 학인 모집 등 전통강원의 체제를 갖추었다고 여겨지는 강원을 근대 강원의 효시로 본다면 남장사 관음암이라고 볼 수도 있다. 남장사의 경우는 공공연히 학인을 모집하고, 각 처의 비구니들이 모인 가운데 교육이 이루어졌다는 점이 강원 성립의 충족 요건을 갖추었다고 말할 수 있기 때문이다. 또한 비구니강사에 의해 비구니 교육이 이루어졌다는 점에서도 효시로서의 이유가 충분하다.[38] 이처럼 시기와 강원의 성립 조건 중 어느 것을 더 중시하느냐에 따라 비구니강원의 효시는 달라질 수 있겠지만, 국일암과 옥련암이 비구니 전문강원 성립의 단초가 되었던 것은 분명하다.

(2) 해방 이후

해방 이전의 비구니교육기관 소속 비구니강사들이 비구에게 전강받는 것을 비롯, 비구니전문강원으로써의 면모가 모호하던 것에 비해, 해방 이후에는 비구니교육기관이 전국적으로 우후죽순처럼 생겨나기 시작하였다. 이와 함께 비구니교육 역시 해방 전과 비교해 볼 때 많은 변화와 발전을 맞이하게 된다. 특히 1956년 동학사에 우리나라 최초로 설립된 비구니전문강원은 비구니교육이 정착될 수 있는 여건을 마련해

---

38) 불학연구소 편, 같은 책, 253쪽 참조; 불학연구소 편,『강원총람』(서울: 대한불교조계종교육원, 1997), 547쪽 참조.

주었다고 볼 수 있다.

　해방 이전과 해방 이후의 비구니 교육을 비교하여 볼 때 가장 주목할 만한 현상은 전강제도의 변화라 할 수 있다. 전강제도는 교육의 맥을 잇는다는 점에서 매우 중요한 제도이다. 이러한 전강제도는 ①비구니가 비구강사에게서 전강을 받은 경우와 ②비구니강사가 비구니에게서 전강을 한 경우 두 가지로 나누어 진다. 아래의 [표 2]와 [표 3]은 이 둘을 나누어 정리한 것이다.[39)]

[표 2] 비구강사에게 전강을 받은 비구니강사[40)]

순서	법명	강원	강원이력 (강사/졸업연도)	전강교수사(전강연도)
1	세주묘엄	동학사 금수사/통도사 해인사 동학사 통도사	사서삼경(운허 스님) 사집(운허 스님) 사교(운허 스님) 사교(경봉 스님) 대교과(운허 스님/1957)	경봉용국(1956) 운허용하(1957)
2	인철태경	해인사 동화사 선암사	사집과(1950) 사교과(1951) 대교과(1956)	만우상경(1957)
3	명안지현	정혜사	사집과(보광 스님) 사교, 대교과(대은 스님)	소하대은(1957)
4	법계명성	동학사 선암사	사교과(1956) 대교과(1958)	성능복문(1958)
5	혜성	동학사 통도사	사교과(경봉 스님) 대교과(운허 스님)	경봉용국(1967)
6	보월자민	신흥사 탑골승방(보문사) 동학사	사미과 사집과 사교과	성능복문(1968)

---

39) [표 2]와 [표 3]의 배열순서는 전강연도를 기준으로 하였다.
40) 수경, 같은 책, 26~27쪽.

순서	법명	강원	강원이력 (강사/졸업연도)	전강교수사(전강연도)
		개심사	대교과	
7	명륜			고봉태수
8	일현	선암사 청암사	사집(명성 스님), 사교(성능, 대은 스님) 대교과(1967)	고봉태수
9	연담묘순	화운사	대교과(1968)	소하대은(1974)
10	경천현주	동학사	대교과(1968)	호경기환(1977)
11	경해일법	동학사	대교과(1971)	호경기환(1977)
12	경월일초	동학사	대교과(1971)	호경기환(1977)
13	의정지형	동학사	대교과(1973)	가산지관
14	의진상덕	동학사	1973년	가산지관
15	경화보관	동학사	1976년	호경기환(1977)
16	혜성	선암사 동학사	사집과(1959) 사교과(1966)	호경기환(1978)
17	수증	동학사		호경기환(1978)
18	금해성정	운문사	대교과(1974)	지안관응(1984)
19	명해진성	운문사	대교과(1974)	지안관응(1984)

[표 3] 비구니강사에게 전강을 받은 비구니강사[41]

순서	법명	강원	강원이력(졸업연도)	전강교수사(전강연도)
1	원해흥륜	운문사	대교과(1974)	법계명성(1985)
2	운운일진	운문사	1978년	법계명성(1985)
3	덕원일홍	삼선승가대학	1982년	연담묘순(1989)
4	원인계호	운문사	1974년	법계명성(1990)
5	원천묘정	운문사	1977년	법계명성(1990)
6	서안일연	동학사	1972년	세주묘엄(1992)
7	기원성학	봉녕사	1974년	세주묘엄(1992)
8	활안도혜	운문사	1971년	세주묘엄(1992)

41) 수경, 같은책, 28~29쪽.

순서	법명	강원	강원이력(졸업연도)	전강교수사(전강연도)
9	정지대우	동학사	1974년	세주묘엄(1992)
10	심전일운	봉녕사	1970~1976년	세주묘엄(1992)
11	원상탁연	운문사 봉녕사	사집과(1973) 대교과(1976)	세주묘엄(1997)
12	원응도안	삼선승가대학	1986년	연담묘순(1997)
13	심인적연	봉녕사	1986년	세주묘엄(1997)
14	원광수경	삼선승가대학	1987~1991년	연담묘순(1997)
15	정과대현	동학사	1982년	서안일연(2002)
16	정인경문	동학사		서안일연(2002)
17	원명진광	운문사	1983년	법계명성(2003)
18	원음세등	운문사	1978년	법계명성(2003)
19	원정운산	운문사		법계명성(2003)
20	원광영덕	운문사	1995년	법계명성(2003)
21	원응은광	운문사	1997년	법계명성(2003)
22	성지수정	동학사	1982년	경월일초(2005)
23	성조명선	동학사	1986년	경월일초(2005)
24	성법보련	동학사	1986년	경월일초(2005)
25	성관경진	동학사	1989년	경월일초(2005)
26	성덕행오	동학사	1990년	경월일초(2005)
27	성인도일	동학사	1992년	경월일초(2005)
28	성혜법송	동학사	1993년	경월일초(2005)
29	원조효탄	동학사	1980년	법계명성(2007)
30	원묘일진	운문사	1987년	법계명성(2007)
31	원허명법	운문사	2000년	법계명성(2007)
32	원등법장	운문사	2001년	법계명성(2007)

위 표들을 통해서 알 수 있듯이, 비구니가 처음으로 전강 받은 것은 1956년 묘엄이 경봉으로부터 받은 것으로 이 전강의식은 비구강사에 의해 이루어졌다. 묘엄 이외에 1950년대 비구에 의한 전강을 받은 비구니는 태경, 지현, 명성 등이 있었다. 비구에 의한 전강만이 유일한

전강방식이었던 1960년대 중반까지 대부분의 비구니들은 비구강사를
찾아 강원을 옮기는 경우가 잦았다.

그러나 동학사에 비구니강원이 설립된 1960년대 후반부터는 비구니
들은 비구니강원을 선호하게 되었고 비구니는 비구니강원에서 공부하
는 것으로 정착되어 갔다. 이러한 현상은 1970년대 비구니강원 수의
증가로 더욱 뚜렷해 졌다. 그리고 1985년 명성이 흥륜과 일진에게 처
음으로 전강을 함으로써 비구니강사에게 전강 받은 첫 비구니강사가
탄생하게 된다.

이상으로 비구니강원이 전무하던 해방 전부터 비구니강원이 설립되
어 비구니교육이 정착되어 가는 해방 이후 과정을 인물 중심으로 살펴
보았다. 특히 해방 이후 비구니강원은 동학사 내의 전문강원 설치 이
후 꾸준히 발전하여 왔음을 알 수 있다. 이처럼 비구니교육이 비교적
빠른 시점에 정착될 수 있었던 중요한 이유 중의 하나는 비구니에게
전강을 해서 비구니들이 비구니들을 직접 교육할 수 있도록 해준 비구
강백들의 노력일 것이다. 그들의 노력으로 비구니전강제자가 배출될
수 있었고, 교학의 전승이 지속될 수 있었던 것이다.

(3) 강원의 변천과 5대 강원

근대 이후 비구니강원은 1910년대에 설립된 것으로 알려져 있는 해
인사 국일암을 그 시초로 한다. 그러나 그 근거를 명확하게 밝힌 곳이
없고 동학사 이전에도 몇몇의 비구니강원이 설립되거나 비구니강원의
형식을 빌은 것들이 있었지만, 근대 이후 비구니강원은 1956년 동학사
에 설립된 것을 그 시초로 보고 있다. 해방 전부터 오늘날까지 개설된
비구니강원을 정리하면 [표 4]와 같다.

[표 4] 근대 이후 비구니 전문강원 일람42)

교육기관	소재지	설립연도	비고
국일암	해인사	1910년대	
옥련암	통도사	1918	
보문사	서울 성북구 보문동	1936	정영명 스님이 설립/ 수옥 스님 강의
남장사	경북 상주군	1943	수옥 스님이 강의함/ 일제 말기 폐강
미타사	서울 옥수동	1945~1950	
정혜사	전주	1954	보광 스님 개설
동학사	충남 공주군	1956	경봉 스님 개설
운문사	경북 청도군	1958	통도사강주 오혜련 스님 개설(1958) 묘엄 스님(1966)/ 명성 스님(1970)강의
청룡사	서울	1961	명성 스님 강의
대원사	경남 산청군 대원사	1968	
개심사	충남 서산군	1968	안향덕 강백이 개설(1930) 성능 스님 비구니강원 개설(1968) 자민 스님(尼, 1969, 1978~1979)
흥국사	경기도 남양주	1969	호경 스님(1969) 자민 스님(尼, 1982) 1년간 개설
화운사	경기도 용인군	1974	성능 스님 개설(1957) 박호윤 스님(尼)개설(1974) 폐강(1985)
봉녕사	경기도 수원시	1974	묘엄 스님 개설
백양사 천진암		1976	각성 스님 개설
삼선승가대학	의정부 약수암	1978	묘순 스님 통학강원 개설
한국비구니대학	서울 성북동 성라암	1981	비구니우담발화회 개설
비구니승가학원	부산 영화사	1981	정훈 스님 개설
비구니승가학원	성라암	1987	홍륜 스님 개설
청암사	경북 김천시	1987	모운 스님(1622~1703)이 강원 개설 지형 스님(尼)이 비구니강원 개설(1987)

42) 수경, 같은 책, 33~34쪽.

[표 4]를 통해 근대로부터 현재에 이르기까지 대략 20여 곳에서 비구니교육을 위한 교육도량이 설립되었음을 알 수 있다. 해방 이전에는 4곳에서 비구니강원이 개설되었고, 해방 이후 17곳에서 강원이 개설된 것으로 조사되었으나, 이 외에도 더 있었을 가능성도 배제할 수 없다. 그러나 현재는 대부분 폐원되고, 현존하는 강원은 다섯 곳뿐이다. 폐원된 강원 중 짧게는 1~2년을 지탱하지 못한 곳도 있었지만, 서산 개심사는 1968년 성능이 비구니강원을 개설한 뒤 비구니강사 지민에 의해 1979년까지 운영되었고, 화운사는 1974년에 호윤을 강사로 하여 강원을 개설한 뒤 1985년에 폐강되었다. 전주 정혜사는 보광을 중심으로 1954년에 개설되었다가 개혁종단 출범 이후 폐원되었다. 정혜사가 동학사보다 2년 먼저 개설되어 오랫동안 강원의 체제를 유지해 왔음에도 불구하고 널리 알려지지 않은 이유는 학인 대다수가 권속(眷屬)[43]에 한정되었기 때문이다. 이러한 강원들은 비록 이름만 남은 옛 강원이 되었지만, 비구니 교육과 인재양성을 위해 비구니들 스스로 모색하고 시도한 업적으로 높이 평가해야 할 것이다.

현재까지 남아있는 강원은 총 5개로 동학사·운문사·봉녕사·삼선·청암사이다. 이 중에서 전통 사찰로서 승가교육의 전통을 그대로 유지하고 있는 강원은 동학사·운문사·봉녕사·청암사이며 삼선강원은 전통강원에 갈 여건이 되지 않는 학인을 위해 설립된 통학강원이다. 5대 강원이 비구니전문강원으로 개설된 연도와 졸업생 수를 살펴보면 다음과 같다.

---

43) 侍者·從者·수반자·측근자를 가리키는 말. 산스크리트 파리바라(parivara)의 漢譯語이다. 부처·보살의 권속은 藥師佛의 12神將, 不動明王의 8八大童子, 普賢菩薩의 10羅刹女, 千手觀音의 28部衆 등의 脇侍를 말하는데, 이외에도 넓은 의미에서 제자나 종자, 불법을 이어받는 사람 모두를 가리킨다. 또한 좁은 의미로는 친척이나 가족을 뜻하기도 한다.

[표 5] 5대 비구니 전문강원

강원	개설연도	중심인물	졸업생 수 (2007년 현재까지)
동학사	1956	경봉	1956년 제1회 졸업생 1명
운문사	1958	오혜련 개설, 명성이 이음	총 43회 1,533명
봉녕사	1974	묘엄	총 33회 748명
삼선승가대학	1978	묘순	총 23회 217명
청암사	1987	지형	총 21회 370명

　위의 5대 강원은 오늘날까지 역사를 이어오며 전강을 통해 교학의
전통을 계승하고 있다. 그리고 이들 5대 강원의 비구니학장들이 모두
비구강사에게 전강을 받았다. 비구니강사들은 당시 3대 강백[44] 또는
7대 강사[45]로 명성이 높던 비구강사에게 강맥을 받았다. [표 6]은 현재
5대 강원에서 강의를 하고 있는 비구니강사들의 강맥 전승을 나타낸
것이다.

[표 6] 5대 강원의 강맥전승도[46]

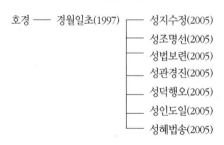

〈동학사〉

호경 ── 경월일초(1997) ┬ 성지수정(2005)
　　　　　　　　　　　├ 성조명선(2005)
　　　　　　　　　　　├ 성법보련(2005)
　　　　　　　　　　　├ 성관경진(2005)
　　　　　　　　　　　├ 성덕행오(2005)
　　　　　　　　　　　├ 성인도일(2005)
　　　　　　　　　　　└ 성혜법송(2005)

---

44) 3대 강백으로 한영, 진응, 금봉을 꼽는다.
45) 7대 강사로 한영, 진응, 금봉 3대 강백을 포함하여 진호, 퇴경, 포광, 고경을
　　꼽는다.
46) 수경, 같은 책, 38쪽.

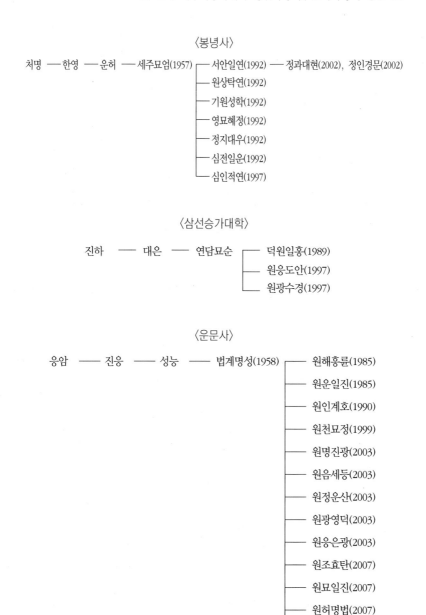

〈봉녕사〉

처명 ─── 한영 ─── 운허 ─── 세주묘엄(1957) ┬ 서안일연(1992) ─── 정과대현(2002), 정인경문(2002)
　　　　　　　　　　　　　　　　　　　　├ 원상탁연(1992)
　　　　　　　　　　　　　　　　　　　　├ 기원성학(1992)
　　　　　　　　　　　　　　　　　　　　├ 영묘혜정(1992)
　　　　　　　　　　　　　　　　　　　　├ 정지대우(1992)
　　　　　　　　　　　　　　　　　　　　├ 심전일운(1992)
　　　　　　　　　　　　　　　　　　　　└ 심인적연(1997)

〈삼선승가대학〉

진하 ─── 대은 ─── 연담묘순 ┬ 덕원일홍(1989)
　　　　　　　　　　　　　├ 원응도안(1997)
　　　　　　　　　　　　　└ 원광수경(1997)

〈운문사〉

응암 ─── 진응 ─── 성능 ─── 법계명성(1958) ┬ 원해흥륜(1985)
　　　　　　　　　　　　　　　　　　　　├ 원운일진(1985)
　　　　　　　　　　　　　　　　　　　　├ 원인계호(1990)
　　　　　　　　　　　　　　　　　　　　├ 원천묘정(1999)
　　　　　　　　　　　　　　　　　　　　├ 원명진광(2003)
　　　　　　　　　　　　　　　　　　　　├ 원음세등(2003)
　　　　　　　　　　　　　　　　　　　　├ 원정운산(2003)
　　　　　　　　　　　　　　　　　　　　├ 원광영덕(2003)
　　　　　　　　　　　　　　　　　　　　├ 원응은광(2003)
　　　　　　　　　　　　　　　　　　　　├ 원조효탄(2007)
　　　　　　　　　　　　　　　　　　　　├ 원묘일진(2007)
　　　　　　　　　　　　　　　　　　　　├ 원허명법(2007)
　　　　　　　　　　　　　　　　　　　　└ 원등법장(2007)

〈청암사〉

```
지관 ┬── 의정지형
     └── 의진상덕
```

봉녕사 학장인 묘엄은 처명 → 한영 → 운허로 이어지는 강맥을 이어받았으며, 운문사 명성은 응암 → 진응 → 성능의 강맥을 이었다. 삼선승가대학의 묘순은 진하 → 대은으로 이어지는 강맥을 전해 받았다. 동학사의 일초는 동학사에서 많은 비구니를 가르쳤던 호경의법을 이었는데, 호경은 이 밖에도 현주, 일법, 보관, 수증, 혜성 등의 비구니에게 전강을 하였다. 청암사의 학장인 지형 그리고 상덕은 지관에게 전강을 받았다. 이외에도 태경은 진응에게 전강을 받은 만우에게, 혜성은 경봉에게, 자만은 성능에게, 명륜 일현은 고봉태구에게, 진성, 성정은 관응에게 전강을 받았음을 알 수 있다.

2) 근·현대 비구니 수행양상

이러한 강맥을 이어 받아 5대 비구니강원을 지켜온 비구니들은 자신들의 강원을 지키기 위해 전통비구강원과는 구별되는 수행방법을 찾아갔다. 여기에는 전통적으로 내려오는 참선, 불경편찬과 교육, 가람수호와 대중외호 외에도 염불기도와 포교복지, 종무행정 등이 포함되었다. 그리고 이 다섯 가지 수행은 근·현대 비구니수행양상을 대변하는 것으로 정착되어 갔다.[47]

---

47) 구족계를 받고 계를 지키는 것은 모든 비구니들의 기본적으로 修習한 덕목으로 간주하여 분류에 넣지 않았다. 그리고 개인에 따라서 오로지 한 가지 수행을 하는 경우도 있으나 대부분은 두 가지 이상 겸수하였거나, 전 분야를 두루 섭렵한 경우도 있다.

근·현대 비구니들의 수행양상에서[입적한 승려에 한함], 가장 핵심이 되는 수행은 단연 참선(參禪)이다. 비구니들도 교단의 흐름에 따라 참선수행을 하였으며 이러한 참선수행은 당대의 명승들에게 거의 절대적인 영향 아래에서 이루어졌다. 치열한 수선안거(修禪安居)와 3년 결사 등의 정진(精進)으로 깨달음의 인가와 당호·법호 그리고 전법게48) 또는 법계를 받는 것으로 전통교단의 수행을 따랐다. 당시 비구니들은 주로 만공[법희·본공·만성·성경·일엽·윤호]을 비롯하여 한암[선경·대영·윤호], 용성[혜옥], 성철[인홍], 전강[창법]에게 당호·법호와 전법게를 받았으며, 구하, 효봉, 경봉, 향곡, 청담, 혜암에게도 선 수행 지도와 격려를 받은 것으로 전해진다.

비구니들 스스로 많은 비구니선원을 개원하고 대중과 함께 화두(話頭)를 들면서 선원장[법희·인홍·장일]과 입승[본공·만성·월혜·일여·장일·창법·혜춘]을 맡아 청규(聽叫)49)와 수행지침에 따른 선(禪) 수행 지도를 아끼지 않았다. 또 대선사와 선문답하거나 찾아온 승려들과 법거량(法擧揚)50)하여 그들의 공부를 점검하고 부족한 부분에 대해서는 가르침을 주기도 하였다. 이 외에도 결제법어[선경]와 임종게[법희·인홍·정행] 또는 유훈[만성·쾌유]을 통하여 후학을 지도하고 법을 전승하기도 하였다. 이러한 가르침에 지침이 된 경전과 어록으로는 『금강경』[본공]·『선문촬요』51)[월혜]·『달마사행론』[본공]

---

48) 스승이 제자에게 법을 전해줄 때 내려주는 게송을 말함.
49) 禪院에서 주지의 곁을 따르면서 주지의 명을 절 안의 각 곳에 전하는 소임 또는 그 일을 맡은 사람. 흔히 동자승이 맡아서 소리 내어 여기저기 외고 다닌다는 뜻에서 이렇게 이른다.
50) 스승과 제자의 即問即答을 통해 깨달음을 점검받는 것.
51) 雲門寺, 『禪門撮要冊版』(淸道(慶北): 雲門寺, 1907). 『禪門撮要冊版』은 1999년 9월 3일 부산광역시유형문화재 제29호로 지정되었다. 범어사에 소장되어 있다. 크기는 전체 가로 52.2㎝, 세로 22㎝이고, 내곽 가로 32㎝, 세로 20.8㎝이

등이 있었다.

근·현대 비구니들의 참선과 불경 편찬 못지않게 심혈을 기울여 이루어간 일은 가람수호(伽藍守護)이다. 성문·인홍·법일을 위시하여 많은 비구니들은 피폐된 사찰을 중창하고 신축하여 수행대중을 외부로부터 보호하는 것과 동시에 도제양성에 이바지하였다. 또한 염불주력(念佛呪力)과 기도(祈禱)의식은 승가(僧家) 개개인의 수행방편(修行方便)으로 권장되고 수행되다가 점차 재가대중을 교화하는 포교(布敎)의 방편으로 점차 일반화되어 갔다.

이러한 강원내에서의 활동 뿐 만아니라 공적인 활동 역시 비구니 수행활동으로 이해되기 시작했다. 1968년 점차로 확대되는 비구니들의 수행활동을 뒷받침하기 위해, 그리고 비구니승가의 발전을 위해 비구니들은 자신들만의 단체인 우담발라회[52]를 발족하였다. 이를 통해 탄생된 전국 비구니회의 활동은 강원을 넘어선 광범위한 수행활동으로 받아들여졌다. 또한 이 단체의 회장을 역임한 비구니들〔은영·지명·혜춘〕, 중앙종회의원으로 활동하면서 비구니위상 정립을 위해 노력한 승려, 그리고 계단 참여〔정행, 광호〕하여 계율수지에 헌신한 승려들의 활동 역시 넓은 의미에서의 수행으로 이해되어졌다.

지난 한 세기 한국 근·현대는 급변의 시기였다. 비구니 역시 그 변화의 물결을 타고 많은 변화를 겪었다. 이러한 변화의 물결 속에서 보여지는 근·현대기 비구니 수행의 특징은 다음과 같이 정리될 수 있다.

다. 원래 상·하 2권 2책으로 구성되어 있는데, 전반부에는 중국의 역대 禪師들의 저술을 실어 상권으로 엮었으며, 후반부에는 한국 고승들의 저술을 실어 하권으로 엮었다. 모두 118판으로 이루어져 있다. 刊記에 따르면 1907(융희 1) 경상북도 청도군 호거산 雲門寺에서 처음으로 개간하였다. 그러나 경상남도 동래부 금정산의 범어사로 옮겨서 다시 나머지를 1908년에 간행하였다고 한다.
52) 각주 35) 참조.

첫째, 참선과 불경 편찬을 중심으로 하는 원융(圓融)수행이다. 근·
현대 비구니는 거의 대부분 전국각지의 선원에서 수선안거(修禪安居)
하였고, 용맹정진(勇猛精進)하고 오도(悟道)[53]하여 승려들을 제접(提
接)하였다. 그러나 참선만이 아니라 불경 편찬을 위시하여 일체불사가
수행방편이 되기도 하였고, 거의 대부분의 경우 다양한 방편들을 두 가
지 이상 아울러 함께 수행하는 것이 보편적 현상이었다.

둘째, 교육과 도제양성에 많은 힘을 기울이고 법맥을 전승하고자 노
력하였다.

셋째, 사찰을 중창하거나 신축하고 가람을 수호하는 불사를 통해 교
단의 발전에 이바지하였다.

넷째, 불교 대중화와 포교 복지활동에 동참하였다. 매일 아침저녁으
로 해오던 염불 기도의식을 일반 대중의 교화를 위한 방편으로 대중화
시켜 갔다. 이와 더불어 어린이 포교·양로원 운영 등을 통한 포교 사업
에 눈뜨기 시작하여 적극적인 실천을 통한 불교 대중화를 촉진시켰다.

다섯째, 역사적 자각과 자주화로 교단 행정에 참여하고 전국비구니
회-우담발라회-를 창립하였다.

여섯째, 근·현대가 격변의 시기였던 만큼 비구니 수행에 있어서도
시기에 따른 변화가 있었다. 근대 비구니수행에 있어서 강조되었던 참
선·선원건립·가람수호는 현대에 접어들면서 점차 간경(看經) 교육
에도 무게가 실렸으며, 후기로 내려오면서 포교 복지 등, 이타행의 수
행방편을 찾는 일이 점점 더 늘어갔다.[54]

승가대학의 교육은 교과목 수업만이 전부가 아니라 공양, 예불, 운력

---

53) ① 번뇌에서 벗어나 부처의 세계에 들어갈 수 있는 길. ② 불도의 진리를 깨달
음. 또는 그런 일. 늑覺道.
54) 전국비구니회, 『비구니』비구니회지19·20호, 48~49쪽 참조.

등 대중과 함께하는 일체의 행위까지도 강원수행과 교육으로 보았다. 즉 강원에서 이루어지고 있는 교과목 교육뿐만 아니라 운력과 같은 집단 노동 등의 단체 생활도 그들에게 있어서는 하나의 수행이었다. 그 중에서도 비구니 선풍이 부흥되고 근·현대 비구니의 선맥이 시작(1916)된 이래 비구니들의 발심(發心)·수행(修行)·인가(印可)·전법(傳法)·지도·청규·법거량 등과 같은 구체적인 모습들은 근·현대 불교의 수행양상을 알 수 있게 한다는 점에서 매우 중요하다.

3) 근·현대 비구니 교육의 개혁과정

현 비구니승가대학 사미니과의 교과과정은 조선 숙종 조 이래 확립되어 온 강원의 전통적 교과목으로 이 과목들은 반드시 차례로 공부해야 하는 과정이므로 강원의 교과과정을 이력(履歷)과정이라고 부르기도 한다. 사미니과의 사미니율의를 제외하고는 모두 달마 선풍(禪風)을 진작(振作)하고 수선납자(修禪納者)[55]를 육성하여 본분에 종사하는데 외호(外護)할 수 있도록 편성된 내용이다.[56] 여기에 시대적 변천에 따라 각 강원에서는 본과 수업 외에 독자적으로 불교학개론, 중국불교사, 한국불교사, 선학개론, 일반외국어 등 기타교양과목을 보조 학습과목으로 첨가하여 학습하기도 하였다. 일례로 운문사의 경우 1985년부터 교양과목으로 불교학개론, 인도불교사, 중국불교사, 한국불교사, 화엄학개론, 구사론, 유식학을 겸함과 동시에 그밖에 동양철학[또는 四書三經], 컴퓨터, 일어, 영어, 중국어, 염불, 꽃꽂이, 요가, 서예, 사군자 등 다양한 교과목으로 개편하여 가르치고 있다.[57] 이 중에서 특

---

55) 禪修行하는 납의를 입은 사람이란 뜻으로 승려를 이르는 말이다.
56) 종범, 「승가학원 교육과정에 대한 전반적 고찰」, 『해인』48호, (합천: 해인사, 1986), 22~23쪽.

히 꽃꽂이, 요가 등은 전통승가교육에서는 찾아볼 수 없는 것으로 비구
니승가대학만의 특징을 잘 드러내고 있는 것으로 보인다.

비구니승가대학이 처음 설립될 당시의 수업연한은 10년을 원칙으로
하되, 때로는 특수한 교육목적을 달성하기 위하여 11년이 되는 경우도
있어 10년제와 11년제가 양립되었다. 운문사 강원 1회 졸업생 신지원
은 "치문58)에서 화엄까지 꼭 11년이 걸렸다"59)고 하였으며, 동학사 강
원 1회 졸업생 성현은 "경봉 문하에서 10년간 이력을 보았다"고 하는
것을 보아 강원 교과 과정을 이수하는데 대략 10년에서 11년 걸렸음을
알 수 있다. 그러다가 1970년부터 7~5년으로 단축되어 왔다. 이처럼
1980년 초까지 강원교육의 교과과정 및 학제는 강원마다 조금씩 달랐
으며, 이러한 강원 교육문제를 해결하고자 1984년 8월에 '전국비구니강
원교직자회의'가 열려 교과 과정 및 교육 이수기간에 대한 통일안을 제
시하였다. 그 후 운문사는 1985년부터 수업연한을 4년으로 결정60)하여
시행해 오고 있다.

1994년 개혁 종단이 출범하면서 가장 중요한 과제 중의 하나로 선정
된 것은 승가 교육의 개혁 이었다. 개혁 종단은 승가교육의 질적 개선과
역량 강화만이 불교개혁을 성공적으로 이끌 수 있다는 신념 아래, 현대
교육제도를 도입하는 등 대대적인 강원교육의 혁신을 꾀하고자 하였다.
그 결과로서 ① 교육원은 그 동안 제반 사항을 많이 정비한 점, ② '선교
육 후득도'의 체계를 확고히 한 점, ③ '의제 실시'로 사미[니]와 비구
[니]의 위계질서가 확립 된다는 점, ④ 강원교육의 의무화와 '승가고

---

57) 운문사, 같은 책, 13호(1985).
58) 물들인 옷을 입은 사람들의 세계라는 뜻으로, '僧徒'를 달리 이르는 말이다.
    승가대학 교과과정 중 1학년을 말한다.
59) 운문사, 「동문탐방」 운문회보2호(1982); 『비구니와 여성 불교』5. 313쪽.
60) 운문사, 위의 책, 13호(1985).

시에 의한 법계의 품수 정착'한 점, ⑤ 강원과 승가대학이라는 명칭을 혼용하여 사용하게 함으로 일반인들에게 알리는데 일조한 점, ⑥ 해외 유학을 갈 경우 승가대학이라는 명칭으로 대학졸업을 인정받을 수 있는 여건을 만들기도 했다는 점 등이 있다.

아래의 도표들은 '강원의 전통적 교과 과정 및 학습기간'과 '개혁종단 출범 이전 비구니강원의 교과 과정 비교', '현 비구니강원 교과 과정 내전 과목', '현 비구니강원 교과 과정 외전과목'을 정리한 것이다.

[표 7] 강원의 전통적 교과 과정 및 학습 기간[61]

10년 과정			11년 과정		
과 정	과 목	기 간	과 정	과 목	기 간
사미과	조석송주, 초발심자경문, 반야심경	1년	사미과	조석송주, 초발심자경문, 반야심경, 사미율의, 선림보훈	3년
사집과	선원제전집도서, 대혜서장, 법집별행록절요병입사기, 고봉선요	2년	사집과	선원제전집도서, 대혜서장, 법집별행록절요병입사기, 고봉선요	2년
사교과	수능엄경, 대승기신론, 금강반야경, 원각경	4년	사교과	수능엄경, 대승기신론, 금강반야경, 원각경	2년 6개월
대교과	화엄경, 경덕전등록, 선문염송	3년	대교과	화엄경, 선문염송, 경덕전등록, 십지론, 선가귀감, 묘법연화경	3년 6개월

---

61) 수경, 같은 책, 42쪽.

[표 8] 개혁종단 출범 이전 비구니강원의 교과 과정 비교[62]

강원과정	동학사	봉녕사	삼선	운문사	청암사
사미니과	치문 사미니율의	치문	치문 사미니율의	치문 인도불교사	치문 사미니율의
사집과	서장/도서 절요/선요 선가귀감 대총상	서장/대총상 도서/선요 유교경 선가귀감	도서 대총상법문 절요/서장 선요	서장/도서 선가귀감 선요/절요 우법소승 대총상 중국불교사 구사론	선가귀감 서장/선요 대총상법문 도서/절요 우법소승법문설
사교과	능엄경기신론 금강경 원각경 우법소승	능엄경 기신론 금강경 원각경	능엄경 기신론 금강경 원각경	능엄경 기신론 금강경 원각경 한국불교사 유식강요	능엄경 기신론 금강경 원각경
대교과	화엄현담 및 80화엄경 범망경	화엄현담 및 80화엄경 범망경	화엄현담 및 80화엄경 범망경	화엄현담 및 80화엄경 화엄학개론	화엄현담 및 80화엄경 범망경

[표 9] 현 비구니강원 교과 과정 중 내전과목[63]

	동학사	봉녕사	삼선	운문사	청암사
치문반	치문 사미율의	치문	치문	치문 인도불교사	치문 사미니율의 아함경
사집반	서장 도서 선요 절요	서장/도서 밀린다와문경 대총상/유교경 선가귀감 사십이장경	서장 도서 대총상 절요 선요	서장 선요 절요 도서 대총상 중국불교사 구사론	선가귀감 서장/대총상 도서/선요 수심결

---

62) 위의 책, 42쪽.
63) 위의 책, 43쪽.

	동학사	봉녕사	삼선	운문사	청암사
사교반	기신론 능엄경 금강경 원각경	능엄경 기신론 금강경 원각경	기신론 능엄경 금강경 원각경	기신론 능엄경 금강경 원각경 한국불교사 유식강요	우법소승 능엄경/ 기신론 능가경/ 금강경 원각경
대교반	화엄경	화엄경	화엄경	화엄경 화엄학개론	화엄경
외전	불교학개론 인도불교사 일어 중국불교사 한국불교사	인도불교사/일어 영어/꽃꽂이 피아노/서예 중국불교사/포교론 화엄학개론/ 한국불교사	일어 염불	일어 영문법/영어회화 피아노/꽃꽂이 붓글씨 컴퓨터	한국불교사 동서양철학사 인도불교사 일어 선종사/ 포교론 비교종교학

[표 10] 현 비구니강원 교과 과정 중 외전과목[64]

강원과정	동학사	봉녕사	삼선	운문사	청암사
사미니과	불교학개론 인도불교사 염불		불교학개론, 인도불교사	인도불교사, 불교학개론	인도불교사, 불교학개론 아함경
사집과	중국불교사 중관/일어		중국불교사, 중관	중국불교사, 구사론	중국불교사, 수심결
사교과	한국불교사 유식		한국불교사, 유식	한국불교사, 유식강요	한국불교사, 유식학개론
대교과		화엄학개론		화엄학개론	화엄학개론
공통 및 선택	조계종사(특강) 서예 사군자 태극권/ 꽃꽂이 서장어/ 영어	일본어/영어 중국어 기공/ 서예 꽃꽂이 컴퓨터 염불	수화 꽃꽂이 염불 자원봉사 및 호스피스의 이론과 실습 四書	영어/ 사서삼경 일어/ 염불 꽃꽂이/ 피아노 서예 사군자 컴퓨터/ 요가	선종사 논어/ 영어 컴퓨터 꽃꽂이 염불/ 사경 다도

64) 위의 책, 43~44쪽.

이상으로 [표]를 통해 ① 교과 과정은 승가 전통교육 계승과 조화를 추구한다는 교육원의 방침에 따른 것이며, ② 강원마다 다소 차이는 있지만 공통 및 선택을 제외한 외전과목은 교육원에서 보조학습의 필수로 정한 과목들에 준해서 수업을 하고 있다는 사실을 확인할 수 있다.[65]

비구니강원의 전통 학습 방법은 ① 사미니과와 사집과에서 많이 독송하고 외우게 하여 한문 독해력을 기르게 하는 것과 ② 사교과와 대교과에서는 미리 정해진 단원을 사기(私記) 등을 참고로 하여 연구한 다음 모여서 토론하고 논강하여 이튿날 강사 앞에서 의심나는 것을 묻고 해결하는 문강(問講)법을 사용한 점 등을 들 수 있다. 그러나 오늘날 비구니강원의 학습 방법은 강사에 따라 다르며, 대체적으로 기존의 전통방법을 토대로 하면서도 4년이라는 교육 기간의 한계로 진도에 급급하여 한문교육 위주의 수업을 면치 못하고 있다. 또한 학인들의 충분한 이해가 점검되지 못한 채 주로 강사의 설명에 의존하는 강의식인 것이 현실이다. 이러한 한문 위주의 훈고학적인 학습법이나 선종 중심의 교과목으로는 여전히 현대교육과 조화를 이루지 못한다는 지적[66]을 받고 있다.

---

65) 수경, 같은 책, 42~44쪽.
66) 위의 책, 49~50쪽 참조. 이러한 문제점은 강원 자체 내의 문제점이라기보다는 종단의 교육체제에서 그 실마리를 찾아야 할 것이다.

III

비구니승가대학으로서의 운문사

운문승가대학은 1956년에 최초로 설립된 동학사 비구니승가대학 다음으로 1958년에 개원하였다. 이후 국내에는 봉녕사 승가대학(경기), 청암사 승가대학(경북), 삼선승가대학(서울)등 3곳이 잇달아 설립되었다. 그러나 이 중에서 현재 우리나라 최대의 비구니승가대학을 이루고 있으며 우리나라를 대표하는 비구니승가대학이라 불리고 있는 강원은 운문승가대학이다.

이 장에서는 운문승가대학의 구체적인 면을 기술하기 전에 비구니 승가대학으로서의 운문사에 대해 살펴보고자 한다.

1　성립과정으로 본 운문사

운문사(雲門寺)는 대한불교조계종 제9교구 본사인 동화사의 말사로 560년(신라 진흥왕 21)에 神僧이 창건한 절이다. 943년 삼국을 통일한 태조 왕건이 보양국사가 절을 세웠다는 말을 듣고 많은 전답과 함께 운문선사(雲門禪寺)라고 사액한 뒤부터 운문사라 부르게 되었다고 한다. 1105년(숙종 10)에 원진국사(圓眞國師)가 중창한 이후로 많은 고승들이 배출되었으며, 조선시대인 1690년(숙종 16) 설송(雪松)이 임진왜란 때 폐허화된 절을 다시 중건하여 어느 정도 옛 모습을 되찾게 되었다.

운문승가대학에서 발행한 『호거산운문사(虎踞山雲門寺)』[67]에 따르면,

운문사는 경상북도 청도군 운문면 신원리 호거산에 있는 사찰로 대한불교

---

67) 전명성, 『호거산운문사』(경북: 운문승가대학, 2000).

조계종 제9교구 본사인 동화사의 말사이다. 560년(신라 진흥왕 21)에 한
신승이 창건하였다. 608년(진평왕 30)에 원광국사[68]가 제1차 중창하였다.
원광국사는 만년에 가슬갑사[69]에 머물며 일생 좌우명을 묻는 귀산과 추항
에게 세속오계(世俗五戒)를 주었다고 한다. 제2차 중창은 당나라에서 유학
하고 돌아와 후삼국의 통일을 위해 왕건을 도왔던 보양(寶壤)이 오갑사(五
岬寺)를 중창하였다. 943년 고려 태조 왕건은 보양의 공에 대한 보답으로
운문선사(雲門禪寺)라 사액하고 전지(田地) 500결을 하사하였다. 제3차 중
창은 1105년(고려 숙종 10) 원응국사[70]가 송나라에서 천태교관을 배운 뒤
귀국하여 운문사에 들어와 중창하고 전국 제2의 선찰로 삼았다. 조선시대

---

68) 원광국사(558~638)는 신라 중기의 승려이다. 중국 구법승으로 성은 박씨이고,
  진한 사람이다. 579년(신라 진평왕 1) 25세에 출가하여 30세에 경주 안강의
  三岐山에 들어가 수도하였다. 589년 중국 장안에 가서 曇遷의 『섭대승론』강의
  를 듣고, 혜원·영유등에게 『열반경』을 비롯한 여러 경전을 배워 600년에 귀국
  했다. 이후 『여래장경사기』, 『대방등여래장경』 등을 지어 불교의 새로운 지식
  을 신라에 도입했다. 또한 가슬갑사에 거할 때 화랑도인 귀산과 추항이 찾아와
  교훈을 청하므로 '세속오계'를 주었다. 황룡사에서 나이 84세, 법랍 59세로 입적
  했다. 明活山에 장사 지내고 삼기산 金谷寺에 부도를 세웠다.
69) 경상북도 청도군 雲門山 加西峴에 있었던 절. 嘉西岬寺, 加西寺, 嘉栖寺, 加悉
  寺, 古尸寺, 岬寺라고도 함. 신라 진흥왕 18년(557)에 한 神僧이 北臺庵 터에
  초암을 짓고 3년 동안 수도하였는데, 어느 날 이 곳은 五靈이 숨어 사는 곳임을
  알고 大鵲岬寺, 嘉瑟岬寺, 小鵲岬寺, 所寶岬寺, 天門岬寺를 각각 지어 진흥왕
  28년(567)에 불사를 마침. 진평왕 22년(600)에 수나라에서 귀국한 圓光이 이
  절을 중창하고 머물면서 貴山과 箒項에게 世俗五戒를 가르침. 그 뒤 후삼국
  시대에 다섯 갑사가 모두 파괴되어 남은 기둥만을 대작갑사에 모아 두었는데,
  고려 태조 17년(934) 寶壤이 중국에서 돌아오던 길에 서해 용왕의 아들 璃目을
  데리고 와서 작갑에 탑을 쌓고 절을 중창하여 鵲岬寺라고 함. 그 뒤 고려 태조
  가 후삼국을 통일하고 다섯 갑사의 밭 5백 결을 합해서 이 절에 바치고, 雲門禪
  寺라 사액함.
70) 고려 숙종 때 승려로서 성은 이씨이고 속명은 學一이며, 자는 봉거로 11세에
  진장법사에 의해 입산하여 喜舍禪師에게 학문을 배웠다. 33세 때 송나라에 건
  너가 종전삼장과 천태교를 배워 34세에 귀국하였다. 그후 三重대선사라는 칭
  호를 받았고, 예종 2년에 국사가 되었다. 93세로 입적하자 업적을 찬양하여
  '원응'이란 시호를 내리고 많은 전답과 노비를 하사하고 비를 세워 공덕을 추모
  하였다. 비문은 윤언이가 지었으며, 서체는 대감국사 탄연이 썼다고 전한다.

에는 임진왜란 때 당우 일부가 소실되었다. 1690년(숙종 16) 설송(雪松)
대사가 제4차 중창을 한 뒤 약간의 수보(修補)가 있어 왔다. 1907년 운악
(雲岳)대사가 제5차 중창을, 1912년 긍파(肯坡)대사가 제6차 중창을 하였
다. 1913년 고전(古典)선사가 제7차 수보하였고, 비구니 금광(金光)선사[71]
가 제8차 수보를 하였다. 1977에서 98년까지 명성이 주지로 있으면서 대웅
보전과 범종루와 각 전각을 신축, 중수하는 등 경내의 면모를 한층 일신하
였다. 현재는 30여 동의 전각이 있는 큰 사찰로서 규모를 갖추었다. 운문사
는 1958년 불교정화운동 이후 비구니 전문 강원이 개설되었고, 1987년 승
가대학으로 개칭되어 승려 교육과 경전 연구기관으로 수많은 수도승을 배
출하고 있다."[72]

이를 통해 볼 때 운문사의 역사는 고려 이래로 수차례 크고 작은 수
보 과정을 거치며 발전해 왔음을 알 수 있다. 운문사에는 1958년 불교
정화운동 이후 비구니 전문강원이 개설되었으며 1987년 이후 지금의
승가대학이란 명칭으로 개칭되어 오늘에 이르고 있다.

이러한 운문사의 역사를 삼국 및 나말여초부터 고려 및 조선시대,
그리고 현재로 나누어 살펴보면 다음과 같다.

삼국 및 나말여초는 운문사 창건시기로 작은 암자에서 시작하여 원
광국사에 의해 중창되기까지의 기간을 말한다. 「운문사사적기」[73]에서
는 이와 관련해 다음과 같이 적고 있다.

「운문사사적기」에 의하면, 557년(진흥왕 18년)에 한 신승(神僧)이 북대암
옆 금수동에 작은 암자를 짓고, 3년 동안 수도하여 도를 깨닫고 도우(道友)
10여 인의 도움을 받아 7년 동안 동쪽에 가슬갑사, 서쪽에 대비갑사[현,
대비사], 남쪽에 천문갑사[현, 운문사], 북쪽에 소보갑사를 짓고, 중앙에

---

71) 정일·혜전, 「한국 근·현대불교사의 한 축」, 『산림』 (부산: 대한불교 조계종
   소림사, 2008).
72) 전명성, 「운문사의 창건과 연혁」, 같은 책, 4쪽.
73) 운문승가대학, 「운문사사적기」, 같은 책, 10~11쪽.

대작갑사를 창건하였으나 현재 남아 있는 곳은 운문사와 대비사 뿐이다. 그후 600년(신라 진평왕 22) 원광국사74)가 중창하였다. 그는 대작갑사와 가슬갑사에 머물면서 점찰법회를 열고, 화랑도인 추항과 귀산에게 세속오계 를 내려줌으로써 화랑정신의 발원지가 되었다.

[그림 1] 원광국사75)   [그림 2] 보양국사   [그림 3] 원응국사

오갑사〔가슬갑사, 대비갑사, 천문갑사, 소보갑사, 대작갑사〕가 창건 된 시기는 신라가 불교를 중흥하고 삼국통일을 위해 국력을 집중하여 군비를 정비할 때였다. 이때 오갑사가 운문산 일대에 창건되고 화랑수 련장이 만들어 진다. 그것은 곧 신라가 서남일대 낙동강 유역으로 국 력을 신장해가는 과정으로써 운문사 일대가 병참기지로서 당시 신라에 있어 전략상의 요충지였기 때문이다.76) 이렇게 신라시대에 여러 갑사 들 중 하나로 출발한 운문사는 나말여초기에 이르러 경제적 기반을 구 축하게 된다.

---

74) 전명성, 「운문사 삼대 중창주」, 같은 책, 23쪽, 운문사 삼대 중창주로 원광, 보
    양, 원응 국사를 꼽고 있다.
75) [그림 1] 이후의 그림은 모두 전명성, 『호거산운문사』에서 가져온 것임을 밝힌
    다. (단, [그림 20]은 제외.)
76) 전명성, 「삼국 및 나말려초의 운문사」, 위의 책, 5쪽.

『삼국유사』보양이목조에는 "후삼국을 통일하면서 태조왕건은 운문사에 있던 보양국사[77])의 계책으로 이 일대를 평정하였다. 그 뒤 후삼국의 사회적 혼란을 어느 정도 수습한 왕건은 937년(태조 20년), 대작갑사에 '운문선사라는 사액과 함께 전지 500결을 하사하였다"고 한다. 이때부터 대작갑사는 운문사로 개칭되었고, 경제적 기반을 튼튼히 구축한 대찰로서 지위를 가지게 되었다. 이후 1105년(고려 숙종 10) 원응국사 학일이 제3차 중창한 후 왕사로 책봉되었다. 원응국사는 1129년(인조 7)부터 이 절에 머무르실 때 운문사의 전성기를 이루었다. 1277년 일연선사는 고려 충렬왕에 의해 운문사의 주지로 추대되어 1281년까지 머무르셨다. 이곳에서 일연은『삼국유사』의 집필을 착수하였다. 운문사의 절 동쪽에는 일연선사의 행적비가 있었다고 하나 지금은 존재하지 않는다.

조선시대인 18세기 중반, 운문사는 설송 연초대사가 제4차 중창할 때와 19세기 전반 헌종 년간에서 운문사의 사세는 상당했다. 운문사의 제5차 중창주인 운악화상은 1839년에 오백전을 중수하였다. 이듬해 응진전과 명부전, 미타전, 내원암, 북대암 등을 중건하였다. 그리고 다음해에는 청신암을 창건하였고, 1842년 금당을 중건하였다.

고려 태조왕건으로부터 운문선사라는 명칭을 갖게 되었으며 그 규모도 또한 커졌고 19세기 전반 헌종대는 사세가 상당했다고 한다. 이를 통해 운문사의 규모가 시간의 경과에 따라 점점 커지게 되었음을 알 수 있다.

---

77) 신라말 고려초의 승려. 중국 구법승으로 운문사를 중창한 스님으로 운문사에서 입적했다. 일명 智識이라고도 한다. 당나라에 가서 법을 전해 받고 귀국하다가 서해에서 용왕의 영접으로 용궁에 들어가 경을 설하고 金羅架裟 한 벌을 받았다. 처음 당나라에서 들어와 밀양 奉聖寺에 있을 때, 고려 태조가 군사를 거느리고 청도에 이르니 산적들이 犬城에 모여 항복하지 않았다. 태조가 국사에게 항복 받을 도리를 묻자 '개는 밤만 지키고 낮은 지키지 않으며, 앞만 지키고 뒤는 지키지 못하니 낮에 북쪽을 치라'고 가르쳐 주었다. 태조가 이 말대로 하여 산적을 항복받았다고 한다. 얼마후 후삼국을 통일한 태조가 작갑사가 지어진 내력을 듣고 밭 500결을 봉납했다. 937년 고려 태조는 '雲門禪寺'라는 사액을 내렸다.

이상의 과정들 속에서 운문사는 이미 그 사세가 상당한 수준에까지 이르게 되었다. 그리고 해방 이후 여러 과정을 겪으면서 한 걸음 더 나아가게 된다.

[그림 4] 현재 운문사 전경

해방이후 제1세 김상명(金常明)에서 제4세 박상웅(朴常雄)까지 잠시 대처승이 거주하였다. 1950년대 교단정화 이후 비구니 정금광(鄭金光)이 1955년 초대 주지로 취임하여 제8차 보수·중창하였다. 이후 2·3대 유수인, 4대 배묘전(裵妙典), 5대 이태구(李泰具), 6대 안혜운(安慧雲), 7대 위혜안(魏慧眼)스님을 거쳐 8대부터 12대까지(1977~1998) 전명성(全明成)이 운문사 주지와 학장을 겸임하면서 제9차 중창불사를 이룩, 대웅보전과 요사 등 29동을 신축하고, 만세루 등 기타 전각들을 중수하는 등 명실 공히 대가람으로서의 면모를 일신하였다. 이어 1998년부터 제13대 주지로 송혜은 이 부임하면서 선원을 신축하여 교(敎)와 선(禪)을 아울러 익힐 수 있는 도량으로 가꾸었다. 2002년부터 제14대 주지로 고 흥륜 강사스님[78]이 부임하였고, 2006년

---

78) 현재 운문승가대학 강주.

부터 제15대 주지로 조진성이 부임하여 오늘에 이른다.

1997년부터 비구니강사를 양성하는 전문 교육기관으로는 최초로 승가대학원이 개설되었다. 1958년 비구니 전문강원이 개설된 이래 수많은 졸업생을 배출하였고, 1987년 승가대학으로 명칭이 바뀌고 전문교과 과정과 교수진을 확보하여 승가대학의 명분에 걸맞는 교육이 진행되고 있다. 현재 대략 260여 명의 비구니 스님들이 이곳에서 경학을 수학하고, 계율을 수지봉행하고 있으며, '하루 일하지 않으면 하루 먹지 않는다'는 백장 청규를 철저히 실천하고 있다. 운문승가대학은 국내 승가대학 가운데 최대의 규모와 학인 수를 자랑하고 있다.[79]

해방 이후 8차 보수·중창이 있었고 대가람으로서의 면모를 일신하였다. 1987년 승가대학으로 명칭이 바뀌었다. 현재는 국내 승가대학 가운데 최대의 규모와 학인수를 유지하고 있다. 또한 1997년부터 비구니 강사 양성 전문 교육기관으로서 최초의 승가대학원이 개설되었고, 다수의 졸업생을 배출하였다.

이상의 기록들을 통해 비구니교육에서 운문승가대학의 위치는 그 시원부터 현재에 이르기까지 주도적인 역할을 해오고 있는 교육기관임을 알 수 있다.

2 운문사 학인들의 일상

설립 초기부터 비구니교육기관으로서의 주도적 역할을 해 왔던 운문사승가대학은 학인들의 일상을 하루일과, 수행 활동, 경전공부, 부서별 활동 등으로 구분하여 실천하고 있다.

---

79) 전명성, 「현재의 운문사」, 같은 책, 7쪽.

1) 학인들의 일과

학인들의 하루는 새벽 3시부터 시작된다. 새벽예불을 마친 학인들은 5시까지 자율학습을 하며, 아침 공양시간은 6시이다. 오전 수업시간은 7시 30분부터 9시 30분까지 2시간 동안이며 10시 40분에는 사시마지(巳時麻旨)[80]를 올린다. 11시 30분은 점심시간이며, 잠시 쉴 수 있다. 오후 2시부터 4시까지는 오후 자율학습시간이다. 오후의 운력(雲力, 공동 노동시간) 시간에는 누구나 할 것 없이 경내의 노동에 참여 하는데, 채소 가꾸기, 풀 매기, 도량 청소 등의 일을 함께 나눈다. 저녁 공양시간은 5시 30분이며 6시 30분에 저녁 예불을 드린 후 8시 30분까지 논강과 다음날의 수업 준비를 한다. 하루 일과가 모두 끝나는 시간은 저녁 9시이다.

[표 11] 운문사 학인들의 일과

시간	내용	시간	내용
3:00	기상	11:30	점심공양
3:00-	새벽예불	14:00-16:00	자율학습
-5:00	자율학습	16시 이후	운력
6:00	아침공양	17:30	저녁공양
7:30-9:30	오전수업	18:30	저녁예불
10:40	사시마지	-20:30	논강 및 수업준비
		21:00	하루일과 마침

2) 학인들의 수행 활동

학인들의 수행 활동은 명상, 예법, 운력, 학인법문, 자자일(自恣日)[81], 법회와 포교 등으로 이루어진다.

---

80) 사시인 오전 아홉 시에서 열한 시 사이에 부처 앞에 올리는 밥.

① 명상

새벽 예불 마친 후 학인들은 금당에 모여 5분 참선을 하며 개개인의
수행을 점검하며 자신의 공부를 해나간다.

[그림 5] 학인들의 명상

② 예법

승려들은 매일 세 차례[새벽·사시·저녁] 법당에 운집하여 불보살
에게 예경을 올린다. 학인들도 예외는 아니다. 이러한 예경의식을 통
해 자신의 참다운 성품[불성]을 공경하고 무명을 타파하여 깨달음의
저 언덕에 이르고자 정진한다.

예법 중에는 승려들의 식사자세, 즉 공양에 임하는 자세에 대한 것
도 있다. 발우(鉢盂)는 발다라(鉢多羅)의 음역으로 승려들의 공양그릇

---

81) 夏安居의 마지막 날. 음력 7월 보름날로서 이날에는 중들이 안거 동안의 잘못
　　을 뉘우치고 서로 훈계하는 행사를 한다.

을 말한다. 음식이 내 앞에 오기까지의 무한한 은혜를 상기하며 공양
에 임한다. 공양 시에 "이 공양이 어디서 왔는가, 내 덕행으로 받기가
부끄럽네. 마음에 온갖 욕심을 버리고 몸을 유지하는 양약으로 삼아
도업을 이루기 위해 이 공양을 받습니다"는 말을 외운다.

[그림 6] 자비도량참법 기도

③ 운력

운력이란 혼자서는 할 수 없는 일들을 도량 내 승려들이 모여 하는
것을 말한다. 구름처럼 모여 일 한다 하여 운력(雲力)이라고 하며, 힘
을 합하여 움직인다고 해서 운력(運力)이라고도 한다. 밭을 일구는 일
이나 혹은 나물을 다듬는 일 등, 함께하는 일이 모두 운력이 된다. 일
은 일이지만, 수행자의 마음에는 이것 역시 수행이라 생각하며 경건하
게 임한다.

운력을 하는 것은 크고 작은 노동을 통하여 시주의 은혜를 알고 시물(施物)을 아끼며 수행에 더욱 정진하고자 하는 의미이다.

[그림 7] 운력-미역건조

[그림 8] 운력-고추따기

[그림 9] 연등만들기(1)

[그림 10] 연등만들기(2)

[그림 11] 김장(1)

[그림 12] 김장(2)

[그림 13] 쑥개떡 만드는 모습

[그림 14] 메주만들기

[그림 15] 감잎차 만들기

[그림 16] 공양 준비 모습

또한 시물을 아낀다는 의미에서 처진소나무[82)]에 막걸리를 부어준
다. 처진소나무는 500년이 넘는 노송으로 당시 어느 대사가 이곳을 지
나다가 시들어진 가지를 꽂아 둔 것이 뿌리를 내렸다고 한다. 해마다
음력 3월 3일을 전후하여 막걸리 열 두말을 부어준다.[83)]

---

82) 천연기념물 제 180호.
83) 전명성, 같은책, 38쪽.

[그림 17] 처진소나무

④ 학인 법문

개개인의 학인들이 차례대로 법상 위에서 법문을 하는 것으로 운문사 학인 250명이 단 한사람도 거르지 않고 운문사에 있는 동안 한 번은 꼭 거쳐야 하는 의식이다. 차례법문은 이 나라 불교계를 짊어지고 갈 한 사람으로서 많은 세간의 사람들에게 부처의 법(法)을 전해주는 연습이고, 세간의 사람들과 학인 자신이 모두 함께 부처가 되고자 하는 원을 세워 불법의 바퀴를 힘차게 굴리는 엄숙한 분위기의 자리이다.

[그림 18] 차례법문

⑤ 자자일(自恣日)

자자일은 범어 발랄바랄나(鉢剌婆剌拏)의 번역어로 자자일은 자기의 잘못을 대중승려들에게 참회하는 날을 말한다. 하안거의 마지막 날 같이 공부하던 승려들이 모여서 서로 견(見)·문(問)·의(意) 3사(事)를 가지고 그동안 지은 죄를 고백하고 참회하는 의식이다.

⑥ 법회와 포교(어린이 여름불교학교)

[그림 19] 여름불교학교

매년 여름 운문사 교화부 학인들은 어린이들에게 불심을 심어주기 위한 준비를 한다. 이것은 단지 어린이들만을 위한 행사가 아니라 불교 포교활동에 기반을 두고 있는 것이다. 또한 이러한 활동들은 출세간적인 불교를 현세의 세간과 융화시키고자 하는 노력의 하나로 볼 수 있다.

3) 경전 공부

학인들은 하루 세 차례 자율 학습시간을 통해 경전수업과 교양과목에서 익힌 내·외전을 복습·예습한다.

그러나 강원의 교육에서 공부는 교과목 수업만이 전부가 아니라 공양, 예불, 운력 등 다른 승려들과 함께하는 일체의 행위도 포함된다. 이러한 일체의 행위를 수행 측면에서 보면 타인과 함께함으로써 타인과 내가 둘이 아님을 자각하게 하고 또한 자신만을 위하는 아집을 경계하는 것을 그 목적으로 한다. 또한 불교가 오도성불(悟道成佛)을 목적으로 하는 이상 강학과 실천적 공부의 내외겸수가 승가대학 교육의 요체라고 할 수 있다. 따라서 강원에서 이루어지고 있는 교과목 교육뿐만 아니라, 일체 모든 것이 수행이 아닌 것이 없다. 그리고 이러한 이유에서 강원교육은 경전의 강학뿐만 아니라 그것을 몸으로 체득하는 수행법을 얼마나 충실히 실행하고 있는가 하는 문제가 중요시된다.

승려는 오욕락(五欲樂)[84]을 버리고 출가한 수행자다. 따라서 각 과목에서 강학한 내용은 모두 수행을 통한 오욕락의 제거에 있다고 봐도 무방하다. 결국 학인들은 강원 교육에서 출발하여 실천적 수행을 통해 교육을 완성하는 것이라고 할 수 있다.

4) 학인들의 부서별 활동

학인들은 여러 분과 활동을 하고 있다. 운문승가대학에서는 문화부, 교화부, 신행부, 방송부, 체육부, 합창부 등 총 6개의 부서별 활동을 한다.

① 문화부: 계간지 『운문』[85]과 그 외 달력, 안내책자 등의 기타 간

---

84) 財欲 · 性欲 · 飮食欲 · 名譽欲 · 睡眠欲의 즐거움.
85) 『운문』(2008년 여름호)의 표지 및 목차는 아래와 같다.
　　○ 운문사 : 연꽃 (편집부)　　○ 죽림헌 : 날마다 위대한 버림 (명성스님)
　　○ 교수논단 : 尼傳戒和尙淨行長老尼 (원묘스님)
　　○ 차례법문 : 자시, 보시 그리고 깨달음 (자성스님)
　　○ 학인논단 : 우울증에 대한 불교적 치료 방안 모색 (성제스님)
　　○ 說玄의 門 : 일본 임제종의 사상과 수행 풍토 (아베 코산 총장)
　　○ 想 : 여름 - 반가운 만남 (서주스님)
　　○ 특별기고 : 불교와 과학의 아름다운 만남 (청아스님)
　　○ 노스님 탐방 : 죽기 살기로 열심히 햐! (현수스님)
　　○ 이 한권의 책 : 여름 구름속 번개처럼 (아산스님)
　　○ 선사 이야기 : 다 쏟아 놓아라 (혜오스님)

행물을 발행.

② 교화부: 어린이 법회·어린이 여름불교학교, 격주로 대자원 법회
   및 금천고등학교 법회를 가짐.

③ 신행부: 자판기 판매 수익금으로 불우 이웃돕기, 군부대, 교도소
   등에 신행활동을 함.

④ 방송부: 운문사 내의 방송을 담당.

⑤ 체육부: 각종 체육 행사를 주관, 대중의 화합과 체력증진을 도모.

⑥ 합창부: 대내외 행사에 참가.

[그림 20] 계간 『운문』
표지(2008. 여름호)

이상의 분과별 활동은 넓은 의미에서 직·간
접적인 수행의 연장선상에 있는 활동이라고 말
할 수 있다.

○ 끝없는 여정 : 가야산에 부는 맑고 시원한 바람
  - 이 시대에 맞는 불교공부 (혜윤스님) / - 무주묘행(無住妙行) (무상스님)
○ 운문사 주련 : 육화당 (편집부)
○ 담소 : 광장의 인드라망 (백무산)
○ 여름불교학교 : Ⅰ : 천진불의 진정한 벗 (편집부) / Ⅱ : 불국토를 만드는
  일등 열차를 타고 (혜벽스님)
○ 학수행의 두레박 : Ⅰ : 아침마다 감사합니다. (선준스님) / Ⅱ : 리는 것은
  다 내 소리입니다. (명원스님)
○ 운문논평 : 짧은 만남, 긴 깨달음 (편집부)
○ 운문소식 : 등불 : 수월백의 관음도 (설민스님)

IV

운문승가대학의 특징

앞에서 열거된 사찰에서의 학인들의 일상 외에 비구니교육기관으로
운문사가 가지는 특징들은 다음과 같다.

1 운문승가대학의 학칙과 조직

운문승가대학은 앞에서도 이야기된 바와 같이 현재 우리나라 최대
의 비구니승가대학이다. 이러한 운문승가대학만이 가지는 특징을 학훈
및 입학자격, 강원조직도를 통하여 살펴보면 다음과 같다.

1) 학훈 및 운문승가대학가(雲門僧家大學歌)

학훈은 교육의 목표 및 이념을 내세운 표어(標語)라 할 수 있다. 운
문승가대학의 교육 목표와 이념은 '끊임없는 정진'의 수행을 통해 '부처
의 교법을 널리 전하'는 데 있다고 할 수 있다.

운문승가대학의 학훈은 다음과 같다.

〈학훈(學訓)〉
立志發願   원대한 뜻을 세우고 가없는 願을 發한다.
精進不退   끊임없는 정진으로 결정코 물러나지 않는다.
流通敎海   부처님의 교법을 널리 전한다.[86]

아래는 위의 학훈을 현 운문승가대학장 법계명성이 풀이하여 신입
생 환영법문으로 운문승가대학 홈페이지[87]의 학훈란에 개제되어 있는

---

86) 운문승가대학, 『학인수첩』 (청도: 운문승가대학, 2000), 3쪽.
87) 운문사승가대학 홈페이지, http://www.unmunsa.or.kr/new/home.html

것이다.[88]

〈입지발원(立志發願)〉

출가인은 늘 목적의식이 선명해야 합니다. 그 목적이 안일과 의식을 구하는
것도 아니요, 명리와 귀를 구하는 것도 아닐진대 수행자로써 뚜렷한 행로가
있어야 합니다.

출가인이 되었다면 과연 무엇을 해야 할 것인가?

무엇보다도 먼저 입지발원 즉, 확고한 뜻과 원력을 세워야 하겠습니다.
수행자로써 입지와 발원이 없다면 설계 없는 건축과 같을 것이며 모래 위에
누각을 짓는 격입니다. 원력이 없는 모든 노력은 마치 농부가 봄에 씨앗을
뿌리지 않고 여름에 땀 흘리며 김을 매는 수고로움과 같은 것입니다.
그러므로 수행자로써의 자기 입지와 발원[89]이 확실해야 합니다.

〈정진불퇴(精進不退)〉

이미 큰 서원을 세웠다면 끊임없이 노력하는 일뿐입니다.

'게으르지 말고 부지런히 공부에 힘쓰라'는 말씀은 부처님께서 임종하실
때 제자들에게 남긴 마지막 말씀입니다.

오늘 해야 할일을 내일로 미루는 습성은 처음부터 익히지 말아야 합니다.
내일이 있다고 오늘을 허송하는 이에 앞날에 발전을 기대할 수는 없습니다.
새벽 3시가 되면 목탁소리와 함께 기상하여 예불, 독경, 참선 등 매일 규칙적
으로 반복되는 일상생활은 좋은 정진불퇴의 모습입니다.

그러나 당연한 수행자의 일과 임에도 불구하고 권태와 회의를 느끼게 되고
때로는 자신을 극복하기 힘든 어려움도 있을 것입니다.

그것을 정진 중 고비라고 할 수 있겠지요.

그러기에 '한 사람은 전쟁터에서 수천 명을 정복하고 다른 한 사람은 자기
자신을 정복한다'는 말과 같이 우리 학인 스님들은 밖으로 백만 대군을 정복하
는 것보다 자기 자신을 극복해 나가는 참다운 구도자가 되어야 하겠습니다.

---

88) 운문사승가대학 홈페이지, http://www.unmunsa.or.kr/new/sungga/sungga_m01
　　_1.html에서 학훈에 관해 해설한 부분을 옮겨왔다.

89) 發願이란 부처나 보살에게 소원을 비는 것을 뜻하기도 한다. 곧 중생을 제도하
　　려는 부처나 보살의 소원이 이루어지도록 기원하는 것이다.

〈유통교회(流通敎誨)〉

큰 서원과 불퇴전의 정진은 어디까지나 그것을 모든 이웃에게 회향[90]하여 부처님의 가르침을 유포하기 위한 것입니다.

보다 나은 포교를 위해서는 우리 다 같이 앞에서 언급한 확고한 입지와 원력으로 부단히 정진을 아끼지 말아야 하겠습니다.

이 운문도량에서 직접 할 수 있는 포교활동을 일일이 열거하지 않더라도 지금까지 하고 있는 각 부서[교화부, 신행부, 문화부, 체육부, 방송부, 합창부]의 활동들을 꾸준히 성실하게 해 나가는 일이 바로 유통교회(流通敎誨)를 실천하는 일입니다.

우리가 서 있는 이곳이 바로 기도처이며 정진하는 곳이며 바로 포교당이 되도록 하는 일입니다.

나 자신의 원대한 발원과 성실한 정진을 결국은 나의 이웃을 위하여 회향하는 것입니다.

내가 익힌 부처님의 법을 이웃에게 전하지 않는다면 그는 불법을 바로 알았다고 말하지 못할 것이며 부처님의 막대한 은혜에 보답하지 못할 것입니다.

이상을 통해 운문승가대학의 교육목표를 다음과 같이 정리해 볼 수 있다.

첫째, 세간의 사람과 구별되는 출가자로서의 뜻[마음가짐]을 세우고 이를 통해 부처의 중생제도라는 뜻을 펼쳐야 한다.

둘째, 끊임없는 '노력'과 '규칙적'인 생활을 통해 '자기 자신을 극복해 나가는 참다운 구도자'가 되어야 한다.

셋째, 뜻을 세우고 끊임없이 수행함은 결국 '어디까지나 그것을 모든 이웃에게 회향하여 부처님의 가르침을 유포하기 위한 것'이다.

이를 표로 정리하면 다음과 같다.

---

90) 자기가 닦은 善根 功德을 다른 중생이나 자기 자신에게 돌림. 중생회향, 보리회향, 실제회향의 세 가지, 또는 왕생회향과 환상회향의 두 가지로 나뉜다.

[표 12] 운문승가대학의 교육목표

운문승가대학의 교육목표				
입지발원 (立志發願)	→	정진불퇴 (精進不退)	→	유통교회 (流通敎誨)
수행자로서 중생제도의 뜻을 세움	→	끊임없는 수행과 자기 극복	→	이웃에게 회향하여 부처의 가르침 포교

이러한 운문승가대학의 교육목표 입지발원, 정진불퇴, 유통교회의 뜻은 운문승가대학가(雲門僧家大學歌)에도 잘 드러나고 있다. 아래는 운문승가대학가이다.

〈운문승가대학가〉

1. 천년의 정기어린 호거산 깊은 골에
   보살의 뜻을 모아 대원을 세우노니
   그 슬기 빛이 되어 무명을 씻었도다.
   운문의 도량이여 진리의 자리어라
   (후렴)후박의 꽃동산에 임의 향기 그윽하고
   갈고 심은 마음 밭에 보리 숲이 무성 하네.

2. 이 목소 맑은 물은 억겁을 이어가고
   정진불퇴 굳은 의지 하늘도 흔드노니
   불타의 다른 법이 바다를 이뤘도다.
   운문의 도량이여 구도의 자리어라.

3. 가없는 임의 은혜 엎드려 새기오며
   거룩하신 해명을 끝없이 이을지니
   무상의 정각 이뤄 고해를 건졌도다.
   운문의 도량이여 원각의 자리어라.[91]

---

91) 운문승가대학, 『학인수첩』, 8쪽.

2) 입학자격

운문승가대학 입학을 위해서는 사미니계를 수지한 출가 수행승으로서 고등학교 졸업 또는 동등 이상의 학력을 가져야 하며, 혹은 대학졸업자나 대학원졸업자들도 입학시험을 거쳐 합격하여야 하며 은사스님의 추천이 있어야 한다.[92]

3) 조직도[93]

운문승가대학조직도는 승가대학 강의담당체계를 나타내는 교수진 조직도와 승려들 각자가 맡은 직분을 적어서 붙여 놓은 용상방(龍象榜)[94]으로 구분할 수 있다.

(1) 교수진

교수진은 학장·학감·강사·중강 체계로 이루어지는데, 현재 학장을 비롯하여 강사와 중강이 각 학년을 전담하고 있다.[95]

---

92) 전명성, 같은 책, 42쪽.
93) 대한불교조계종교육원불학연구소, 『한국 현대불교의 교육기관』(제 3회 종단 사세미나, 2008), 132~133쪽.
94) 龍象榜에서 龍象이란 덕이 높고 지혜가 있는 승려를 용과 코끼리에 비유한 말이다. 승려들 각자가 맡은 직분을 적어서 붙이는 榜을 龍象榜이라고 한다.
95) 전명성, 같은 책, 42쪽.

[표 13] 운문승가대학 조직도96)

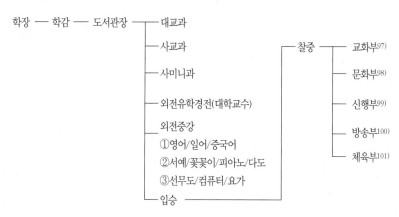

학장 ─── 학감 ─── 도서관장 ─┬─ 대교과

　　　　　　　　　　　　　├─ 사교과 ─── 찰중 ─┬─ 교화부97)

　　　　　　　　　　　　　├─ 사미니과 　　　　　├─ 문화부98)

　　　　　　　　　　　　　├─ 외전유학경전(대학교수) ├─ 신행부99)

　　　　　　　　　　　　　├─ 외전중강 　　　　　├─ 방송부100)

　　　　　　　　　　　　　│ ①영어/일어/중국어 　└─ 체육부101)

　　　　　　　　　　　　　│ ②서예/꽃꽂이/피아노/다도

　　　　　　　　　　　　　│ ③선무도/컴퓨터/요가

　　　　　　　　　　　　　└─ 입승

---

96) 운문승가대학, 『학인수첩』, 11쪽 참고하여 수정 보완.
97) 교화부는 1979년 이래 매년 여름불교학교를 주관하고 1980년 이후 매주 어린이 법회를 중심으로 도량안내, 고아원과의 자매결연 및 후원, 교도소 법회 지원 등 교화에 일익을 담당하고 있다. 또 포교사로서의 자질함양을 위해 대내적으로 교화실습인 차례 법문을 실시하고 대외적으로 여름, 겨울, 연수회에 참가하고 있다.
98) 문화부는 1980년 창간한 운문지를 계간으로 발행하여 현재100호에 이르고 있으며, 운문사 달력을 발행하고 있다.
99) 신행부는 도량내, 자동판매기를 관리하며,이 이익금으로 연꽃마을, 대원양로원,나누는기쁨장학회, 혜능보육원등을 방문 봉사하고 있다.
100) 방송부는 1980년 7월부터 첫 방송을 시작한 이래 아침 30분 동안 찬불가, 불교음악, 명곡과 함께하는 법구경, 어른승려 법어 등의 프로그램으로 진행하고 있다.
101) 체육부는 대중 전체가 참여하는 체육행사로 봄철 배구대회, 겨울철의 탁구대회를 주관하고 있다.

[표 14] 현재 운문사 교수진102)

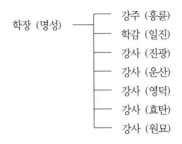

```
                        ┌── 강주 (흥륜)
                        ├── 학감 (일진)
                        ├── 강사 (진광)
          학장 (명성) ──┼── 강사 (운산)
                        ├── 강사 (영덕)
                        ├── 강사 (효탄)
                        └── 강사 (원묘)
```

[표 15] 운문사 사중(寺中) 조직도

```
                                     ┌── 총무 ──── 도감
                                     │
회주(명성) ── 주지(진성) ──┼── 교무 ──── 서기
                                     │
                                     ├── 재무 ──── 회계
                                     │
                                     └── 사리암원주
```

(2) 용상방

용상방은 우측부터 운문승가대학 제직을 맡은 승려를, 좌측부터 운문사 제직을 맡은 승려를 기재 하고 있다.

(좌측)　주지(住持)/(부주지(部住持)/총무(總務)/재무(財務)/도감(都監)/ 회계(回啓)/서기(書記)/입승(入繩)/찰중(察衆)/원주(院主)/별좌(別座)/지객(知客)/미감(米監)/원두(園頭)/채두(菜頭)/공사(供司)/조병(造餠)/자색(煮色)/화대(火대)/정통(淨桶)/종두(鍾頭)/간당(看堂)/시자(侍者)/ 다각(茶角)/지전(持殿)/병법(秉法)/장주(藏主)/중강(仲講)/강사(講師)/학감(學監)/학장(學長)　　　　　　　　　　　　　　　　　　(우측)

---

102) 운문사 홈페이지 내 운문승가대학 란의 강사진소개를 참고하여 표를 작성함.

2 운문승가대학 교육과정 및 그 내용

1) 운문승가대학의 교육과정[103]

운문승가대학의 교육과정은 4년으로 사마니과(沙彌科, 1학년), 사집과(四集科, 2학년), 사교과(四敎科, 3학년), 대교과(大敎科, 4학년)로 구성된다. 그리고 1997년 설립된 최초의 비구니승가대학원 [선택]까지 운문승가대학 교육과정에 포함되어 있다. 총 입학 정원은 매년 65명 내외로 총 학인 수는 약 250여 명 내외이다. 방학은 1년 중 4월 초파일을 전후한 30일의 춘계방학, 우란분절 [百中日][104]을 전후한 30일의 하계방학 정초를 전후한 40일의 동계방학이 있다. 휴강일은 매달 음력 1일과 30일 이틀이다.

아래에서는 각 학년별 교육과정을 도표[105]화 한 것이다.

[표 16] 사미니과 교육과정

```
                  ┌─ 치문
사미니과    ───┤    ┌도불교사
(1학년)           └─ 일 ┘(필수)
```

---

103) 남도영, 「운문승가대학」, 『강원총람』(서울: 대한불교조계종교육원, 1997), 453쪽.
104) 盂蘭盆節 烏籃婆拏 到懸이라 번역. 지옥, 아귀도에 떨어진 이의 혹심한 괴로움을 구현하기 위하여 닦는법. 百中日 또는 百種日이라고도 함.
105) [표16] ~ [표20]은 운문승가대학, 『학인수첩』, 12~13쪽에서 가져옴.

[표 17] 사집과 교육과정

[표 18] 사교과 교육과정

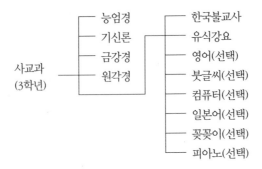

[표 19] 대교과 교육과정

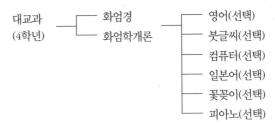

[표 20] 대학원 교육과정

대학원 ─┬─ 유마경
　　　　├─ 법화경
　　　　├─ 열반경
　　　　├─ 육조단경
　　　　├─ 사미니율의
　　　　└─ 비구니계율연구

전통강원에서 공부하고 있는 과목을 살펴보면 치문반은『치문』1년, 사집반은『서장(書狀)』·『도서』·『선요』·『절요』를 1년, 사교반은『대승기신론』·『원각경』·『능엄경』·『금강경오가해』를 1년, 대교반은『화엄경(華嚴經)』을 1년간 배우게 된다. 이러한 교과목 체계는 서산대사 이후 조선 말기에 이루어 졌다고 한다.

『치문(緇門)』은『치문경훈(緇門警訓)』을 줄인 말로 다르게는 '삭발염의왈치(削髮染衣曰緇)요 입산수도왈문(入山修道曰門)이라' 하여 삭발하고 먹물 옷을 입어 입산하여 수도하는 스님들의 문중을 뜻하기도 한다. 그 내용은 중국 역대 고승들이 후학들에게 경책하는 법어 모음집이다. 즉 경책하고 훈계하는 경훈과 학문에 힘쓰기를 권장하는 면학(勉學), 옛 선사께서 대중을 훈계하기 위하여 남긴 유계, 침으로 병을 물리치듯 번뇌를 물리치는「잠명」,『서장』과 그 외 몇 가지로 구성되어 있다.

『서장(書狀)』은 그 대지가 척사해(斥邪解) 현정견(顯正見)이며 대혜(大慧)종고선사가 42인에게 60차례 답장한 편지이다.

『절요(節要)』는 여실언교(如實言敎)를 의지하지 않고 헛되이 공부하는 후학들에게 일장 경론의 지귀(智歸)를 알게 하고 오수(悟修)의 본말을 가릴 수 있게 하는데 그 목적이 있다. 그와 동시에 일도직입(一超直入) 여래지(如來地)는 '보조'의 선교일치의 사상이며, 돈오점수의 이론을 세워 선(禪)으로 체(體)를 삼고, 교(敎)로써 용(用)을 삼아 정혜 쌍수, 원돈신혜, 간화경절 삼문이라는 실천적 선수행의 체계를 세운 것이라 한다.

『선요(禪要)』는 선의 요제에 대한 설법집이다. 즉 고봉이 20여 년간의 설법했던 것을 시자 지정(指正)이 기록하고 직응거사가 편집하여 『선요』라고 이름 붙인 것인데 총 29장으로 되어 있으며 큰 뜻을 세워 현관(玄關)을 꿰뚫을 것을 본지(本旨)로 한다.

『원각경(圓覺經)』은 그 대지(大旨)가 단무명(斷無明) 현불성(顯佛性)에 있는 것으로 문수보살 등 12명의 보살들이 차례대로 부처와의 문답을 통해서 원각수행의 묘리와 관행을 나타내는 경이며 『능엄경』은 그 대지가 기탁염(棄濁染) 발묘명(發妙明)으로 그 중심적인 내용은 여래장 사상이다. 여래장이란 여래의 씨앗을 갈무리하고 있는 창고라는 의미로써 중생에게는 본래 깨달을 수 있는 불성의 씨앗을 간직하고 있다는 것이다.

『대승기신론(大乘起信論)』의 대지는 의일심(依一心) 개이문(開二門)인 바, 종체(宗體)는 일심(一心)이며 중생심(衆生心)이며 곧 진리이다. 특징은 인도에서 대립하고 있던 양대 불교사상인 중관파와 유식파의 사상을 지양, 화합시켜 진속일여(眞俗一如)의 사상을 나타내고 있다.

『금강경(金剛經)』은 우리나라에서 가장 많이 읽히고 있는 경이다. 이 경은 부처님과 수보리의 대화로 공사상(空思想)을 나타내고 있다. 강원에서는 『금강경오가해(金剛經五家解)』를 배우는데 다섯 명의 해(解)에다 함허득통(涵虛得通)의 보충설명까지 합하면 육가해라고 할 수 있다.

『화엄경』은 그 양이 어마어마하다. 부처가 인도 마가다국의 보리수 아래서 정각을 이루고 등각보살들을 상수로 구름처럼 모인 대중들을 위하여 깨달은 내용을 그대로 말한 것이 『화엄경』이다. 『화엄경』이 다른 경전과 다른 것은 여타 경전은 대중의 능력에 따라 말한 것인데 반해, 법을 듣는 창법자의 수준과 관계없이 부처의 깨달음 그 자체 내용을 펼쳐 보인 것이기에 법계의 성품과 어울리는 근본 법륜이라 하며 『법화경』과 더불어 대승경전의 최고로서 쌍벽을 이루고 있다.

2) 운문승가대학의 교육내용과 그 문제점

운문승가대학의 교육내용은 앞 장에서 열거된 경전을 공부하는 중심 교과과정〔정규과목〕과 일상생활의 편리를 위한 교양과목, 그리고 특강과목 등으로 편성되어 있다. 강의는 중심교과과정은 승가대학 소속 교수사들이 그리고 교양과목과 특강과목은 주로 외래강사가 담당하고 있다.

[표 21] 각 학년의 중심 교과 과정 개설 현황

학 년	중 심 교 과 과 정
사미니과(1학년)	치문 / 불교학개론 / 인도불교사
사집과(2학년)	서장 / 도서 / 절요 / 선요 / 중국불교사 / 구사론
사교과(3학년)	능엄경 / 기신론 / 원각경 / 금강경 / 유식학 / 한국불교사
대교과(4학년)	화엄학개론 / 화엄학

[표 22] 교양과목 개설 현황

강사	교 양 과 목
외래강사	꽃꽂이 / 서예 / 컴퓨터 / 요가 / 일어 / 영어 / 유교의 사서

[표 23] 특강과목 개설 현황

강사	특 강 과 목
외래강사	불교미술 / 염불 / 심리학 / 철학 / 유아교육 / 종교학

이상의 교육과정과 교육내용들을 통해 운문승가대학이 실시하고 있는 교육과정이 단순한 경전공부뿐만 아니라 작부위, 부작위, 정신적, 육체적 행위 즉 신·구·의 3가지 행위를 모두 포함하고 있다는 사실을 알 수 있었다. 또한 비구니승가대학의 특성을 단적으로 드러낼 수 있는 꽃꽂이와 요가 등이 강의과목에 포함되어 있음도 확인할 수 있었다.

그러나 이러한 교과과정을 살펴볼 때 역사적 관점에서 교육과정상의 문제점을 지적할 수 있다.

첫째, 사미과의 『초심문(初心文)』, 『발심문(發心文)』, 『자경문(自剄文)』, 『사미율의(沙彌律義)』, 『치문』은 모두 일상의식과 마음가짐 그리고 행위에 초점이 있다. 이로 인하여 승가대학 입문반으로서 부처에 대한 올바른 이해를 가질 수 없다.

둘째, 사집과의 『서장』, 『도서(都書)』, 『선요』, 『절요』는 선 수행에는 좋은 지침이라 할 수 있으나 사교과의 『능엄경』, 『기신론』, 『금강경』, 『원각경』은 역사적인 측면에서 맞지 않는 부분이 있다.

셋째, 대교과의 『화엄경』과 사교과의 『능엄경』은 밀교의 경전이고, 사교과의 『기신론』은 진여사상이다. 불교의 순차적 흐름을 근본불교 → 부파불교 → 공관불교 → 유식불교 → 진여사상의 순으로 볼 때 이러한 교육과정은 순서에 맞지 않는 것으로 보인다.

이러한 교육과정상의 문제점으로 운문승가대학을 포함한 비구니승가대학에서 현재 시행되고 있는 교과과정은 역사적으로 내용적으로도 불교를 알 수 없다는 결론에 이르게 된다.[106] 이는 비구들의 승가대학에서도 마찬가지의 현상이다.

이러한 이유로 대한불교조계종 교육법 제66조에서는 제65조의 목적

---

106) 해월, 「강원교육 ,불교를 알 수 있는가?」, 『승가교육에 나타난 한국불교』 (대구: 해조음, 2003), 59쪽.

을 실현하기 위하여 다음 8가지의 교육을 제시하고 있다.

① 조계종지의 체득
② 원시 경전, 대승 경전을 망라한 체계적인 경전교육
③ 교학의 이해, 수행 전법을 함께하는 교육
④ 율장의 학습 및 수련
⑤ 불교사상사와 조계종사에 대한 올바른 이해
⑥ 제종의 종지학습
⑦ 선 및 염불의 실수
⑧ 역사와 사회의 제문제점을 불교적시각과 방법으로 조명하고 해
   결하는 교육
⑨ 수행자로서 필요한 일반 교양과정의 이수

즉, 승가교육현장에서는 교육원과 사중 및 학인, 그리고 교육 외적
배경으로서의 주변 환경 등 5요소가 전통강원 기본교육에 복합적으로
작용한다는 점을 인식하고 이들 요소간의 소통을 강조하고 있다.[107]

3 운문승가대학 관련 주요 인물

현재 운문승가대학에 머물면서 우리나라 비구니승가교육의 현실을
대변하고 있는 인물로는 명성, 흥륜, 일진을 들 수 있다.

---

[107] 원경, 「전통 강원 학인의 기본교육에 대한 인식고찰」, 『승가교육에 나타난
한국불교』 (대구: 해조음, 2003), 81쪽.

1) 법계 명성

[그림 21] 법계 명성

현 운문승가대학학장으로 운문승가대학 뿐 아니라 비구니회장으로써 한국비구니의 대표자로 활동하고 있다. 1952년 해인사에서 선행을 은사로 출가, 1966년 승려 자운을 계사로 비구니계를 수지했다.

1970년 운문사 강주로 운문사에 첫발을 내디딘 명성은 1977년 운문사 주지와 강사를 겸직하였다. 1983년부터 운문사강주[학장]겸 주지로 20년간 운문사 중창불사와 운문승가대학의 발전에 진력하고 주지 직을 사임한 후에도 운문승가대학장과 조계종 초대 비구니승가대학장직을 맡아 인재 양성에 전념하고 있다.

2003년 10월 전국비구니회 회장으로 취임하여 이듬 해 6월 제8차 세계여성불자대회를 주관하였다. 비구니승단이 없는 남방 상좌 불교 국가에 비구니승단의 필요성과 역할을 강조하면서 비구니승단 복원을 위한 계기를 마련하였다. 이때 운문승가대학을 다녀간 많은 세계 여성불자들이 운문사의 청정한 수행 교육도량의 면모에 감탄하였고, 한국비구니승단의 활약에 외경심을 느낀다는 것을 전해들을 수 있었다.[108]

2008년 9월 7일에는 마하출라 롱콘 국립대학 총장으로부터 비구니의 위상을 국내외에 드높인 공로로 명예철학박사학위를 받았다.[109]

명성은 비구니회 회장 재임의 인사말 중에,

---

108) 대한불교조계종불학연구소, 「운문승가대학의 산 역사 명성학장스님」, 『한국현대불교의 교육기관』, 140~141쪽.
109) 『주간불교』, 2008.10.01. "명성스님 명예철학박사 학위 받아"

"언제나 이치에 맞게 살아야 합니다. 작은 일이라고 소홀히 하지 않으며, 큰일을 두려워하지 않고, 이치를 거스르지 않으면 모든 일은 이루어집니다. 그리고 언제나 화합하고 살아야 합니다. 모든 사람들이 이를 알고 있지만 제 욕심과 어리석음에 못 이겨 모른 체할 뿐입니다. 이를 깨닫고, 정진할 때 스님들이 인천의 사표가 되고 사회가 맑아질 수 있습니다."

화합을 바탕으로 비구니회의 발전을 모색하겠다는 명성은 "비구니 회의 발전을 위한 사부대중의 조언과 깊은 관심"을 당부했다.[110]

[표 24] 법계 명성 연보[111]

〈법계 명성 연보〉	
1952	○ 해인사에서 선행을 은사로 득도.
1958	○ 승주 선암사강원 대교과 졸업. ○ 승주 선암사 강사로 취임. ○ 선암사 성능스님으로부터 전강.
1961 ~ 1970	○ 서울 청룡사 강사로 취임.
1966	○ 해인사 자운을 계사로 비구니계수지.
1970	○ 청도 운문사 강사로 취임. 조계종 3,4,5,8,9대 중앙종회의원역임
1977 ~ 1998	○ 운문사 주지 정화 이후 (8,9,10,11,12대)역임.
1980	○ 비구니별소계단 갈마아사리 및 교수아사리 역임.
1987	○ 운문승가대학 학장 취임.
1989 ~ 2003	○ 조계종 전국비구니회 부회장 역임.
1997	○ 운문승가대학원 원장 취임.
2001	○ 동국대학교 총동창회 부회장.
2001 ~ 2003	○ 구족계 별소계단 전계화상 역임.
2007	○ 해인사 대적광전에서 종정인 법전으로부터 명사 법계품서 수지.
2008(현재)	○ 현재 운문사 회주 운문사승가대학장, 전국비구니회 회장.

---

110) 『불교신문』, 2380호, 11월28일.
111) 운문사 홈페이지 중 '운문승가대학'란 강사진소개에서 가져 옴.

논문 및 번역서	『初能變識의 硏究(論文)』 『佛敎學論文集 (法界明星回甲記念論文集)』 『俱舍論大綱(譯書)』

명성은 교육을 통한 수행을 우선으로 실천하고 있으며 우리나라 비구니승가대학의 산증인이다.

2) 흥륜

현 직위는 강주이며 법명은 흥륜(興輪)이다. 흥륜은 1985년 운문승가대학의 명성으로부터 전강을 받았으며 1987년 운문사 강사로 재임했다. 현재 운문승가대학의 강주로서 운문승가대학의 계보를 이어가고 있다.

아래의 표는 흥륜의 행적을 연대별로 정리한 것이다.

[그림 22] 흥륜

[표 25] 흥륜 연보112)

〈흥륜 연보〉	
1964	○ 서울 성라암에서 법성을 은사로 득도.
1965	○ 경산을 계사로 사미니계 수지.
1967	○ 해인사 약수암에서 하안거 및 동안거.
1969	○ 해인사에서 자운화상을 계사로 비구니계 수지.
1974	○ 운문승가대학 대교과 졸업.
1977	○ 운문승가대학 중강 및 재무로 취임.
1978	○ 동국대학교 승가학과 졸업.
1984	○ 서울 성라암 주지로 취임.

112) 운문사 홈페이지 중 '운문승가대학'란 강사진소개에서 가져 옴.

1985	○ 운문승가대학 명성講伯으로부터 전강.
1987	○ 운문사 강사로 재임.
1994	○ 11대 조계종 중앙종회의원 역임.
2002	○ 13대 조계종 중앙종회의원 역임.
2002	○ 운문사 제 14대 주지로 취임.
2006.12	○ 운문사 강주로 취임.
2008(현재)	○ 現 운문승가대학 강주, 율원장.

3) 일진

[그림 23] 일진

현 직위는 학감이며 법명은 일진(一眞)이다. 일진은 1985년 흥륜과 함께 운문사에서 명성으로부터 전강을 받았으며, 전강 받은 뒤 그 해 강사로 취임한다. 일진은 당시로서는 드물게 중국과 일본에서 유학 생활을 한 비구니였다. 1988년에는 대만 불학연구소에서 중국불교를 연구했고, 1994년 일본 경도불교대학 대학원에서 석사학위를 취득했다. 이러한 해외 경험을 토대로 번역서『불교임상심리학［譯書］』을 펴내기도 한다. 이 외에 조계종의 교재편찬위원으로 활동하기도 했으며, 현재 운문승가대학 학감의 자리에서 운문승가대학의 계보를 이어가고 있다.

아래 표는 일진의 행적을 연대별로 정리한 것이다.

[표 26] 일진 연보[113]

〈 일진 연보 〉	
1970	○ 在錫스님을 은사로 득도.
1971	○ 벽암화상을 계사로 사미니계 수지.
1978	○ 월하화상을 계사로 비구니계 수지. ○ 운문승가대학 대교과 졸업. ○ 운문승가대학 중강 역임. ○ 운문승가대학 교무 역임. ○ 동국대학교 승가학과 졸업.
1985	○ 운문승가대학 명성講伯으로부터 전강. ○ 운문승가대학 강사로 취임.
1988	○ 대만 불학연구소 중국불교 연구.
1994	○ 일본 경도불교대학 대학원졸업. ○ 일본 경도불교대학 석사학위 취득.
1996	○ 운문승가대학 강사 재임.
1999	○ 불영사 영축선원에서 동안거 성만.
2002	○ 운문승가대학 학감 취임.
2003	○ 조계종 교재 편찬위원.
2004	○ 단일계단 니 갈마위원.
2005	○ 불교여성 개발원 특별자문위원.
2007	○ 생명나눔 실천본부 이사.
2008(현재)	現 운문승가대학 학감.
논문 및 번역서	○『근대불교에 있어서 일본의 영향』 ○『불교와 여성』 ○『불교임상심리학[譯書]』

---

113) 운문사 홈페이지 중 '운문승가대학'란 강사진소개에서 가져 옴.

V

결 론

　이상과 같이 이 논문에서는 운문사 학인승의 수행체계에 대하여 살펴보았다. 그리고 수행체계를 살피기에 앞서 한국 전통 승가대학의 성립과 변천을 비롯하여 근·현대 비구니 승가교육의 성립과정과 변천사를 살펴보았다.

　전통승가대학으로서의 확고한 위치 속에서 안주하던 전통승가교육의 쇠퇴와는 달리 근대기 여성의 지위 향상이라는 시대적 상황과 맞물려 교육에 대한 비구니들의 열의는 점차 높아졌다. 이러한 양상은 비구니승가대학 및 비구니 승가교육이 근·현대기를 거치면서 눈에 띄는 성장을 거듭할 수 있도록 해준 원동력이 되었다.

　특히 비구니강원 중 운문승가대학의 경우는 동학사와 함께 가장 앞선 시기에 세워진 근현대적 의미[규모 및 졸업생 수 학제 등]의 비구니 승가로서 현재는 최대의 비구니승가로 발전해 왔다. 이러한 이유로 본 논문은 운문승가대학 학인승의 수행체계 검토를 표본으로 하여 우리나라 비구니승가대학의 수행체계를 살펴보고자 하였다.

　운문승가대학은 입지발원(立志發願)·정진불퇴(精進不退)·유통교회(流通敎誨)라는 세 가지 교육목표를 가지고 설립되었다. 이러한 수행자로서의 마음가짐을 세우고 끊임없는 수행과 자기 극복을 통해 이웃에 대한 회향을 목적으로 하는 것은 모든 비구니승가대학의 공통된 목표라고 할 수 있다. 또한 교과과정 역시 여타의 비구니승가대학과 별반 다르지 않고, 또한 강원마다 다소간의 차이는 있지만 외전 과목 역시 교육원에서 보조학습의 필수로 정한 과목들에 준한 수업을 하고 있음을 확인 할 수 있었다. 이는 승가 전통교육 계승과 조화를 추구한다는 교육원의 방침에 따라 모든 비구니승가대학이 통일적이며 체계적인 교과과정을 유지하고자 함에 기인하는 것이라 볼 수 있다. 그러나 이러한 교육과정과 체제 역시 역사적 관점에서의 문제점들이 지적되고 있어 재검토가 필요한 부분이다.

불교교육은 삼보(三寶)에 대한 신심(信心)·신해(信解)·신행(信行)·신증(信證)을 근간으로 올바른 정신과 사상 그리고 올바른 행위의 실천을 추구해야 한다. 그리고 실제 역사에서 현실과 미래를 응시하고 오늘을 가르치고 배워야한다. 그러한 바탕은 승가대학의 교육에서 시작되므로 항상 시대와 호흡할 필요가 있다. 승가대학이 이러한 의지를 추구하지 않고 정통성만을 지나치게 강조한다면 승가대학은 더이상 불교의 중추로 자리 잡지 못할 것이 분명하다. 삼보에 대한 올바른 이해와 역사성, 실천성, 현실성에 근거할 때 현재와 호흡하는 불교의 생명력을 기대 할 수 있고, 불교의 대중화에 대한 구체적인 방법에 대해서도 보다 심도 있는 연구가 진행될 수 있는 장이 마련될 것이다.

참고문헌

● 원 전

『華嚴經』

『起信論』

『金鋼般若婆羅密多心經』

『書狀』

『大智度論』권10-15

『四分律』

『阿含經』2

『增一阿含』권3, 제5「比丘尼品」

『雲門寺誌』

『楞伽經』

● 사 전

『불교사전』, 운허(용하), 서울: 동국역경원, 1985.

● 단행본 및 기타 저작물

대한불교조계종교육원불학연구소,『한국 현대불교의 교육기관』, 제3회 종단사
　　　세미나, 2008.

대한불교조계종중앙신도회,『신도회보』, 5·6월호, 2004.

동국대학교석림동문회,『한국불교현대사』, 서울: 시공사, 1997.

불타야사·축불념·김월운,『四分律』(한글대장경사분율제1~2권), 서울: 동국대
학교 부설 동국역경원, 1995.

불학연구소편,『강원총람』, 서울: 대한불교조계종교육원, 1997.

　　　　　　　　,『선원총람』, 서울: 대한불교조계종교육원. 2000.

_____,『조계종사』근 · 현대편, 서울: 대한불교조계종교육원. 2000.

소운,『하룻밤에 읽는 불교』, 서울: 랜덤하우스, 2006.

이능화,『朝鮮佛敎通史』, 서울: 한국학연구소, 1977.

전국 비구니회 엮음,『한국 · 비구니의 수행과 삶』, 서울: 예문서원, 2007.

전국비구니회,『사분비구니계본』, 자운 역, 서울: 보련각, 1986.

_____,『전국비구니회지』제19호, 20호 합본호, 서울: 전국비구니회, 2005.

_____,『비구니회보』, 서울: 전국비구니회, 2007.

전명성,『운문회보 합본호』(창간호~50호), 청도: 운문승가대학출판부, 1996.

_____,『호거산운문사』, 경북: 운문사출판부, 2000.

전해주,『불교교리강좌』, 서울: 불광출판부, 1993.

중촌원 · 삼지충직 저,『바웃드바하(불교)』, 혜원 역, 서울: 김영사, 1990.

하춘생,『깨달음의 꽃』, 용인: 도서출판여래, 1998.

한국비구니연구소편,『비구니와 여성불교』vol. 5, 김포: 한국비구니연구소, 2003.

한국학문헌연구소,『통도사지』, 서울: 亞細亞文化社, 1979.

해인사,『해인사지』, 합천: 해인사, 1975.

荒木良仙,『比丘尼史』, 東京: 二松堂書店, 昭和 52年(1977).

● 일반 논문

각산,「僧家敎育과 韓國佛敎」,『全僧聯學術論集』, 전국강원연합불교학술대회 준비위원회 편, 대구: 해조음, 2003.

광명,「수행면에서 본 강원교육」,『全僧聯學術論集』, 전국강원연합불교학술대 회준비위원회편, 대구: 해조음, 2003.

남도영,「승가교육사와 강원」,『강원총람』, 서울: 대한불교조계종교육원, 1997.

본각,「초기교단에서 나타난 승가교육」,『全僧聯學術論集』, 전국강원연합불교 학술대회준비위원회편, 대구: 해조음, 2003.

신경주 외 3,「운문사 女僧의 住生活 環境調査」,『한국생활과학연구』, 漢陽大 學校 韓國生活科學硏究所, 1985.

李榮奭,「東晉比丘尼에관한小考」,『중국사연구』, 中國史學會, 2003.

전명성, 「비구니강원 교육의 문제점」, 『법륜』139호, 1980.

_____, 「한국비구니승가의 현황과 방향」, 『종교교육학 연구』, 한국종교교육학, 1999.

전해주, 「비구니교단의 성립에 대한 고찰」, 『한국불교학』, 한국불교학회, 1986.

_____, 「한국 비구니 수행전통에 대한 포럼」, 『한국 근·현대 현대비구니의 수행에 대한 고찰』 서울: 불교신문사, 2006.

종범, 「승가학원 교육과정에 대한 전반적 고찰」, 『해인』48호, 합천: 해인사, 1986.

해월, 「강원교육 불교를 알 수 있는가?」, 『全僧聯學術論集』, 전국강원연합불교학술대회준비위원회편, 대구: 해조음, 2003.

원경, 「전통강원 학인의 기본교육에 대한 인식고찰」, 『全僧聯學術論集』, 전국강원연합 불교학술대회준비위원회편, 대구: 해조음, 2003.

● 학위 논문

姜文善, 「북종신수의 선사상연구」, 동국대학교대학원 박사학위논문, 1987.

金秀姸, 「비구니불공법에나타난여성관」, 동국대학교대학원 철학과 석사학위논문, 1996.

全妊鎬, 「三能變識의研究」, 동국대학교대학원 불교학과 박사학위논문, 1997.

● 신문 등 기타

『불교신문』, 11.28.(2380호)

『주간불교』, 2008.10.01. "명성스님 명예철학박사 학위 취득"

운문승가대학, 『학인수첩』, 청도: 운문승가대학, 2000.

● 운문사 홈페이지 : www.unmunsa.or.kr

妙空大行의 主人空 思想과 觀法

慧敎(李香淑)

I

序 論

우리는 종교를 믿고 의지한다. 스스로 믿는 종교를 최상의 가치로 여기며, 이상적인 생활로 간주한다. 어떤 종교를 믿고 있는가에 따라 인생의 가치관이 좌우될 만큼 종교는 한 인간의 정신을 지배한다. 불교는 인간으로서의 석가가 6년의 苦行 후에 깨달아 부처가 되고 그 깨달음의 내용을 說하면서 시작된 종교이다. 그러면 부처님은 깨닫기까지 왜 6년의 苦行을 하셨을까. 깨달았다는 것은 결국 무엇을 깨달은 것일까 하는 질문에 四聖諦, 八正道, 12緣起라는 정형화된 문구로 답변을 한다.

부처님께서 보리수 아래에 앉아 깨닫기 전에는 절대로 일어나지 않겠다는 다짐을 하고 명상에 들었다. 이때 악마 나무치(Namuci)가 다가와 精進을 그만두라고 속삭인다. 그러나 魔軍은 욕망과 혐오, 기갈, 갈애, 권태, 수면, 공포, 의혹, 위선, 고집, 잘못된 이득과 명성, 존경과 명예, 자기를 칭찬하고 남을 경멸하는 것으로 이루어진 것을 자각하고 있었기 때문에 어떤 유혹에도 넘어가지 않고 깨달음을 얻어 正等覺者가 되었다. 魔軍을 항복받고 부처가 되어 한동안 涅槃樂을 누린 것은 그동안 괴롭혀온 모든 마음의 고통에서 벗어나 청정한 즐거움을 누릴 수 있었기 때문이다.

고통에서 벗어나는 길은 우리의 욕망을 제어하고 마음의 평온을 찾을 때 가능하다. 貪, 嗔, 癡는 우리의 마음에서 나를 내세우기 위한 갖가지의 욕망으로 뭉쳐 있는 것들이다. 이 삼독의 번뇌들을 다 제거하고 평정을 찾아가는 과정인 修行을 통하여 모든 번뇌들이 다 녹아져서 평온한 상태를 깨달음이라고 할 수 있다. 이러한 깨달음은 다양한 수행의 방법으로 도달한다.

부처님께서는 진실한 믿음을 갖고 지혜를 기르며 身, 口, 意를 단속하면서 열심히 수행 정진하면 근심 걱정이 사라져서 불사의 열매인 깨달음에 이른다고 하신다. 이러한 깨달은 사람들이 神들까지 포함하여 세계를 이끈다면 미혹에 빠져 있는 사람들에게 기쁨과 희망과 용기를 주는 진정한 삶의 지침을 줄 수 있다. 따라서 깨달은 사람이 많을수록 세상은 밝아지며 불국토가 되어간다고 볼 수 있다.

『열반경』에 보면 불교적 이상으로서의 부처는 "스스로 깨닫고 능히 남도 깨닫게 한다."[1] 경문에서처럼 깨닫는다는 것은 일체를 알아 밝은 지혜로 迷惑해지지 않으며, 물러서지 않고 수행 정진하여 게으르지 않으며, 어떤 것에도 집착하지 않고 나와 남을 아울러 두루두루 이익하게 할 수 있는 사람이다.

자비와 지혜를 바탕으로 하는 불교의 궁극적 목적은 成佛이다. 불교 수행자로서 깨달음의 경지를 맛보지 못하고 성불을 논한다는 것은 최대의 과제이자 難題이다. 이러한 과제를 풀어보고자 성불로 가는 實踐行이며 菩薩行인『華嚴經』「입법계품」의 선재동자가 걸어간 길에 착안하여 大行스님이 마음의 근본을 찾아가는 여정을 조명해 보고자 한다.

「입법계품」에서 선재가 53선지식을 歷訪하면서도 단 한번의 疲厭心을 내지 않는 모습 속에서 大行스님이 산중고행을 하면서도 그 누구도 원망하지 않고, 만나는 유정 무정의 모두를 스승으로 삼아 내면의 깨달음을 증득하는 모습을 찾을 수 있기 때문이다.

『華嚴經』에서는 "初發心時便正覺"[2]이라 하여 發心했을 때가 곧 正覺을 이룬다는 뜻으로 바른 믿음 위에 깨달음이 곧 이루어짐을 표현하고 있다. 正覺을 이루는 것이 쉽지만은 않은 일이듯이 初發心을 낸다

---

1) 『大般涅槃經』卷18,「범행품」(『大正藏』12, p.469c) "佛者名覺 既自覺悟復能覺他"
2) 『八十華嚴』卷17,「범행품」(『大正藏』10, p.88c) "初發心時即得阿耨多羅三藐三菩提"

는 것 또한 그만큼 쉽지 않다는 것이다. 그러나 菩提心을 낸 선재가
53선지식을 찾아 선지식의 해탈경계를 성취하고 그 하나에 만족하여
安住하지 않고 정진하는 모습 자체가 곧 正覺의 모습으로 비춰진다.
이처럼 「입법계품」은 선재동자를 통하여 華嚴의 실천적 측면을 강조
한다. 화엄학의 成佛論으로 잘 알려진 법장의 信滿成佛[3]이나 의상의
舊來成佛[4] 등도 실천수행을 강조하고 있다.

大行스님은 마음의 근본을 밝히려고 끊임없는 求道行을 한다. 大行
스님은 깨달았다고 하는 눈 밝은 선지식을 찾아가서 공부한 것도 아니
며, 수행처로 잘 알려진 곳을 찾아다니면서 參禪修行을 한 것도 아니
다. 그저 발길 닿는 대로 山中苦行을 하면서 풀 한 포기, 나무 한 그루,
뱀이나 토끼와 같은 동, 식물에 이르기까지, 만나는 모든 森羅萬象 頭
頭物物과 서로 交感을 하면서 一切 有情, 無情의 생명이 나의 생명과
다르지 않음을 스스로 알아갈 뿐이다.

이러한 交感으로 나와 남이 다르지 않는 생명의 소중함을 느끼고 일
체 有情과 無情의 어느 것 하나 스승 아님이 없음을 깨닫는다. 세상에
존재하는 일체 삼라만상의 선지식을 통해서 大行스님이 깨달은 것은

---

3) 법장의 信滿成佛論은『오교장』의 「소전차별」과 「의리분제」에서 보이고 있다.
   智儼의 경우 철저하게 一乘圓敎에서 十信成佛이 일체를 갖춰간다는 점에 있
   어서 信滿成佛이 실현된다고 하는 입장이라면 법장은 圓敎의 行爲로서 信滿
   成佛을 나타내며, 信의 작용을 최대한으로 해석하고 있다고 볼 수 있다. 자세한
   내용은 장애순(계환), 「『五敎章』의 信滿成佛에 대한 考察」, 『한국불교학』제
   36집(2004) 참조.
4) 舊來成佛은 信滿의 住初成佛과 통하며 의상은 初發心時便正覺이라 하여 初
   發心住에서 정각을 이룬다고 한다. 의상은 煩惱已斷 福智已成, 煩惱斷盡 福
   智成竟 때에 비로소 구래성불이라고 하는데, 이는 一切衆生已成佛竟이라는
   지엄의 成佛趣旨를 살리고 지엄의 本有, 本來, 舊來라고 한 것에 초점을 맞추
   어서 成佛論을 전개한 것으로 보여지고 있다. 전해주,『義湘華嚴思想史硏究』
   (민족사, 1994), pp.143-147 참조.

무엇일까? 깨달음을 얻기까지 어떤 修行法을 사용했는가? 하는 의문을 大行스님의 생애를 통해서 깨달음의 구체적 내용과 그 깨달음을 통하여 具現하고자 하는 行을 조명해 보고자 한다.

大行스님은 어릴 적 내면의 '아빠'를 믿고 의지하면서 시작된 '내면의 아빠〔주인공〕'에 대한 의문을 참구한 끝에 일체는 '한마음'으로 돌아간다는 원리를 터득한다. 그리고 '한마음'으로 돌아갈 수 있는 실천 수행법으로 '主人空 觀法'을 제시한다. 따라서 본고는 한마음 主人空 思想과 깨달음에 이를 수 있는 실천 수행법인 '主人空 觀法'을 구체적으로 조명하는 것이 目的이다.

이 연구를 통하여 새롭게 소개되는 '主人空 觀法'이 실생활에 활용되고 개인주의로 치닫는 현실 속에서 한마음의 장을 마련하는 바탕으로 삼고자 한다.

大行스님에 관련된 법문집5)과 단행본6)은 다수 출간이 되어 있지만

---

5) 김정빈, 『무(無) : 대행스님 법어집』(글수레, 1986); 김정빈, 『영원의 오늘 : 대행스님 법어집』(연꽃선실, 1989); 서혜원 편, 『영원한 나를 찾아서 : 대행스님 법훈록』(글수레, 1987); 서혜원 편, 『삶은 고가 아니다 : 생활 법어집』(여시아문, 1996); 한마음선원 편, 『한마음요전 ; 대행스님 행장기·법어집』(한마음선원, 1993); 박진우, 『발 없는 발로 길 없는 길을 : 대행스님 사진 법어집』(예성인쇄사, 1993); 『허공을 걷는 길 : 대행스님 법어집』정기법회 전4권(한마음선원 출판부, 1999); 『허공을 걷는 길 : 대행스님 법어집』법형제 법회 전2권(한마음선원 출판부, 2000); 『허공을 걷는 길 : 대행스님 법어집』국내지원 법회 전3권(한마음선원 출판부, 2005); 『허공을 걷는 길 : 대행스님 법어집』국외지원 법회 전3권(한마음선원 출판부, 2011); 대행, 『그냥 무조건이야 : 대행스님 법훈록』(한마음선원, 2009); 국제문화원 편저, 『건널강이 어디 있으랴』(한마음 출판사, 2009); 이외에도 법어집은 영문판으로 출간된 것이 다수 있으며, 독일어판, 중국어판, 스페인어판 등이 있다.

6) 김정빈, 『도(道)』(글수레, 1985); 이제열, 『한마음 : 대행스님 대담집』(글수레, 1988); 『불법, 영원한 복락을 찾아서 : 대행스님 대담집』(여시아문, 1988); 노산, 『죽어야 나를 보리라 : 신행담 모음집』(늘푸름, 1991); 한마음선원 신도회, 『영원한 길의 시작 : 신행담 모음집』(여시아문, 1996); 현대불교신문사 엮음,

스님에 관한 전문적인 연구는 이제 시작에 불과하다. 몇 편의 논문에서 부분적으로 언급은 했으나 본격적인 학문으로서의 연구는 미흡한 실정이다. 대표적인 학위 연구 논문으로는 3편 정도가 있다. 그 이외에는 스님의 思想을 집중적으로 주목하여 논구한 것이 아니라 부분적으로 借用[7]하고 있을 뿐이다.

대표적인 논문으로 이균희(혜선)의 「'한마음' 思想과 禪修行體系 硏究」(동국대학교 선학과 박사학위논문, 2005)와 가온여울의 「한마음 선원과 大行스님의 "主人空" 개념 연구」(서울대학교 종교학과 석사학위논문, 2005)가 있다. 또한 大行스님이 주창한 '主人空 觀法'을 활용하여 상담사례를 연구한 이용권의 「한마음 共生實踐過程의 마음治癒에 관한 現象學的 事例 硏究」(동방대학원대 박사학위논문, 2012)가 있다.

이 논문은 인간관계의 갈등으로 인하여 현실적 고통에 시달리고 있는 사람들이 겪고 있었던 마음속의 갈등과 고통이 '主人空 觀法'으로 대표되는 수행과정인 '한마음 共生實踐過程[8]'에 참가해 '主人空 觀法' 수행을 통하여 변화되어 가는 과정과 그 과정 속에서 마음의 고통이 어떻게 治癒되는지의 의미를 규명하고 있다. 이는 大行스님의 思想을 바탕으로 하여 만든 실천 프로그램의 效用性을 입증한 연구로 볼 수

『생활 속의 불법 수행』(여시아문, 1998); 慧禪, 『한마음과 대행禪』(도서출판 운주사, 2013)

7) 고미라, 「탈이분법적 여성주의 인식론을 향하여 : 불교의 空사상을 중심으로」 (이화여자대학교 박사학위논문, 2008); 염준근, 「佛敎의 一心에 대한 科學的 考察」(동국대학교 석사학위논문, 2005)

8) '한마음共生實踐過程'은 생활 속에서 생기는 다양한 문제나 갈등, 고민 등을 마음공부의 재료로 삼는다. 그 재료를 가지고 남을 탓하기 보다는 내 탓으로 돌리고자 하는 노력을 통해서 根源的인 문제의 해결책을 찾아 자신의 부정적인 思考를 긍정적 思考로 전환시켜서 보다 더 質이 높은 삶을 추구하고자 한마음과학원에서 만든 한마음선원의 수행실천 프로그램이다.

있다.

이균희(혜선)의 연구에서는 불교 전통에서의 一心 사상과 한마음 사상의 관련성을 고찰하고 大行스님의 '主人空 觀法'9)에 관하여 禪修行의 맥락에서 논구하고 있으며 일상생활에서의 실천수행을 밝히고 있다.

가온여울의 연구에서는 大行스님의 가장 핵심적인 가르침인 '主人空'이 내포하고 있는 개념을 다양한 측면에서 논구했다. 불교 敎理史的으로 볼 때 主人空은 禪佛敎의 主人公에서 淵源했다고 보며, 민간신앙은 물론 과학까지도 포용하는 신크레틱한 힘10)이라고 했다. 이상 3편은 스님의 사상을 바탕으로 한 학위 논문이다.

다음은 학술대회에서 발표된 논문들을 소개하고자 한다. 『제8차 세계여성불자대회학술논문집』(중앙승가대학교, 2004)에 발표된 논문은 이향순의 「보문종과 한마음선원 : 한국불교의 새로운 모습」과 황수경의 「자비 수행에서 둘 아닌 도리의 의미와 실천」2편이다.

또한 『동아시아의 불교 전통에서 본 한국 비구니의 수행과 삶』(한마음선원, 2004)에 발표된 논문은 혜선의 「대행 스님의 수행관에 대하여」, 청고의 「대행스님의 함이 없이 하는 도리」, 박종래의 「한마음과학 : 대행스님의 과학관」, 마르시 미들브룩스의 「한마음 선원과 그 창시자인 대행스님에 관한 연구: 내면의 목소리이며 우주의 부처인 주인공을 중심으로」 총4편이다.

---

9) 大行스님은 '主人空 觀法'이라는 말을 직접적으로 언급하지는 않았다. 그러나 主人空에 내려놓고 맡기고 지켜보라고 하는 그것을 지칭하여 주인공에 觀한다라고 했기 때문에 일상적으로 '主人空 觀法'이라고 부르고 있다.
10) 가온여울은 신크레티즘의 다양한 뜻 가운데 비교종교학과 문화인류학에서 사용해온 시간의 흐름에 따라 변화하는 종교 역동성의 한 형태라는 의미와 문화 창의성, 인간의 창의성의 의미를 취한다고 밝히고 있다. 가온여울, 『한마음 선원과 大行 스님의 "主人空" 개념 연구』 (서울대학교 종교학과 석사학위논문, 2005), p.16.

그리고『제10차세계여성불자대회학술논문집』(몽골, 2008)에 발표된
것으로 혜선의「도심에서의 禪: 현대사회에서의 불교수행에 대한 대행
스님의 새로운 접근」이 있다.

이처럼 대행스님의 思想의 根幹을 이루는 한마음과 主人空 개념 등
에 관하여 조명을 하고 있지만 스님의 전반적인 생애 가운데에서 성취
한 구체적인 깨달음의 과정 등은 아직 연구가 이루어지지 않았다. 이
에 논자는 大行스님의 전반적인 생애를 통하여 깨달음에 이르는 구체
적인 求道旅程을 집중적으로 조명해 보고자 한다. 왜냐하면 구체적으
로 깨달음을 성취해 가는 삶의 여정 속에서 成佛은 抽象的으로 존재
하는 것이 아니라 實踐行을 통하여 누구나 成就할 수 있다는 믿음을
줄 수 있기 때문이다. 게다가 大行스님의 깨달음은 어린 시절 '내면의
아빠'로부터 시초가 되기 때문에 인생의 성장 과정 자체가 主人空 思
想의 배경이 된다고 볼 수 있다. 게다가 열반에 드신 지 일 년이 지난
현시점에서 스님의 생애와 구체적인 깨달음의 내용을 조명하는 것은
사실에 가장 근접하고 왜곡되지 않을 가능성이 높으리라고 생각된다.

연구범위는 주로「입법계품」에서 선재동자가 疲厭心을 내지 않고
53선지식을 찾아 入法界하는 것처럼 大行스님이 깨달음을 얻기 위하
여 끊임없이 산속을 떠돌며 求道行을 하는 과정을 구체적으로 고찰해
보고자 한다.

『화엄경』에서 보이는 修行은 부처의 地位를 향하여 次第的인 단계
를 밟아서 올라간다. 그러나 圓融門을 열어서 一乘으로 모든 계위를
포섭한다. 이처럼 本稿는 行布次第와 더불어 圓融門을 시설하여 하나
로 포섭하는 一乘華嚴思想을 根柢에 두고 전개하고자 한다.

왜냐하면 大行스님의 思想은 一心思想 즉 '한마음사상'으로 一切를
代辯할 수 있으며, 선재동자가 만나는 선지식이 보살, 비구, 비구니, 우

바이, 장자, 거사, 천신, 천녀, 바라문, 선인, 왕, 선생, 동자, 동녀, 뱃사공, 외도, 유녀, 태자비, 태자모에 이르기까지 높고 낮음의 차별이 없는 모습은 일체 만물만생이 서로에게 스승이 되어 깨달음에 도움을 준다고 하는 大行스님의 수행과정과 유사하기 때문이다.

그러나 선재가 선지식을 찾아서 해탈문을 성취하는 반면 大行스님은 누군가를 찾아가는 것이 아니라, 끊임없이 걷는 수행의 길에서 만나는 모든 대상을 스승으로 삼아 그 속에서 스스로 터득한다. 그렇기 때문에 선재와 大行스님의 求法行을 단순히 비교하는 것은 다소 무리가 된다고 생각하여 구체적인 비교는 하지 않을 것이다.

本稿에서는 주요 텍스트로 大行스님의 법어집인 『한마음 요전』[11]과 『허공을 걷는길』[12]을 사용하고 책으로 출간되지는 않았지만 대담법회,[13] 담선법회,[14] 일반법회,[15] 승단법문[16] 등을 참조할 것이다.[17]

---

11) 『한마음 요전』은 大行스님의 생애를 조명하고 법문 중에서 가장 요체가 되는 것만을 가려 뽑아서 정리한 행장기 및 법어집이다. 행장은 수혜편, 법연편, 심인편으로 구성되어 있으며, 법어는 원리편, 수행편, 생활편, 활용편, 게송·선시편, 예화편으로 구성되어 있다.

12) 『허공을 걷는 길』은 大行스님의 법문에 수정을 가하지 않고 최대한 원문을 보존하기 위해 다소 앞뒤의 문맥이 어긋나더라도 의미가 상통하면 구어체를 그대로 둠을 원칙으로 하여 1999년부터 현재 2013년까지 총12권의 전집 형태로 출간되었으며, 앞으로도 계속 출간을 할 예정이다.

13) 대담의 형식으로 질문자가 미리 질문의 요지를 만들어서 묻고 대답하는 형식의 법문을 한마음선원 출판부에서 대담 법회로 분류하였다.

14) 공식적인 법회의 형식을 갖추지 않고 둥그렇게 모여 앉아서 의문점이 있으면 질문하고 답변하면서 토론하는 형식의 법회로서 한마음선원 출판부에서 담선 법회로 분류하였다.

15) 1982년 10월 17일 이후부터 정기법회나 법형제법회가 정례화 되기 이전에 가졌던 법회를 말한다. 정기법회는 1986년 8월 24일 이후부터 매월 셋째 주 일요일 한마음 선원 본원 법당에서 일반 신도들을 대상으로 한 정기적인 법회에서 설한 법문을 말하며, 법형제법회는 1990년 8월 5일 이후부터 매월 첫째 주 일요일, 한마음선원 본원 법당에서 법형제회의 거사들을 주 대상으로 한 정기적인

제2장에서는 主人空의 思想的 背景으로 스님의 생애와 더불어 불교를 바라보는 시각과 내면의 근본〔主人空〕에 따라 깨달음을 증득해 가는 과정을 구체적으로 체험한 예시를 들어서 분석할 것이다. 大行스님은 어린 시절부터 언제나 믿고 의지했던 '내면의 아빠'가 곧 主人空이 되기 때문에 인생의 과정에서 느끼고 경험하고 체득한 그 자체는 곧 '主人空' 사상의 배경이라고 볼 수 있을 것이다. 傳法으로는 한글 경전의 보급과 스님의 偈頌에 곡을 붙인 禪法歌와 번역불사를 통해서 살펴볼 것이다. 생애를 조명하는 가운데 현대의 불교계에 선구자적인 역할을 한 다양한 포교와 교화방법이 있지만, 여기서는 주로 대중매체를 이용한 포교와 어린이포교, 국제포교로 제한하여 소개하는 것으로 한다.

제3장에서는 한마음 主人空 사상으로 '한마음'의 의미와 主人空 개념에 관하여 기술할 것이다. 구체적으로 '한마음'을 기신론의 一心과 화엄의 一心을 들어서 살펴보고 대행스님이 펼쳐 보인 五共의 一心을 고찰할 것이다. '主人空' 개념에서는 불교사적으로 空의 변천과정과 主人과 空의 관계로 나누어 분석하고자 한다. 그리고 선불교에서 말하는 主人公과 主人空의 공통점과 차이점을 조명하고, '한마음'과 '주인공'을 개별적으로 사용할 때와 '한마음주인공'으로 사용할 때에 차이점이 무엇인지 살펴보고자 한다.

제4장에서는 大行스님이 불교의 수행법으로 새롭게 주창한 '主人空

법회에서 설한 법문을 말한다.
16) 스님들이 모인 공식석상에서 스님들을 위한 법문으로 한마음선원 출판부에서 승단 법문으로 분류하였다.
17) 책으로 출간되지 않은 법문 자료를 다수 引用하는 것은 大行스님에 관한 연구가 시작 단계에 불과하기 때문에 가능한 한 가장 사실에 근접한 자료를 취하는 것이 차후의 연구를 위한 土臺라고 생각하기 때문이다.

觀法' 修證으로 '主人空 觀法'과 깨달음의 단계, 성불론을 구체적으로 논구할 것이다. 主人空 觀法은 깨달음에 이르는 실천 수행법으로 주인공을 무조건 믿고 주인공에 내려놓고 지켜보는 관법수행이다. 이 관법수행을 不二觀, 一心觀, 無心觀으로 나누어 살펴볼 것이다. 이어서 깨달음의 단계로서, 화엄에는 次第的 修行階位가 있지만 圓融門으로 포섭이 되듯이, 大行스님의 깨달음에도 수행단계가 있지만 '한마음'으로 포섭된다. 따라서 우선 일반적으로 알려진 華嚴의 수행계위와 大行스님의 수행계위를 비교하고, 『화엄경』 「입법계품」에 등장하는 文殊菩薩, 彌勒菩薩, 普賢菩薩을 통하여 선재의 해탈경계와 大行스님의 해탈경계를 고찰하고 '主人空 觀法'의 바탕이 되는 大行스님의 수행과정을 成佛論으로 조명해 보고자 한다.

II

主人空 思想의 背景

1 生涯[18]와 傳法

1) 生涯

大行스님이 출생한 시기는 일제 강점기였다. 일제는 3.1운동을 기점으로 무단통치에서 문화통치(1920년대)로 전환하였지만 경제적 수탈을 더욱 강화한 기만정책일 뿐이었다. 산미증식계획으로 농민들은 굶주렸으며, 토지를 일본인들에게 빼앗긴 한국의 농민들은 소작인으로 전락하고 말았다.

大行스님(1927-2012)은 음력 1월 2일 서울 이태원에서 出生하였다. 아버지 노백천(盧伯千)과 어머니 백간난의 3남 2녀 가운데 셋째였다. 속명은 점순이다. 부친 노백천은 사람들이 다니는 길이 비에라도 쓸려 내려가면 한밤중이라도 길을 고쳐서 사람들이 다니는데 불편함이 없게 하였고, 이웃에서 사람이 죽어 장사지낼 형편이 되지 않으면 손수 묻어 주기도 했으며, 불량배들이 동네에서 행패를 부리면 노구에도 뒤로 물러서지 않을 정도로 이웃들에게 친절하고 자상했다.[19] 그러나 집안의 가장으로서 부친은 가족을 돌보는 일은 소홀히 하였던 듯하다. 게다가 스님에게만은 너무도 엄격하고 매몰차서 아버지로서 자식에 대한 사랑이 조금이라도 남아 있는지 의심스러울 정도였다.[20]

---

18) 大行스님의 생애는 주로 『한마음 요전』의 수혜편을 根幹으로 하고 세밀하고 구체적인 내용은 법회 중에 회고의 형식으로 직접 술회한 것을 취한다. 스님이 직접 술회한 부분에서도 법회에 따라 정확한 시기에 있어서는 차이가 있기 때문에 2010년에 발행한 『한마음 요전』 5판에 根據함을 밝힌다.

19) 〈대담법회〉 1985. 3. 20.

20) 앞과 같음, 2000. 7. 19. 어린 스님에게 가장 무서웠던 한밤중의 담배 심부름은 어린 스님이 산속에서 동, 식물 등의 자연과 벗이 될 수 있고 내면의 아빠를 의지하게 하는 계기로 작용하였다.

일제는 1930년대 세계 대공황으로 자국민을 위하여 쌀의 수탈량을 늘렸고 대륙으로 진출하기 위하여 만주사변(1931)을 일으켰다. 이는 중일전쟁(1937)과 태평양전쟁(1941)으로 확대되었다. 전쟁을 시작하면서 한반도는 일본의 병참기지화가 되었으며, 민간물자를 수탈하고 황국신민화 정책까지 시행했다.

결국 1933년 일제에 의해 재산을 몰수당하고 衣, 食, 住조차 해결하지 못할 만큼 생활이 어렵게 되면서 노백천은 좌절했고 살아갈 의욕을 상실했다. 그 때 스님의 나이는 겨우 7세였는데 "시골에서 토마토 한 소쿠리를 팔아 보리쌀로 바꾸려고 시장에 가면 일본 경찰이 토마토 소쿠리를 발로 걷어차 버렸다"[21]고 일제의 수탈과 폭정을 토로했다.

그동안 넉넉한 집안에서 어려움을 모른 채 살아온 스님은 바뀐 환경에 적응하지 못했고 부친의 학대로 산 속에서 지내는 것이 다반사였다. 반면 어머니는 가계의 몰락 이후 부잣집 빨래를 하고 바느질을 한 품삯으로 가족을 먹여 살리는 가장 역할을 도맡아 하면서도 스님들의 뒷바라지를 했으며, 어려운 이웃을 도와주는 따뜻한 성품이었다.[22] 다행히도 어머니의 지극한 사랑의 덕택으로 한글이나마 배울 수 있었다.

훗날 스님이 모든 사람들에게 慈悲를 베푸는 마음의 양식을 쌓을 수 있었던 것은 이러한 어머니의 성품의 영향을 받은 것으로 보인다. 어머니 백씨는 스님의 기이한 태몽으로 아들일 것을 기대했다가 딸이 태어나자 실망을 했다. 다음은 스님의 태몽이다.

백씨는 나막신을 신고 둥둥 떠서 산으로 오르다 한쪽 신은 떨어뜨리고 나머지 한쪽 신만 신은 채 하늘 위에서 한쪽 나막신이 떨어진 곳을 바라보니

21) 〈일반법회〉 1986. 5. 19.
22) 〈대담법회〉 1985. 3. 20.

둥근 구멍이 있었다. 그 구멍 안으로 들어가니 지붕은 별들로 가득 차 있고, 무수한 방들이 쭉 이어져 있었다. 저 멀리 까맣게 보이는 넓은 곳에 큰 함이 있었다. 그 함을 보는 순간 함이 저절로 열리고 요란한 소리와 함께 진동을 하는 동시에 자루가 달린 동그란 것이 드러났다. 자루를 쥐어보라는 소리에 자루를 쥐니 광채가 나며 동그랗게 말렸던 것이 쫙 펴지면서 "이것이 시대에 따라서 일을 할 수 있는 무기다"라는 소리가 들렸다.[23]

태몽에서 보이듯이 불교경전에서의 칼은 주로 智慧의 劍을 상징한다. 칼이 빛을 발하였다는 것은 앞으로 스님이 佛法의 지혜를 널리 펼 수 있는 인물임을 암시하고 있음을 알 수 있다. 시대에 맞게 수행할 수 있는 佛法을 스스로 깨우쳐 모든 이들이 따로 시간을 내지 않고도 佛敎를 접할 수 있는 방편을 세계적으로 펼쳐 나갈 것을 암시하는 것으로 보이기도 한다.

『화엄경』에서 선재동자가 이미 宿世에 부처님을 공양하여 善根을 많이 심어 문수보살을 만나 菩提心을 발할 수 있었던 것처럼 大行스님 또한 이미 善根이 심어져 있었던 것이 아닐까하고 짐작해 볼 수 있는 대목이기도 하다.

어린 스님은 의지할 곳이 없이 자연을 친구삼아 지내던 중 가슴 깊은 속에서 '아빠'[24]라는 말이 문득 떠올랐다. 그 이후부터 스님은 내면의 아빠와 자문자답하는 것이 유일한 대화였다.

아홉 살부터 스님은 남의집살이를 시작으로 이곳저곳에서 일을 하게 된다. 어느 날 어머니를 보기 위해서 차비를 아끼느라 굵고 먼 길을

---

23) 위와 같음, 1985. 3. 19.
24) 아빠는 내면의 本性을 의미하며 大行스님은 후에 主人空이라고 지칭한다. 내면의 아빠는 언제나 스님을 인도해 주는 길잡이가 된다. 맹인에게 길잡이가 있으면 길잡이를 믿고 안심하며 갈 수 있듯이, 아빠는 스님에게 마음의 길잡이가 되어 언제 어디서든지 함께 하는 든든한 버팀목으로 자리 잡게 된다.

걷다 갑자기 일본인 집 앞에서 쓰러진 후에 정신을 차리자 집주인이 돈을 건넸지만 사양했다.[25] 이처럼 스님은 가난에도 불구하고, 그 누구의 도움도 받으려고 하지 않는 곧고 강직한 성품이었다.

14살 되던 해에 어머니를 따라간 상원사에서 한암스님[26]과의 인연이 시작된다. 그 인연을 시작으로 스님의 나이 19세에 오대산 상원사로 한암스님을 찾아가서 머리를 깎고, 근처 비구니 암자에서 생활하게 되었다.[27] 잠시 암자에서 생활하던 스님은 대중들과의 不和로 인하여 암자를 떠나게 된다. 암자를 떠난 스님은 산 속에서 생활하다 너무 지쳐 쓰러지면 새들과 산짐승들이 도와주기도 했다.[28] 이런 체험과 내면

---

25) 위와 같음, 1985. 03. 15.

26) 方重遠(1876~1951)의 법호는 漢巖이며, 본관은 온양이다. 1914년 勝林에게서 比丘戒를 받고 선승으로서 법을 강론했으며, 1925년 서울 봉은사 조실이 되었다가 이듬해 "차라리 천고에 자취를 감추는 학이 될지언정 三春에 말 잘 하는 앵무새의 재주는 배우지 않겠노라"고 하면서 오대산 상원사에 들어가 입적할 때까지 27년간 한 번도 동구 밖을 나가지 않았다. 조계종의 초대종정으로 추대되기도 했으며, 6.25 전쟁 당시 불에 탈 뻔한 상원사를 지켜낸 일화로 유명하다. 한암스님은 敎善一致를 주장하였으며, 경전 및 어록의 공부를 강조하면서도 參禪 修行을 중요시 하였다. 大行스님은 경전을 공부하지 않았지만 한글로 된 경전을 보급하고자 1999년 『뜻으로 푼 한글 금강경』을 출간하여 독송하게 했으며, 『화엄경』도 한글로 번역하였다. 그러나 『화엄경』은 미완성인 채로 열반에 드셨다. 한암스님이 경전 중에서도 『금강경』과 『화엄경』을 매우 중요시 한 것으로 미루어 볼 때, 大行스님의 참선수행과 경전에 관한 관심은 한암스님의 영향을 많이 받은 것으로 추정된다. 김광식, 『그리운 스승 한암스님』, (도서출판 민족사, 2006), pp.26-27 참조.

27) 『허공을 걷는 길: 법형제법회』 1권, p.162. "왜 울었냐? 하면은 천은 모두 '地'를 다스리면서 산하대지의 모든 일체만물을 다 기르는데, 그래도 제가끔들 천차만별로 마음에 따라서 저렇게 지으니, 죽이고 살리고 싸우고 이렇게 하니 참 너무도 기가 막히구나! 나는 죽어도 고만 살아도 고만. … 그렇게 우리가 생각할 때는 가는 길만 알았지. 오는 길을 모르기 때문에 그런 현상이 지금 이렇게 벌어지지. 가는 길을 알고 오는 길을 안다면, 그게 양면이 작용을 하기 때문에 그거는 너무나 즐겁고 좋은 겁니다. 싱그럽고, 그렇게 고생을 해도 고생하는 것 같지를 않았습니다. 그래서 입산하기로 작정을 했습니다."

의 아빠[主人空]를 스승으로 삼아서 疑情[29]이 나면 묻고 스스로 대답을 구하는 가운데 스님은 '풀 한 포기라도 내 스승 아닌 게 없으니 내 몸이 가루가 된다 해도 이 길을 걸으리라'[30]고 다짐했다.

1950년 스님의 나이 23세에 在發心의 마음으로 出家의 뜻을 세우고 상원사로 한암스님을 친견하고 靑覺이라는 법명을 받았다.[31] 그때의 수계 첩을 한암스님은 탄허스님[32]에게 주었고, 탄허스님은 그 수계 첩

---

28) 『한마음요전』, pp.67-70참조. '한밤중의 산비둘기의 도움', '뱀이 물어다 준 나뭇잎', '눈 속에서 잠이 든 후에 주변에 가득한 짐승의 털과 무수한 발자국' 등의 일화가 전해진다.

29) 〈담선법회〉 1984. 02. 07. 의단이라는 것은 내가 나를 완전히 포착했을 때, 나로 하여금 지금 현재 나는 모르니까, 잠재해 있는 나의 그 실상인 주처에서 나오는 말이기 때문에 무슨 말인지 모른 겁니다.
〈담선법회〉 1984. 02. 23. 우리가 절실히 부닺쳤을 때, 스스로 부닺쳤을 때에 그 의정나는 거는 내 생명을 내놓구라도 할 수 있는 그런 의정이 생긴단 말이야. 그게 진짜 의정이야. 남이 준거 가지고는 안 돼. 아마 예전에 석가모니나 … 그때 시절에는 화두를 주지 않았을 거라고 난 생각해.

30) 『한마음요전』, p.68.

31) 위의 책, p.53. 1950년 3월 27일 정식으로 사미니계를 받았으며, 한암스님과의 마지막 만남이기도 하다.

32) 吞虛(1913년~1983년)의 본관은 경주, 법명은 宅成(鐸聲), 법호는 吞虛, 속명은 金金鐸, 고전과 역경에 능통하였다. 13세까지는 서당에서 한문과 서예를 배웠고 할아버지와 아버지로부터 한학을 배웠다. 14세 때 면암 최익현의 문하 李克宗으로부터 사서삼경을 공부했다. 오대산 上院寺의 漢巖과 3년간 서신 왕래 끝에 22세인 1934년 한암을 은사로 출가하였다. 이후 3년간 默言 참선의 용맹정진으로 수행했으며, 참선과 더불어 경전을 수학하여, 1937년 상원사에서 開悟하고 한암에게서 吞虛라는 법호를 받았다. 1955년 월정사에 修道院을 창설, 불교 신도 교육에 힘썼다. 1959년 『六祖壇經』을 현토 · 역해하고 이어서 각 편으로 흩어진 보조국사 어록을 『普照法語』라는 한권의 책으로 결집하고 현토 · 역해하여 간행하였다. 1961년 『華嚴經』 번역에 착수하여 原典 80권과 通玄의 『화엄론』 40권, 澄觀의 『화엄경』 주석서 150권을 간추리고 주석을 붙여, 원고지 총 6만 3,000여 장에 달하는 원고를, 하루 14시간씩 약 10년간에 걸쳐 현토 · 역해하여 1974년 『新華嚴經合論』 47권을 간행하였다. 또한 총 21권의 강원 교재를 현토 · 역해하여 불교 교육의 확고한 지침을 제고하였다. 이

을 30년 동안 보관하고 있다가 1977년 스님에게 돌려주었다.

그러나 아쉽게도 불사를 하고 移運하는 과정에서 수계 첩을 분실하고 말았다. 스님에게 승적은 의미가 없는 것이었지만 앞으로 출가하는 제자들을 위해서 승적을 회복하기로 했다. 그 과정에서 다소 어려움이 따랐지만 탄허스님의 권유로 1981년 부여의 무량사 우진스님을 은사로 하여 大行이라는 법명을 새로 받았으며, 탄허스님을 계사로 하여 소실된 승적을 재정리 하였다.

스님은 한번 禪定에 들면 배고픔도 잊고 밤과 낮의 구별도 잊었다. 疑情이 풀린 후에야 뻣뻣하게 굳어 움직이지 않는 몸을 겨우 풀곤 했다. 스님은 중생이 겪는 고통에 관하여 직접 몸으로 체험하고자 했다.

어느 날 논두렁에 쓰러졌다가 깨어난 스님은 문득 백련사로 가겠다는 생각이 들었다.[33] 백련사로 가는 도중에 공비로 몰려 심한 고초[34]를 겪으면서도 自性佛이 化現하여 나에게 공부를 시킨다 생각하고 감사한 마음에 웃음을 짓기도 했다. 경기도 이천을 지나고 강원도 영월을 두루 거쳐 충북 제천의 백련사에 오기까지 수년의 세월이 걸렸

처럼 탄허는 십여 만장의 방대한 한문 원전을 현토·역해하여 동양사상과 대승불교의 이해에 기여하였다. 김광식, 『탄허 대종사』 (금강선원 선문출판사, 2010), pp.321-325 참조.

33) 〈대담법회〉 1985. 3. 22. 그런데 그때 깨어나서 '아, 돌아다닐 필요 없구나. 그런 걸 내가 그렇게 다녔구나. 이까짓 걸 다녀봐야 무려… 글쎄 하루 종일 걸어 봤자 몇 걸음이나 걷겠느냐. 그걸 안거예요.
〈대담법회〉 1985. 03. 19. 이것이 하나마저도 없는 거를 그러는구나. 내가 왜 이렇게 댕기나. 내라는 존재가 뭐 있길래. 있긴 있는데 너무 많이, 이렇게 돌아가다 보니까 이게 기준이 돼서, 내 마음이란 게 기준 돼서 있는 게 아니로구나, 하니까 돌아 댕기고 싶지 않은 마음 있죠.

34) 위와 같음, 1985. 3. 29. 형체란 뼈만 남은 데다가 갈라지고, 옷은 갈갈이 뜯어지고 피가 나가지고 엉겨붙어 가지고 딱정이가 앉고 이 얼굴도 하나 성한 곳이 없고 입술도 다 갈라져서 피가 나서 엉겨붙고 말을 잘 못했으니까.

다.35) 백련사에 잠시 머무르고 치악산 상원사로 떠났다.

그러나 상원사로 향하는 스님을 보고 인근의 한 노스님은 백련사에 머무는 것이 스님을 위해 나을 것이라고 했지만 스님은 "법을 배우는 몸으로 힘든 고개를 넘어야 광명이 빛날 것"이라고 했다.36) 스님은 앞에 닥치는 어떤 경계에도 피해가고자 하는 법이 없었다. 경계가 힘들면 힘들수록 넘고 나면 광명이 빛날 것이라고 한 것처럼 마음 그릇이 넓어지고 깊어지기 때문이다.

상원사 도착한 날은 중창 불사를 위한 100일 기도를 회향하는 날이었으며, 주지스님은 "오늘 찾아오는 사람을 붙잡아야 절을 지을 수 있을 것이다"라는 꿈을 꾸었다. 이러한 因緣으로 견성암에 머물면서 상원사의 중창불사를 도왔다.37)

1962년 겨울, 어머니가 운명하셨다는 소식을 접했지만 스님은 生死를 초월한 경지에 있었기에 默然할 수 있었다. 스님은 자기의 根本은 무시하고 소원 성취만을 위해 부처를 祈福으로만 찾는 신도들에게 마음의 근본을 스스로 찾는 방법을 알려주려고 1964년 하산을 결심했다.38) 하산을 한 이후 신도들을 접견하면서 한편으로는 부모가 없이 떠도는 아이나, 앵벌이를 하는 아이들을 돌보기도 하였다.39)

---

35) 위에서 기술한 것처럼 스님은 백련사로 가는 것이 진짜 목적이 아니었기 때문에 疑情이 나면 그 疑情이 풀릴 때까지 한 곳에서 하루고 사흘이고 상관없이 그 자리를 떠나지 않고 참구하면서 백련사에 도착할 때까지 보림을 한 것으로 보인다.

36) 『한마음요전』, p.94.

37) 〈대담법회〉 1985. 3. 22 상원사의 토굴에서 그 실험을 … 이제는 육이 돌아다니는 게, 가고 오는 게 아니구나 하는 것을 알았을 때에…

38) 〈승단법문〉 2001. 04. 04. 스님을 보려고 찾아오는 신도들에게 하나의 방편으로 방석을 놓아두고 자신의 근본자리에 절을 하듯이 지극하게 절을 하고 돌아가면 스님을 만난 것과 같은 것이라고 했다. 그것은 무조건 부처님께 빌기만 하면 된다는 祈福佛敎에서 벗어나게 하고자 한 것이다.

점차 스님의 뜻을 받아들이는 인연을 중심으로 1972년 안양에 대한 불교회관을 건립했다.[40] 스님은 월 2회의 정기적인 법회와 매일 선실에서 담선법회를 통하여 스스로 부처임을 믿고 실천할 수 있도록 가르쳤다.

1982년 대한불교 조계종에 '한마음선원'으로 등록한 후 선원장으로 취임했다. 스님의 가르침을 받고자 하는 사람은 재가자들뿐만 아니라 출가하여 가르침을 직접 받는 출가 제자들의 수도 늘어만 갔다.

1982년 충북 음성의 광명선원이 생겨난 것을 계기로 현재 안양 본원을 비롯하여 국내에는 15개의 지원[41]과 1987년 미국 캘리포니아주 모건힐에 모건힐지원 개원을 시작으로 하여 국외에 10개의 지원이 있다. 총 25개의 지원이 있지만 스님의 가르침을 좀 더 많이 배우고 전파하고자 發心한 각 지역의 신도들이 自生的으로 건립한 것이었다. 신도들 개개인의 피와 땀이 밴 정성이 지극하게 들어가야만 그 절은 생명력이 있고 신도들 또한 내 집과 같이 생각하면서 공덕이 된다는 스님의 뜻이었다.

법회의 활성화에 이어 스님은 새로운 장례문화로 영탑 공원을 설립하였다. 1986년 국내 최초로 광명선원에 영탑 공원을 조성한 이래 제

---

39) 〈담선법회〉 1984. 03. 26. 3년동안 하루에 3시간 내지 4시간을 거리를 다니면서 불쌍한 아이들에게 우동을 사주기도 하고 앵벌이를 시키는 사람을 만나 싸우기도 하고 방을 얻어서 아이들이 살 수 있게도 하였다. 이것을 두고 스님은 어떤 것에도 집착을 해 본 적도 없으며, 사랑을 해 본 적도 없지만 사랑을 하지 않은 적도 없다고 회고한다.

40) 주택가에 사찰을 건립한 이유는 산중 불교를 탈피하여 바쁜 현대인들이 찾아오기 쉽도록 교통이 편리한 곳을 택한 것이다.

41) 강릉지원, 공주지원, 광명선원, 광주지원, 대구지원, 목포지원, 문경지원, 부산지원, 울산지원, 제주지원, 중부경남지원, 진주지원, 청주지원, 통영지원, 포항지원이 있다.

주지원, 진주지원, 중부경남지원에 차례로 영탑 공원이 조성되었다. 또한 선법합창단을 창단[42]하여 노래로서 佛法을 널리 펴는데 더하여 비디오를 통한 영상포교를 도입(1985)하였다. 1994년에는 현대불교를 창간하여 신문을 보는 사람들로 하여금 자기의 근본을 믿을 수 있게 하고자 하였다. 수많은 설법[43]을 통하여 부처님의 범음을 전하고자 스님은 1972년 이후 30여 년간 연일 담선 법회를 하였으며 국외 지원을 순회하면서 법회를 하였다. 스님은 인연이 되는 모든 이들이 누구를 의지하지 않고도 나무의 뿌리와 같은 스스로의 근본인 '主人空'을 믿고 놓는 觀法을 통하여 일상의 苦에서 벗어나고 당당하게 설 수 있도록 이끌어 주었다.

새로운 시도로 불교계를 선도했던 스님은 2012년 5월 22일 世壽 86세, 法臘 63세로 안양 한마음선원 본원에서 열반에 드셨다.

2) 傳法

(1) 한글 경전의 보급

현시대는 학교 교육과정에서 한자를 배우지 않은 한글세대가 많다. 한편에서는 쉬운 한자조차 읽는 못하는 젊은 세대를 우려하는 목소리도 높다. 게다가 불교 경전은 한자가 많은데다 이해하기 쉽지 않은 용어들 때문에 한글세대에게 불교의 장벽을 허무는 것은 遙遠한 일이다.

---

42) 1984년 어머니 합창단이 창단되었고, 1990년 청년회와 어린이 합창단이 창단되었다. 이어서 1994년 거사 합창단이 창단되었다. 그리고 각 지원에서도 합창단을 따로 조직하여 활동하고 있다.

43) 1986-2001년까지 매월 셋째 주 일요일 정기법회, 1982-2001년까지 국내에서 약 80여 회의 초청 대법회, 1987-2001년까지 약 70여 회의 국외 초청 법회, 1990-2001년까지 매월 거사들을 위한 법형제 법회, 1991-2000년까지 청년들을 위한 전국연합청년법회, 1996-2000년까지 한마음과학원 연구원을 위한 법회를 열었다.

大行스님은 경전의 뜻을 時代에 따라 의미는 똑같이 하되 언어나 行은 변화해야 한다고 역설한다.[44]

물질문명이 정신문명을 선도하는 현대는 영상 미디어 매체의 홍수 속에 살아가고 있다. 미디어 매체를 통하지 않고는 어떤 문제도 해결할 수 없다. 스마트 폰이 없으면 불안을 느낀다고 할 정도로 스마트 폰은 우리 생활의 일부로 자리 잡았다. 과학의 발달로 인공위성을 띄워 지구의 모든 부분을 관찰할 수 있고 화성탐사까지 하며 화성의 곳곳을 무인 카메라로 찍어 다시 지구로 전송할 수 있는 시스템까지 갖춰진 시대이니 인간의 상상력은 무한의 에너지로 발달하고 있는 것이다.

물질과 정신은 어느 한쪽에 치우치지 않고 조화롭게 돌아가야만 더불어 폭이 넓고 지혜가 넓고 문리가 터진다. 大行스님은 수행의 성취로만 여겼던 오신통이 과학의 발달로 이미 이루어졌다고 다음과 같은 비유로 설명한다.

> 천이통은 무전통신기로 비유할 수 있는 것입니다. 신족통은 팩시밀리, 오고 감이 없이 오고 가는 모습 없는 모습, 천백억화신이라는 그 모습 없는 모습을 바로 팩시밀리라고 해도 과언이 아닙니다. 그러나 팩시밀리는 한계가 있지만 우리의 마음은 빛보다 더 빠르고 한계가 없는 것입니다. 그리고 타심통이라고 하는 것은 남의 속을 잘 아는 것을 말합니다. 그것은 탐지기라고 말할 수도 있겠죠. 또는 心眼으로 보는 그 자체, 天眼通을 바로 천체망원경이라고 해도 과언이 아니죠. 그러나 心眼이라는 것은 천체를 보고도 남음이 있지만 천체망원경이라는 것은 한계가 있는 것이죠. 한계가 없는 그 다섯 가지의 五神通은 바로 우리 각자에게, 믿지 않는 사람이든 믿는 사람이든 그 시스템이 다 돼 있는 것입니다.[45]

---

44) 〈승단법문〉 1988. 04. 09.
45) 『허공을 걷는 길: 국내지원 법회』 1권, pp.537-538.

漏盡通은 法輪으로 오신통을 굴릴 수 있는 힘을 말한다. 이 五神通은 개별적인 것이 아니라 하나의 법바퀴로 굴러 갈 수 있도록 책정을 하기 때문에 책정기[46]라고도 한다. 따라서 오신통의 시스템이 다 갖추어져 있는데도 불구하고 믿음이 부족하기 때문에 제대로 활용하지 못하고 고통을 받고 있을 뿐이다.

이와 같이 발전해 가는 속도에 맞추어 불교를 배우는 세대들이 마음이 계발되고 차원이 높아져야 하는데 오히려 역행하는 결과를 낳았다. 간단한 예로 예불의식에 사용하고 있는 예불문이 한자로 되어 있기 때문에 그 뜻을 모르고 앵무새처럼 따라한 당연한 결과일 수밖에 없다. 매일 독송하는 경문의 뜻을 알지 못하고 어떻게 믿음이 생기겠는가?

현시대를 살아가는 사람들은 동시대의 언어로 말하지 않으면 소통이 되지 않는다. 소통을 하기 위해서는 변화하는 새로운 시대에 발맞추어 나가야 한다. 그렇지 않으면 도태되고 소멸하고 만다. 불교가 時代에 附合하지 못하고 고루하다는 생각을 하는 경우가 많다. 불교가 삼국시대에 전래되고 1500여 년 동안 우리의 생활 속에 녹아있다 보니 시대의 변화에 따른 문화코드를 맞추지 못하고 전통의 맥을 이어간다는 미명하에 안주해 온 것이 사실이다.

기독교는 한국에 들어온 지 고작 100여년이지만 모든 세대를 아우르는 종교로 확고하게 자리매김하였다. 거기에는 우리 고유의 민족성을 제대로 파악했으며 서양의 진보적이고 다양한 활동을 전파한 데서 온 것이라고 볼 수 있다.

불교는 무방비 상태에서 절에 찾아오는 신도에게만 의존하다 보니 젊은 세대들의 부재는 심각한 상황에 이르게 되었다. 어린이, 청소년들

---

46) 위의 책, p.168.

은 사찰 운영에 도움이 되지 않는다고 방관하고 눈앞의 이익만 챙기다
보니 불교의 미래는 어둡고 암담한 현실 속에서 해결책을 찾지 못하고
방황하는 꼴이 되었다. 大行스님은 불법을 배우는 데에는 세 가지 어
긋남이 없어야 한다고 한다.

> "첫째, 진리에 순응해야 하고, 둘째, 부처님의 뜻을 따라야 하고, 셋째, 시대
> 에 따라야 한다."[47]

이 세 가지 가운데 시대에 따라야 한다는 것은 불교의 의식이나 포
교방법론이 변화해야 불교가 세대를 초월하여 발전할 수 있음을 시사
한다. 시대가 변천하고 발전하는데 관습에 얽매어서 예전의 방식을 고
수한다면 아무리 좋은 진리라 할지라도 소통이 되지 않는다. 불교가
어렵다는 인식에서 벗어나려면 가장 쉬운 언어로 알아듣기 쉽게 이해
할 수 있어야 하고, 사람들이 일상에서 접하는 컴퓨터 등의 영상매체를
활용하여 불법을 널리 펴야 한다.

한 예로 자동차, 비행기를 달구지로 표현한다면 알아듣지 못하는 것
처럼 변화하는 시대의 언어에 따르고 빠른 속도로 발전하는 물질문명
을 잘 활용해서 정신계가 물질문명을 先導해야만 한다. 이러한 목적을
실현하기 위해서 한마음선원에서는 1987년부터 예불 의식으로 大行스
님의『뜻으로 푼 한글 천수경』과『뜻으로 푼 한글 반야심경』을 사용했
다. 1999년에는『뜻으로 푼 금강경』을 출간하여 독송하고 있다.

최근에 들어서야 조계종에서는 한문으로 된 예불의식을 한글의식으
로 공식화 한다고 했지만 대부분의 사찰에서는 한문으로 된 의식을 그
대로 사용하고 있는 실정이다.

---

47)『허공을 걷는 길: 정기 법회』4권, p.13.

그 당시만 해도 한글로 번역한 경전을 독송하는 것은 아주 진보적이고 획기적인 일이었다. 그 누구도 시도하지 않았던 한글로 된 의식의 사용과 다양한 매체를 불교계에 접목하면서 한마음선원은 어린이부터 노년층까지를 포섭할 수 있게 되었다.

게다가 변화하는 시대에 맞추어 법당에 오지 않고도 생활 속에서 공부할 수 있는 生活禪을 강조하면서 보다 다양한 계층에서 불교를 접할 수 있게 되었고, 불교는 어렵고 고루하다고 생각하는 사람들의 인식을 바꾸어 놓았다.

(2) 선법가

禪法歌는 大行스님의 偈頌에 곡을 붙여 만든 노래이다. 讚佛歌라는 말은 귀에 익지만 禪法歌란 다른 사찰에서는 생소할 것이다. 讚佛歌는 말 그대로 부처님을 찬탄하는 노래라고 할 수 있다. 찬불가와 類似하지만 선법가라고 부르는 이유는 따로 있다. 선법가는 그릇에 담는 재료로써 부르면 부를수록 지극하게 염원하는 觀이 되며 단합이 되기 때문이다.

한마음선원에서는 어린이 법회 활성화 방안으로 매년 '어린이 禪法歌'[48] 가사 공모전을 개최한다. 그동안 나온 禪法歌는 스님의 偈頌에 곡을 붙인 것이므로 어린이들이 뜻을 이해하는 것이 쉽지 않았다. 따라서 스님의 뜻은 살리되 어린이들이 이해하기 쉽고 따라 부르기 쉽도록 하기 위한 방법이다.

공모전에서 입상한 가사에 곡을 붙여 만든 노래를 통하여 나를 이끌

---

48) 부처님과 불보살님을 찬탄하는 찬불가와 유사하지만 내용면에서 내면의 불성인 主人空에 모든 것을 믿고 맡기는 대행스님의 가르침을 주제로 하면서 자력신앙을 부각 시키고 있다.

어 가는 근본 마음자리 '主人空'에 대한 믿음을 확고히 할 수 있으며, 게다가 다소 어려울 수도 있는 불교의 因緣法을 이해하는데 많은 도움이 된다. 禪法歌를 부르면서 부처님은 법당에만 계시는 것이 아니라 일상생활 어디에서도 항상 함께 하는 친근하고도 친숙한 존재로 생각할 수 있게 하기 위한 것이다. 스님은 禪法歌를 통한 포교를 중시하여 어린이회, 학생회, 청년회에 이르기까지 禪法歌를 부를 것을 권장한다.

선법가는 그릇에 담는 재료로써 부르면 부를수록 지극하게 염원하는 觀이 된다. 그리고 마음을 넓히면 넓히는 대로 나한테 이득이 오고 상대방에 이득이 되기 때문에 될 수 있으면 선법가를 어린 아이들한테도 가르쳐야 하는[49] 이유를 설명한다.

어린 아이들에게 선법가는 노래이기 때문에 친숙하게 접근할 수 있다. 처음에는 가사의 뜻을 생각하지 않고 노래를 배우고 익히지만 자꾸 부르게 되면서 무슨 뜻인지를 자연스럽게 알 수 있다. 노래를 함께 하면서 공감대를 형성할 수 있고 서로의 견해 차이로 인하여 오는 대립과 갈등을 해소할 수 있기에 단합이 되는 것은 물론이다.

단합을 가장 잘 보여준 예는 세종문화회관에서 개최한 한마음 음악제였다. 한마음선원 본원과 지원의 합창단이 모두 참여하였기 때문에 출연진만도 1,000여 명에 달했다.

제1회는 2001년 심장병 어린이 돕기를 위한 "임의 소식"이었고, 제2회는 2004년 간암환자를 돕기 위한 "그 마음 그대로"였으며, 제3회는 2011년 소통과 화합으로 하나되는 "한마음 음악제"였다. 이러한 세 번의 음악제를 통하여 하나의 화음을 만들기 위해 내가 한다고 하는 마음을 내려놓는 마음수행은 물론, 사회에서 소외된 사람들을 돕는 취지

---

49) 『허공을 걷는 길: 법형제 법회』 2권, pp.1343-1344.

로 개최한 음악제였다.

(3) 번역불사

중국에서는 경전을 구하기 위하여 인도에 求法行을 하다가 목숨을 잃은 이들이 많았다. 목숨을 잃으면서까지 구해온 불경의 원전을 漢譯하는 것 또한 쉬운 작업은 아니었을 것이다.

그러나 佛典을 漢譯하지 않았다면 불교는 중국에 뿌리를 내리지 못했을 것이다. 언어적인 장벽을 극복하고자 불교의 용어에 해당하는 것을 새로이 만들기도 하고 중국의 전통적인 용어에서 借用하기도 하면서 불교를 받아들였기 때문에 格義佛敎라고 한다.

중국으로 불교를 전파하러 온 불교인들은 중국어나 중국의 문화에 익숙하지 못하고, 불교의 원전을 중국어로 번역할 수 있는 중국인도 부족했기 때문에 혼자서 불전을 漢譯하는 데에는 상당한 어려움이 있었다. 이러한 문제를 해결하기 위한 방안은 여럿이서 분야를 나누어 같이 공동으로 번역하는 것이었다.

현시대의 세계 공용어는 영어라고 해도 과언이 아니다. 세계 어느 나라를 막론하고 영어로 통하지 않는 나라는 거의 없을 것이다. 아무리 위대하고 훌륭한 思想이라고 해도 그 나라의 언어를 이해하지 못하면 死藏되고 만다.

2012년 6월 조계종 한국전통사상서 간행위원회는 『한국전통사상총서』 영역을 완간했다. 이로써 『韓國佛敎全書』 중 대표적 高僧의 문집 90여종을 가려 뽑아 한글역과 英譯 각 13권씩 총 26권이 출간되었다. 『한국전통사상총서』는 한국 전통불교사상을 한글과 영어로 번역해 국내에 소개하는 한편, 해외에 보급하므로써 한국불교의 위상을 국제적으로 높일 수 있는 계기가 되었다.

大行스님은 1999년 1월 번역부를 설립하고 스님의 법문을 영어로 번역하도록 했다. "영어로 번역하는 일은 사찰의 건물을 세우는 일보다도 시급한 불사다. 학생들이 영어를 배울 때 영어와 부처님 법을 동시에 배울 수 있으며, 영역한 책이 외국의 대학가로 들어가서 교재로 쓰이게 하려면 열심히 노력을 기울여야만 한다"[50]고 강조했다.

번역부는 2001년 '한마음국제문화원'으로 개칭되었다. 2005년부터는 독일 프랑크푸르트 국제도서전에 매년 참가하고 있다.

영문판으로 출간한 책은 1999년 11월 대행스님 영문 법문집 *Inner Path of Freedom*을 필두로 하여 2005년 대행스님 영문 법어집 *No River to Cross*와 *Wake Up and Laugh*를 출간했고, 대행스님 영문 예화집 *It's Hard to Say*의 출간에 이어서 대행스님 일대기 스페인어판 *Vida de la Maestra Daehaeng* 출간, 생활 속의 참선 수행 영문판 *The Series Practice in Daily Life*를 출간했다.

2006년에는 대행스님 영문 예화집 *My Heart is a Golden Buddha*를 출간하고 대행스님 법문집 『삶은 고가 아니다』를 중국어판 『人生不是苦海』로 출간했다. 2007년 2월에는 대행스님 영문 법어집 *No River to Cross*를 미국 *Wisdom* 출판사에서 출간했다.

2008년 4월에는 대행스님 영문 예화집 *My Heart is a Golden Buddha*가 독일 *Goldmann-Arkana* 출판사에서 *Wie Flieβendes Wasser*로 출간되었고, 10월에는 대행스님의 『뜻으로 푼 천수경』이 영문판 *A Thousand Hand of Compassion*-만가지 꽃이 피고 만 가지 열매 익어-로 출간되었다.

2009년 4월에는 대행스님 영문 법어집 *No River to Cross*를 스페인

---

50) 〈승단법문〉 1998. 11. 20.

Kailas Editorials 출판사에서 *Ningún Río Que Cruzar*로 출간했으며, 예화집 『내 마음은 금부처』를 대만 橡樹林 출판사에서 『我心是金佛』로 출간하였다. 10월에는 뜻으로 푼 천수경 『만 가지 꽃이 피고 만 가지 열매 익어』를 독일 *Diederichs* 출판사에서 *Umarmt von Mitgefühl*로 출간했다.

2010년 4월에는 대행스님 법어집 『건널 강이 어디 있으랴』를 독일 *Goldmann-Arkana* 출판사에서 *Vertraue und Lass Alles Los*로 출간했다. 2011년 10월에는 영어 법문집 *Wake Up and Laugh*를 독일 *Theseus* 출판사에서 *Wache Auf und Lache*로 출간했고, 11월 대행스님 법어집 『건널 강이 어디 있으랴』를 러시아 *Amrita-Rus* 출판사에서 *Азэн просвθ Тπθнθ*로 출간했다. 이처럼 다양한 언어로 출판이 되면서 각 나라의 사람들에게 大行스님의 법문을 통하여 한국불교를 알리는 촉진제의 역할을 하고 있다.

2 自性의 發顯

앞에서 스님의 생애를 다루는 가운데 求道旅程을 간단하게나마 언급했다. 大行스님이 펼치는 修行法은 어떤 經典에 근거한 것이 아니라 내면의 根本[主人空]에서 이끌어주는 안내에 따라 스스로 體得한 것이기에 여기에서는 좀 더 구체적으로 逸話를 통하여 내면으로부터 나오는 의정을 참구하여 깨달음을 성취하는 과정을 살펴보고자 한다.

「입법계품」의 선재동자는 선지식을 찾아서 하나하나의 해탈문을 證得해 나가지만 大行스님은 생활 속에서 疑情이 날 때마다 그 疑情을 풀어가는 것으로 깨달음을 證得해 간다. 이러한 修行過程을 통하여

깨달은 내용을 體系化하여 "主人空 觀法"이라는 독창적인 修行論을
제시한다.

1) 生老病死에 대한 의문

名劍은 담금질을 많이 할수록 名劍이 되는 것처럼 삶에 있어서 苦
는 명검으로 만드는 과정이라 할 수 있다. 명검으로 만드는 과정은 大
行스님이 苦를 보는 시각이다.

> 苦는 마음공부의 재료입니다. 苦는 나를 깨우쳐 줍니다. 즐거움은 나를 공
> 부로부터 멀어지게 하고 게으르게 하고 잠자게 만들지만 고통은 내 눈을
> 맑게 해 줍니다. 그러므로 苦는 苦가 아닙니다. 苦를 통해 공부를 하게
> 되었다면 苦는 축복입니다. 苦는 진화의 과정, 성숙의 과정, 해탈의 과정입
> 니다. 여러분을 다지고 다지는 수련의 과정, 수행의 과정입니다. 苦는 그냥
> 苦가 아닙니다. 담금질을 많이 하면 할수록 좋은 칼이 만들어집니다. 苦는
> 그 담금질입니다. 나를 名劍으로 만드는 과정입니다.[51)]

석가모니 부처님이 태자시절 동, 남, 서, 북의 네 문에서 노인, 병자,
죽은 사람, 출가사문을 만나고 나서 삶은 苦痛이라고 생각했다. 그 이
후 석가모니 부처님은 고통의 근원적인 해결을 위해 깊이 사유한 끝에
出家의 길을 선택했다. 부처님은 보리수 아래에서 깨달음을 얻은 이후
오비구에게 최초로 설법한 것이 四聖諦이다.

모든 것은 苦痛에서 시작된다. 그러나 大行스님은 苦라는 명제를
돌려서 깨달음의 재료라고 역설하고 있다. 삶이 苦라고 생각하는 순간
인생은 苦일 수밖에 없으며, 윤회의 고리에서 벗어나지 못하게 된다.
스님은 어린 시절 겪었던 한밤중의 담배 심부름 갈 때, 어둠의 공포와

---

51) 서혜원 편, 『삶은 苦가 아니다』 (여시야문, 1996), pp.141-142.

가정의 평화를 위해서 산속에서 밤을 지새우면서부터 두려움과 무서움에서 벗어날 수 있었다. 친구하나 없는 외톨이었기에 눈에 보이는 모든 것을 나와 동일하게 여길 수 있었고 내면에도 귀를 기울일 수 있었다. 스님을 둘러싼 가혹한 환경은 오히려 스님에게 百尺竿頭 進一步 할 수 있는 힘이 되었다. 그러면서 세상의 불평등에 대해서 생각하게 되었다.

> 처음에 내가 가장 의아하게 생각했던 문제는 '세상에는 왜 부자가 있고 가난한 사람이 있으며 왜 부자보다도 헐벗고 굶주리고 병든 사람들이 더 많은가.' 하는 점이었다. … 모든 사람들이 세상에 태어나서 돈 때문에 울고 웃고, 육신이 병들어 아파하다가 때가 되면 죽어 가는데 도대체 그렇게 살아서 무엇하느냐 하는 생각이 들었다. 그로부터 생각하기를 '누가 나를 이렇게 만들었는가. 누가 나를 형성시켜 놓고 어느 날 갑자기 알거지로 만들었는가. 차라리 태어나지 말게 할 것이지 나를 만들어 놓고는 왜 이렇게 굶기고 고달프게 만드는 것인가.'[52]

스님은 어린 9살이었지만 인간의 生老病死의 문제를 고민하고 있었다. 밖으로는 숲속에서 자연의 이치를 몸소 체험하면서 따뜻함을 느꼈지만 내면에서는 스님도 모르게 치열한 求道의 여정을 시작했던 것이다.

문둥병 환자가 다 헤진 옷을 입고 수선해 달라고 찾아온 적이 있었다. 스님은 새 옷으로 갈아입도록 하고 헤진 옷을 기워 주었다. 문둥병으로 찾아온 손님의 뒷모습을 보면서 스님은 육신의 病에 대해 깊이 참구했다.

스님이 환자들의 병을 치유한 逸話는 수없이 전해진다. 스님이 佛法에 어긋나는 神通力을 사용했다고 하여 正法이 아니라는 비판의 소리도 있기는 하다. 그러나 스님은 중생들의 아픔이 내 아픔이기에 모

---

52) 『한마음요전』, p.28.

른 채 할 수 없으며 처절한 고통과 눈물을 외면할 수 없었다. 그들이 아프면 내가 고통스럽기 때문에 내가 편하기 위해서라고 할 뿐이다.

다음은 문수보살이 유마힐 거사에게 문병을 가서 무슨 까닭에 病이 생겼으며, 얼마나 오래되었고, 어떻게 하면 나을 수 있는지의 물음에 대한 유마힐 거사의 대답이다.

> 어리석음으로 愛慾이 있으면 病이 생깁니다. 모든 중생이 病을 앓고 있으므로 나도 病을 앓고 있는 것입니다. 모든 중생의 病이 나으면 내 病도 나을 것입니다. 왜냐하면 보살은 중생을 위해서 生死의 길에 들어서고, 生死가 있으면 病이 있습니다. 만약 衆生이 病이 나으면 菩薩도 다시 病이 없을 것입니다.53)

菩薩은 중생을 위해서 태어났고 중생을 위해서 죽는 것이다. 병에는 貪, 嗔, 癡의 어리석음으로 생기는 病과 보살의 病이 있는데, 보살은 진짜 病이 아니라 方便으로서의 病이기 때문에 중생들의 병이 나으면 유마힐 거사도 병이 없어진다고 한 것이다. 따라서 유마힐 거사가 病이 난 것은 菩薩의 病으로 大悲의 마음이다. 유마힐 거사의 비유처럼 스님은 중생의 苦痛이 자신의 苦痛임을 자각하고 慈悲心으로 중생의 고통을 치유했을 뿐이므로 그 행위는 菩薩의 實踐行이었던 것이다.

> 나에게 수없이 청을 해 왔을 때 생각하기를, 앞에 닥친 일 이것을 헤치지 못하고서야 무엇을 넘는다 할 것인가. 닥치는 대로 해 보자고 스스로 다짐했다. 그래서 부처님 뜻을 더욱 알게 되었으니, 四生이 다 하나라, 내 자식이라도 내 자식이 아님을 알았고 미물이라도 내 자식 아닌 게 없다는 것을 알았고 慈悲 사랑이 뭔지도 알았다.54)

---

53) 鳩摩羅什譯, 『維摩詰所說經』「文殊師利問疾品」(『大正藏』 14, p.544b) "維摩詰言 從癡有愛 則我病生 以一切衆生病 是故我病 若一切衆生病滅 則我病滅 所以者何菩薩爲衆生故入生死 有生死則有病 若衆生得離病者 則菩薩無復病"

대승불교에서는 自利利他를 具足해야 한다고 설하며 自利적인 측면보다는 利他적인 측면을 강조한다. 그러나 스님은 누구를 위해서가 아니라 스스로를 위해서라는 자리적인 측면만을 말한다. 모든 세상의 중심은 '나'이며, 나의 존재가 있어야 다른 것도 존재하며, 내가 없으면 어떤 것도 존재할 수 없다고 하는 것으로 보면 지극히 자리적인 측면을 넘어 이기주의에 가깝다고 할 수 있을 정도이다.

病을 治癒한 사람도 내가 아니라 각자 개인의 믿음으로 스스로 치유했다고 하는 각자의 '나'를 강조한다. 그러나 여기에는 각자의 '나'를 존중하고 '나'에 대한 믿음을 요구하고 있음을 알 수 있다. '나'에 대한 존중과 견고한 믿음은 타인에게도 그대로 '나'의 문제와 동일하게 인식이 되어 결국 "문수보살이 중생의 병이 나으면 나의 병도 나을 것"이라고 한 뜻과 동일선상에 놓이게 된다.

이것은 곧 自利行이 利他行이 되며 현실에서의 菩薩行이다. 결국 菩薩行은 깨달음을 실현하는 과정이며 깨달음은 衆生 속에서 구현되는 것임을 보여준다고 할 수 있다.

따라서 '나'라고 하는 존재를 더욱 부각시키면서 '너'라는 존재 또한 '나'와 다르지 않는 共體, 共心으로서 인식하게 되고 상호 관계 속에서 共體의 行, 共心의 行은 개인이 발휘할 수 있는 능력을 뛰어넘는 行이 되어 병을 치유한 것이다. 이것이야말로 진정한 慈悲이며 平等心이라고 할 수 있을 것이다.

---

54) 앞의 책, p.98.

2) 끊임없는 疑情

아홉 살에 시작된 내면의 아빠는 스님이 살아가는 유일한 희망이었고 원동력이었지만 아빠에 대한 의문은 날이 지날수록 커져만 갔다.[55] 사람은 왜 태어나서 힘들게 살아야 하는지에 대한 의문과 왜 학교도 가지 못하게 가난하며, 세상이 불공평한 이유가 무언지 등의 궁금증을 물어 볼 수 있는 유일한 길 또한 내면의 아빠였다.

아버님이 너무 완고하고 못살게 구시니까 배겨 낼 수가 없었다. 그래서 '차라리 저 아버지를 아버지라고 그러느니보다 내 속에 있다고 느낀 이 아버지를 아버지라고 그래야지'[56]라고 생각했다. 이렇게 시작된 내면의 아빠[主人空]는 끊임없이 질문을 했고 그 질문은 곧 疑情이었다. 疑情이라는 것은 모든 것을 버린 상태에서 나오는데 他人으로부터 받은 話頭는 "이게 뭐꼬?" 라고 덧붙여서 붙잡고 있기 때문에 더딜 수밖에 없다고 하면서, 스스로의 佛性을 믿어서 자신의 내면으로부터 나오는 疑情이야말로 진실한 話頭로서의 가치가 있음을 말하고 있다.

이제 大行스님이 사소한 일상에서 어떤 疑情을 가지고 깨달음을 성취했는지 살펴보겠다.

어느 날 길을 걷다 보니 토끼풀들이 있었다. '네잎 크로바'를 보자 대부분의 토끼풀은 세 개의 잎을 가지고 있는데 '네잎 크로바'는 잎이 왜 네 개일까 하는 疑情이 났다.

---

55) 〈대담법회〉 1985. 3. 19. 나라는 존재는 뭐 때문에 이 세상에 태어나서 이렇게 공평치 못한 걸 보게 됐느냐. 그걸 어려서부터 그랬기 때문에 공부를 하라고 그래도 그것이 안 되고, 산으로만 자꾸 올라가게 됐고. 하루 종일 팔장 끼구선 어린 게 그 산돌 밑에서 앉아서는 그거 궁리만 하는 거야. 궁리만 하다 보니까 나로부터 '네가 있으면 나와. 있으면 나와. 네가 있다면 나와야지. 나 못 견디 겠어.'

56) 『한마음요전』, p.30.

'四方 가운데에 있으면 오방이 되는 것은 네가 하나 끼어서 五方이니라.'
그 순간 스님은 四方 속에 나만 들어 있는 게 아니라 모든 일체가 四方
속에 다 들어 있으니 일체가 하나라는 것을 깨달았다. 四方 가운데 五方이
고, 五方 가운데 몽땅 들어있으니 나를 모도 나지 않고, 길지도 않고 짧지도
않게, 둥글게 만들고 둥근 것 마저 없는 것이구나.[57]

스님은 무심히 지나칠 수 있는 토끼풀에서도 '일체가 하나' 라는 이치
를 터득했다. 이 四方은 동, 서, 남, 북의 四方일 수도 있으며 地, 水,
火, 風의 四大일 수도 있다. 인간의 몸이 地, 水, 火, 風의 四大로 이루
어진 존재이며, 여기에 더해 마음이라는 정신 작용을 더해서 五方이라
고 한 것은 아닐까 하고 짐작해 본다. 또는 四方과 四大에 토끼풀의
마음이 더해서 五方이라고 한 것으로도 보인다. 有情, 無情의 일체가
스승 아님이 없다는 가르침에서 우주 만물은 생명을 가지고 있고, 각각
은 그물코처럼 연결이 되어 있기 때문에 서로에게 영향을 미치고 있으
며 '일체가 하나'라는 의미로 본다면 이미 토끼풀은 그 자체로 어떤 것
도 모자람이 없이 일체를 具足하고 있는 존재로 볼 수 있을 것이다.

산중에서의 苦行으로 하루 스님의 식사량은 감자나 고구나 몇 개에
서 콩 몇 알로 하루를 지냈다. 일거수일투족에도 疑情은 멈추지 않았
다. 스님은 그럴 때마다 疑情을 풀기 위해서 끊임없이 참구를 했다.

하루는 칡뿌리를 발견하고 먹으려고 하자 내면의 아빠는 정도껏 먹
어야 된다고 했다. 칡뿌리조차 조금만 먹으라고 하는 것은 "아무리 좋
은 것도 과분하면 해롭다"는 것을 알게 하기 위한 뜻이었다. 산 속에서
의 苦行으로 뼈만 남아 있다시피 한 스님에게 최소량의 식사는 추위를
덜 느끼게 했던 것이다.

어느 날 샘물을 마시려고 하는 데 "한 모금만 마셔라" 하는 疑情이

57) 〈대담법회〉 1992. 5. 14.

났다. 그저 떠서 마실 수 있는 물이지만 "샘물에도 생명이 있으니 네 생명과 똑같이 귀중하게 여기라"는 가르침이었다. 그러나 심한 갈증으로 물을 마시는 데 "세 모금만 마셔라", "아홉 모금만 마셔라" 그 이상은 안 된다는 疑情이 났다.

스님은 자나 깨나 참구한 끝에 그 의미를 알 수 있었다. 그 의미는 時空을 초월하는 이치였다. 길을 가다 어느 농부에게 받은 옥수수를 먹으면서도 疑情은 났다. "옥수수 하나에 어떻게 이렇게 많은 알갱이가 붙었을까?" 그 속에서 하나를 먹어도 만 개를 먹어도 배가 부른 이치를 터득했다.

> 옥수수 세 알을 먹고 물을 세 모금 마시고, 시간이 흐른 뒤 옥수수 아홉 알을 먹고 물을 아홉 모금 마셔도 사흘이 지나고 나면 옥수수 세 알을 먹은 거나 아홉 알을 먹은 것이 똑같으니 물 아홉 모금도 세 모금도 한 모금하고 둘이 아니게 되고 그 둘이 아닌 그 자체마저도 먹고 나니 먹은 사이가 없다. 옥수수 씨를 심어서 먹을 만큼 실컷 먹고도 옥수수 씨 하나는 되 남는 것이니 먹어도 먹은 사이가 없더라.58)

과거, 현재, 미래를 구분은 하지만 과거가 곧 현재이며 현재가 곧 미래로서 삼세가 따로 있지는 않다. 그러나 스님은 바쁘게 돌아가는 세상에서 삼천 배를 할 수 없는 사람에게 삼천 배를 하라고 하는 것은 현시대에 맞지 않다고 한다.

마음의 그릇을 넓혀서 삼천 배를 일 배로 대신할 수 있어야 불교가 시대에 뒤떨어지지 않으면서 빠르게 변화해 가는 정보화 시대를 선도할 수 있다. 일체의 법은 이 한마음의 작용에 지나지 않으므로 自性인 主人空을 믿고 놓으면 일체 모든 존재가 主人空의 나툼으로 드러나기

---

58) 〈담선법회〉 1984. 6. 20.

때문에 일 배의 功德에 삼천 배의 功德을 포용할 수 있게 된다.

이것은 華嚴에서 말하는 如來出現에 비유할 수 있다. 如來出現은 미래의 생에 나타나는 것이 아니라 살고 있는 찰나 찰나의 순간에 佛性이 발현되어 나타나는 것이다. 따라서 主人空의 나툼은 佛性이 발현되어 나타나는 如來出現과 다를 바가 없다.

옥수수를 실컷 먹고도 되 남으며, 먹어도 먹은 사이가 없다는 말은 위와 아래도 없고 크고 작고도 없으며 멀고 가깝고도 따로 없으니, 삼천대천세계가 겨자씨 안에 들고 다시 삼천대천세계로 펼쳐지는 時空을 초월한 이치를 표현하고 있는 것이라고 할 수 있다.

3) 話頭와 中道

大行스님은 한암스님과의 인연으로 佛法에 귀의하게 되며, 아버지에게서 받지 못한 정을 한암스님에게 받을 수 있었다.[59] 다음은 出家에 관한 스님의 견해이다.

> 入山이란 우리가 이미 肉身으로는 태어났지만 다시 마음이 태어나기 위해서 또 한 걸음을 앞으로 떼어놓는 것이다. 즉 入山한 이유는 첫째, 사람되기 위해서이고, 둘째는 사람이 되게끔 하기 위해서이고, 셋째는 사람이 되고난 뒤 모든 것을 들여도 두드러지지 않고 내도 줄지 않는 그 법을 모두 집어삼켜서 내놓을 수 있는 그런 경지가 되기 위해서이다.[60]

재가자도 열심히 수행 정진을 하면 깨달음을 얻을 수는 있지만 가족 구성원으로서의 역할과 사회에서의 역할 등으로 깨닫는다는 그 하나에

---

59) 앞과 같음, 1984. 02. 07. 그 당시 한암스님은 할아버지처럼 따뜻하게 맞아주시고 보살펴 주시고, 귀여워해 주셨다고 대행스님은 회고하고 있다.
60) 〈승단법문〉 1997. 02. 09.

만 집중을 할 수 없기 때문에 더디다. 따라서 진짜 죽기[成佛]를 원한
다면 出家를 해야 한다고 出家의 의미를 밝히고 있다.

19살에 마음이 다시 태어나기 위해서 出家를 했지만 아홉 살 때부터
일체 모든 有情, 無情을 스승으로 삼아 자유롭게 공부를 지속하면서
내면으로 공부가 깊어진 스님은 대중들의 눈에 거슬리는 행동을 서슴
없이 했다.[61] 결국 대중들로부터 쫓겨나 산중 생활을 하면서 홀로 수행
에 전념했다. 그러나 그 곳에서 배운 한암스님의 법문은 큰 가르침이
되었으며 팔만 사천의 대장경과 같았다.[62] 상원사에서 나온 스님은 한
암스님의 "대장부라면 발목을 감는 거미줄을 어찌하여 끊지 못하는
가?", "대장부라면 왜 귀신 방귀씨의 싹을 틔우지 못하는가?"라는 법문
의 뜻을 알기 위해 식음도 전폐하고 풀숲에 앉아 사흘 밤낮을 참구했
던[63] 것만 보아도 한암스님의 영향이 얼마나 컸는지를 짐작할 수 있다.

大行스님이 말하는 疑情은 話頭를 말한다고 할 수 있다. 그러나 話
頭가 타인에게 받은 것이라면, 疑情은 타인에게 받은 것이 아니라 스
스로 내면에서 나온 話頭라는 점이 다르다. 스님은 話頭에 관하여 다

---

61) 〈대담법회〉 1985. 03. 16. 난 이렇게 생각했어요. '남들이 너에게 파계중이라고
   욕을 하고 그랬을 때 너는 어떻게 생각하느냐?' 날더러 내가 물을 때, '네가
   한 것 만큼이다' 네가 한 것 만큼이지 더하고 덜함도 없는 것이다. 알아주면
   어떻고 몰라주면 어떻고…, 한다 안 한다 그런 말 할 필요도 없다. 단지 내가
   한다 안 한다 없이 내 지극한 마음, 그걸로써의 남한테 말 한마디를 해도 슬기
   롭게 정말 속상하지 않도록 말해 주는 거, 또 남이 속상하면 그걸 풀어 줄 수
   있는 말, 또 내가 이런 말을 해서 속상할 말이라면 안으로 굴려서 그 에너지와
   같이 그 사람의 에너지로 내가 에너지를 줄 수 있는 그런 일들.
62) 내면의 이끔으로 스님의 공부는 깊어졌지만 정확한 이정표가 없는 길을 걸었다
   면 한암스님을 만난 이후의 공부는 어느 정도 이정표의 방향이 정해진 길을
   걸어간 것으로 볼 수 있다. 이러한 부분 또한 한암스님의 참선수행의 영향을
   받지 않았을까 하고 추측해 볼 수 있는 대목이다.
63) 『한마음요전』, p.54.

음과 같이 언급한다.

> 내가 근본으로서 나왔기 때문에 태초고, 내가 있기 때문에 우주가 있고, 모든 상대가 있는 거야. 그러기 때문에 나로 근본을 잡아야 된다. 나를 화두로 잡아야 된다. 내가 화두인데 그 화두 이외에 또 껍데기를 만들어놓고 있다.[64]

> 화두는 우리가 본래 가지고 있는 겁니다. 우리가 생활하면서 이렇게 굴러가는 게 그냥 화두거든. 疑情이 나는 거는 굴러가다 보니까, 돌에 탁 바퀴가 채인 것과 같습니다. "왜 이것이 바퀴에 채였느냐?" 이러고 疑情을 내는 거지.[65]

스님이 보는 話頭는 따로 받는 것이 아니라 이 몸 자체를 話頭로 보고 있다. 이 몸을 가지고 생활하는 속에서 話頭가 나오는 것이지 다른 사람에게 받아서 참구하는 話頭는 바로 눈앞에 놓인 컵을 보고 컵인 줄 알면서 "이것이 뭐꼬?" 하면서 일부러 지어서 하는 것과 같다고 꼬집고 있다. 스님은 이후에 한암스님과의 대화에서 공부에 대해 절감하였다.[66]

> 대행 : 곶감을 주시면서 … 그 후에 얘기야. "나도 공부해 보겠습니다."
> 한암 : "공부가 뭔 줄 알고 그러느냐. 곶감 꼭지가 떨어져야 공부니라."[67]
> 대행 : 그게 무슨 소리인지 정말 모르겠습니다.
> 한암 : "네가 모르는데 어떻게 가르쳐 줄 수가 있니?"[68]

---

64) 〈담선법회〉 1984. 2. 16.
65) 위와 같음, 1984. 3. 10.
66) 깨달음에 대한 공부는 누가 가르쳐서가 아니라 스스로 경험하고 체득해야만 스승도 거기에 응대해서 가르쳐 줄 수 있는 것이라고 볼 수 있다.
67) 스님은 깨달음을 세 단계로 나누는데 첫 번째 단계로 중생으로서의 나를 되돌려 주인공 자리에 놓음으로써 '나'를 알게 되는 단계를 말한다고 볼 수 있다.
68) 〈담선법회〉 1984. 02. 07.

한암 : "너가 죽어야 너를 보느니라."

대행 : "저를 어떻게 봅니까?"

한암 : "네가 색경을 보면 색경 앞에 섰는 것도 그림자요, 거기에 보이는
것도 그림자니라. 네가 하는 대로 색경에선 비출 뿐이니라."[69]

대행 : "어디까지 가면 죽습니까?"

한암 : "눈 뜨고 잠을 푹 자면 죽느니라."

대행 : "스님께서는 항상 그 성품의 작용을, 보림을 잘해야 한다고 하시는데
그걸 어떻게 해야 잘할 수 있습니까?"

한암 : "그때가 더 어려우니라." "저 바닷물을 다 삼키고, 삼켰으면 토해
놓을 줄을 알아야 하느니라. 토해 놓을 줄을 알았다면 바로 그 바다
에서 파도 이는 것이 네 성품의 작용인 줄 알아야 그것이 바로 진짜
보배이면서도 그것이 진짜 보림에 들어가는 길이니라."[70]

'죽어야 너를 본다'는 화두를 들고 그 뜻을 알기 위해 자살시도를 여
러 차례 하기도 했다.[71] 스님은 차바퀴 밑으로 몇 번을 들어가서 누워
있었지만 실패했고, 물 한 모금 마시지 않고 보림을 견디다 담배를 푼
물에 키니네[72] 20알을 넣어서 먹었지만 죽는 데는 실패했다. 오히려
키니네를 먹고 토하고 나서 기운을 차려 다시 산속으로 들어가 수행을
했다.[73]

이처럼 스님은 깨닫고자 하는 大憤心으로 육신의 고통 따위는 염두
에 두지도 않았다. 肉身의 죽음을 통해서 깨달음[74]을 얻을 수만 있다

---

69) 위와 같음, 1984. 02. 14.

70) 위와 같음, 1986. 02. 05; 『한마음요전』, pp.54-55.

71) 위와 같음, 1984. 03. 22.

72) 황산염이나 염산염의 형태로 존재하며, 물에는 거의 녹지 않고 매우 쓴맛이
난다. 해열제나 강장제, 말라리아 치료제로 쓰인다.

73) 『한마음요전』, p.58; 〈담선법회〉 1984. 03. 22.

74) 스님에게 깨달음이란 내면의 아빠가 누구인지를 아는 것이었다. '내면의 아빠'
의 존재를 증명할 수만 있다면 육신의 죽음 따위는 아랑곳하지 않는 치열한

면 더 이상 바랄 것은 없었던 것이다. 이후에 여러 차례 죽음의 문턱에
까지 간 적이 있었지만 그때마다 주변의 도움[75]으로 기적처럼 살아나
곤 하였다.

스님은 특별한 스승이 없이 일체만물에 생명이 있음을 믿고 일체만
물과 자신을 동일시하면서 깨달음을 얻었다. 그러나 한암스님의 "죽어
야 너를 볼 수 있다"는 화두와 "바닷물을 삼켰으면 토해 놓을 줄을 알
아야 한다"는 話頭는 이후 大行스님이 공부의 세 단계를 넘어서야 成
佛에 이를 수 있다고 주장한 것과 일맥 상통함을 보인다. 스님은 한암
스님이 준 話頭가 결국 양식이 됐으며 그 양식을 밑거름 삼아 공부를
해 나가니 經을 읽지는 않았지만 經典의 한 구절 한 구절 속에 일체
만법의 뜻이 담겨 있음을 짐작할 수 있었다.[76]

스님이 잠깐이나마 암자에서 대중생활을 했을 때, 스님들이 벗어놓
은 고무신이 진흙이 묻어 더러운 채로 놓여 있었다. 이를 본 스님은
깨끗하게 닦아 놓았다. 어느 스님이 문을 열고 나오다가 이 신발을 누
가 닦았는지 물었다. 스님이 닦았다고 대답하자 뺨을 한 대 치는 것이
었다. 화가 난 스님은 고무신에 진흙을 잔뜩 묻혀 놓았다. 뺨을 때렸던
스님이 돌아와서 다시 스님의 뺨을 또 치는 것이었다. 더욱 화가 난

구도의 열정을 지니고 있었다고 볼 수 있다. 대행스님이 아빠를 주인공, 불성,
여래장, 탯줄, 젖줄, 선장, 심봉 등의 다양한 이름으로 표현하고 있는 것은 근본
의 성품을 언설로서 표현할 수 없기 때문이다.
75) 한밤중에 비둘기들이 길을 막아 가지 못했는데 새벽에 보니 바로 코앞이 낭떠
러지였다. 〈초파일 법문〉 2001.5.1.; 한겨울 소나무 밑에서 잠을 청한 후에 잠
이 깼을 때는 주변에 짐승의 발자국이 무수하고 소나무 주변에만 눈이 없었다.
김정빈,『대행전집』1권, p.229.; 스님을 발견한 지나가던 어떤 노인이 강냉이
떡 두 개와 날콩 한 줌을 주었는데, 그 당시 스님은 보리 아홉 알로 하루를
견딘 일도 있었기 때문에 날콩 한 줌은 한 달의 식량이 되었다. 김정빈,『대행
전집』, 1권 p.236.
76) 〈담선법회〉 1986. 02. 05.

스님은 며칠 후 고무신들을 대충 닦아 놓았다. 깨끗하게 닦지 않은 고무신을 본 스님은 소리를 지르고는 가버렸다. 스님은 뺨을 맞지 않은 것에 빙그레 웃을 뿐이었다.[77] 이런 체험을 통해서 스님은 어느 한 쪽에도 치우치지 않는 중용을 배웠다.

중도는 원래 불교의 근본적 입장이므로 사상과 실천에서 거듭 강조되던 지견이다. 용수의 『中論』을 기본으로 八不中道를 세워 世諦와 眞諦 그리고 非俗非眞의 중도를 주장한 三論宗은 중도의 기치를 드높이 치켜 올린 학파였지만, 이밖에 유식가에서도 迷情의 집착에 의한 情有理無의 非有와 아뢰야식의 變現인 理有情無의 非無 그리고 空인 우주 眞相의 非有非無의 중도를 들었다.[78] 이처럼 불교가 변천하면서 각 학파에 따라 중도의 개념도 다르게 정의되었다.

大行스님이 말한 중용은 불교에서의 중도와는 차이가 있지만 불교적 인식에서 본다면 사상적 중도라기보다는 실천적 중도라고 할 수 있다. 스님은 철저히 일상생활에서의 실천적 체험을 바탕으로 수행과 관련하여 中道行을 말한 것으로 보인다.

인간의 苦痛은 무명과 욕망으로 인한 執着에서 시작된다. 스님은 고무신 사건으로 인하여 더러운 것을 보고 더럽다 집착하고 깨끗한 것을 보고 깨끗하다 집착하는 것을 놓을 수 있었다. 染淨에 대한 분별심과 집착을 놓음으로써 고통에서 벗어나는 방법을 깨달았으니 빙그레 웃음이 나올 수밖에 없었을 것이다. 스님은 일상에서 다가오는 모든 경계가 苦痛이 아니라 공부의 재료였기 때문에 이러한 생활 속에서 얻은 체험을 바탕으로 僧俗을 막론하고 생활 속에서 할 수 있는 '主人空 觀法' 수행을 주창한 것이라고 할 수 있다.

---

77) 『한마음요전』, pp.38-39 참조.
78) 정병삼, 『의상 화엄사상 연구』 (서울대학교, 2001), pp.139-140.

3 佛教觀

1) 佛의 의미

일반적으로 부처님, 붓다(Buddha), 佛陀를 줄여서 佛이라고 한다. 불교의 창시자인 釋迦牟尼를 뜻하는 동시에 깨달음을 얻은 자 모두를 지칭한다. 범어 붓다(Buddha)는 이해하다, 깨닫는다는 뜻을 지니고 있기 때문에 覺者, 智者, 覺이라고도 한다. 佛의 異名으로는 如來(Tathāgata), 應供(Arhat), 正遍知(Samyaksaṁbuddha), 明行足(Vidyā-caraṇasaṁpanna), 善逝(Sugata), 世間解(Lokavit), 無上士(Anuttara), 調御丈夫(Puruṣadamyaksārathi), 天人師(Śāstādevamanuṣyāṇāṃ), 世尊(Bhagavat) 등을 쓰고 있다. 붓다가 출현한 당대에서 붓다는 깨달은 자를 가리키는 명칭이었기 때문에 고타마 붓다 이전에도 많은 붓다가 있었고, 후대로 내려 갈수록 더욱 많은 부처가 대두되었다.

대승불교로 오면서 法身, 報身, 化身의 三身佛 사상이 생기게 된다. 대표적으로 『80화엄』에서는 비로자나불, 노사나불, 석가모니불로 三佛이 圓融한 비로자나불이 화엄의 교주로 출현한다. 『화엄일승법계도』에서는 器世間, 衆生世間, 智正覺世間의 삼세간이 圓融한 것으로 보고 있다. 이러한 佛을 大行스님은 어떻게 보고 있는지 살펴보자.

> '佛' 자체가 우주와 더불어 만물만생이 다 '생명' 자체가 '佛'입니다. 하다못해 풀 한 포기의 생명이라도 생명이 있는 것만은 전부다 '佛'입니다.[79]

> 佛이라는 것은 여러분의 핵이에요. 佛, 佛 자, 저 하나는 어떠한 움죽거림도 없이 바퀴가 굴러가게 하는 겁니다. 바퀴가 굴러가게 하려면 바퀴 가운데에 탁 끼워 놔야 바퀴가 굴러가죠.[80]

---

79) 『허공을 걷는 길: 국외지원 법회』 3권, p.1555.

佛이라는 것은 천체 모든 어떠한 대를 세울 수 없는 것이, 부처라고 세울 수 없는 것이 진리요, 길이요, 이러한 문제를 가지고 佛이라고 하는 겁니다. 불성이라는 그 자체는 누구나 다 가지고 있고 어떠한 거든지 다 가지고 있기 때문에 그거를 한데 합쳐도 그릇이 작지 않다 이런 뜻에서 佛이라고 하는 겁니다. 한마음이란 누구나 다 가지고 있죠. 마음을 나만 가지고 있는 것도 아니고 너만 가지고 있는 것도 아니기 때문에 그것을 한데 합쳐 佛이라고 하는 겁니다. 여러분도 다 불성이 있지만 내놓으라면 내놓을 수 없는 불성이 시간과 공간을 초월해서 돌아가니까, 이것을 보고서 즉 말하자면 佛이라고 하는 겁니다.[81]

스님은 佛을 다양한 측면에서 말하고 있음을 알 수 있다.

첫째, 모든 만물이 지니고 있는 생명자체 즉 여래장, 불성을 지닌 존재로 붓다가 될 因을 가지고 있기 때문에 생명을 가진 모든 존재는 佛이 되는 것이다.

둘째, 깨달음 자체인 진리로서 法身佛을 의미한다고 볼 수 있다. 우리의 감각과 언어로는 표현할 수 없으며 본래 지니고 있는 本性으로 영원불변하는 현상계를 초월해 있는 존재이다. 있는 그대로의 진리를 넓고 광대한 마음으로 우주와 더불어 인간의 마음에 집어넣고, 가설된 세상에서 무조건 줄 수 있는 마음이 되면 그것 또한 부처라는 언어도 붙지 않는 佛이 된다는 것이다.

셋째, 부처님이 처음 法을 전하는 것을 법바퀴를 굴린다고 한다. 바퀴를 굴릴 때 움직이지 않고 고정시켜주는 역할을 하는 심봉을 佛이라고 하고 있다. 이렇게 볼 때 일반적으로 말하는 여래 십호를 비롯하여 三身佛 思想과 시간과 공간을 초월하여 만물만생 모두를 佛로 보고 있는 것이다.

---

80) 위의 책 1권, p.158.
81) 위의 책 1권, p.261.

부처는 가만히 있으면 부처고, 생각을 냈다 하면 法身입니다. 움죽거렸다
하면 化身이고 報身입니다. 그러기 때문에 세 분의 부처님을 모셔놨는데
하나는 석존이고 하나는 문수고 하나는 보현입니다. 이렇게 된다면 하나는
힘만 가지고 있는, 즉 말하자면 어떤 기계라면 그 중심, 심봉, 그것은 딱
힘만 주고 있고 그 가장자리에 붙어 돌아가는 것이 바로 문수, 보현이거든
요. 그러면 여기는 생각을 안 하고 하늘을 받친 불기둥이다 한다면 여기는
생각을 하는 겁니다. 그래서 부처님이 생각하는 거는 문수고, 또 생각을
하고 움죽거리는 거는 보현이거든요. 그래서 自性三寶에 귀의한다 이러는
거지 어디 神이 따로 있어서 귀의한다 이러는 게 아니거든.[82]

본존불인 석가모니불과 협시 보살인 문수와 보현보살까지도 석가모
니불과 동일한 佛로 보고 있다. 이는 自性三寶로 귀의시키면서 결국
석가모니불과 문수, 보현보살도 佛性을 지닌 존재인 중생까지도 佛로
보고 있음을 알 수 있다.

2) 敎의 의미

敎는 범어 āgama의 번역이다. 성자가 보이신 것으로 聖敎라고도 하
고, 말로 나타낸 것이기 때문에 言敎라고도 한다. 佛敎에서 敎는 禪에
대응되는 개념으로 쓴다. 禪이 말로 표현할 수 없는 형이상학적인 것
이라면 敎는 언어로 표현할 수 있는 敎學的인 것을 의미한다. 그러나
불교는 깨달음을 목적으로 하고 있기 때문에 깨달음의 내용을 언어로
체계화시킨 것이다. 佛이 바퀴를 고정시켜서 움직이지 않는 심봉을 나
타내는 體라면 敎는 굴러가는 바퀴의 역할을 하는 用으로 표현할 수
있다. 大行스님은 일상생활이 敎라고 단언한다.

'敎라는 것은 정신세계와 물질세계가 같이 통하고 돌아가는 거, 즉 말하자면

---

82) 위의 책, p.421.

四生, 四生들의 일체 만물만생이 다 보이지 않는 데서나 보이는 데서나
같이 통하고 돌아가는 그 자체가 바로 敎입니다.[83]

'敎라 하는 것은 그 생명이 이 세상에 태어나서 움죽거리고 알게 되고 느끼
고 배우고, 그렇게 발전하고 가는 지금 현재 생활과 더불어 그냥 敎입니
다.[84]

大行스님은 서로 대화를 통하여 法를 전해주는 역할을 敎라고 보고
있다. 생명이 숨을 쉬고 살아가는 자체가 敎인 것이다. 사대 성인들이
나 역대 조사들이 다 좋은 말씀을 해 준 것을 敎[85]라고 한다. 결국 敎
는 수행의 과정이며 實踐行이다. 의상 스님의 『법계도』에서도 일체의
言句가 끊어진 法性을 설명하기 위해 眞性으로 대체하여 緣起分을 假
設한 자리를 敎의 의미로 볼 수 있을 것이다. 따라서 大行스님이 말하
는 敎는 貪, 嗔, 癡의 三毒을 녹이는 과정으로 마음을 잘 쓰는 것이라
고 할 수 있다.

3) 佛敎의 의미

佛敎는 수없이 많은 종교중의 하나이다. 세상에는 헤아릴 수 없이
많은 종교가 있으며, 부처님 在世時 인도는 다양한 사상이 공존하고
있었다. 대표적으로 육사외도[86]를 들 수 있다. 그렇다면 佛敎란 무엇

---

83) 『허공을 걷는 길: 국외지원 법회』 3권, p.1447.
84) 위의 책, p.1555.
85) 위의 책 1권, p.261.
86) 1. 푸라나 카삿파(Pūranna Kassapa) : 푸라나 카삿파의 사상은 도덕 부정론으로
선악은 없다고 부정했으며, 우연론을 주장했다. 2. 파쿠다 캇차야나(Pakudha
Kaccāyana) : 인간은 地, 水, 火, 風, 苦樂, 生命, 靈魂의 7요소로서 항상 존재하
기 때문에 不生不滅한다고 주장했다. 3. 막칼리 고살라(Makkhali Gosala) : 숙
명론자이며 12원소설을 주장하고 영혼도 하나의 원소로 파악한 극단적인 유물

인가? 우선 七佛通偈를 통해서 보자. 七佛通偈는 과거 일곱 분의 부처
님87)의 불교에 대한 가르침이다.

> 일체의 악업을 짓지 말고 모든 선을 받들어 행하며 스스로 그 뜻을 깨끗이
> 하는 것이 모든 부처님의 가르침이다.88)

이 七佛通偈는 중국 당대의 고승 鵲巢 道林선사89)와 대시인이었던
白居易90)와의 일화91)로도 유명하다. 이처럼 불교는 실천수행을 강조

론자다. 無因無緣論을 주장하며 인간의 의지작용을 부정하고 결정론을 주장한
다. 4. 아지타 케사캄발린(Ajita Kesakambalin) : 斷滅論者이자 唯物論者이다.
불교와 같이 물질적 구성의 최소 단위를 地水火風의 사대로 보았고, 쾌락주의
자이자 유물론자이다. 사후세계나 영혼, 윤회, 선악의 과보를 부정했으며 인도
철학에서는 順世派(Cārvāka)라고 한다. 5. 산자야 벨라티풋타(Sanjaya Bel-
atthiputta) : 회의론자이며 不可知論者이다. 사리불과 목건련이 산자야의 제자
였다. 6. 니간타 나타풋타(Nigantha Nataputta) : 자이나교의 교주다. '위대한
영웅'이라는 뜻의 마하비라(Mahavira)로 불려졌으며 相對主義的 認識論을 수
립하고 자이나교를 발전시켰다. 철저한 무소유의 삶과 고행을 실천하며 현재까
지도 인도에 자이나교가 있다. 교양교재편찬위원회, 『불교학 개론』(동국대학
교출판부, 2005), pp.17-22 참조.
87) 毘婆尸佛(Vipaśyin), 尸棄佛(Śikhin), 毘舍浮佛(Viśvabhū), 拘留孫佛(Kraku-
cchanda), 拘那含牟尼佛(Kanakamuni), 迦葉佛(āśKyapa), 釋迦牟尼佛(Śākya-
muni)을 말한다.
88) 『增壹阿含經』(『大正藏』 2, p.551a) "諸惡莫作 諸善奉行 自淨其意 是諸佛教"
89) 鵲巢 道林(741~824): 號는 鵲巢이다. 또는 조과라고도 한다. 도림은 이름이고
성은 반씨이다. 어릴 때 이름은 향광으로 절강성 항주부 부양현 사람이다. 九세
에 출가하여 21세에 형주의 과원사에서 구족계를 받았다. 장안 서명사의 복례
에게 화엄경과 기신론을 배우면서 선을 닦고 경산도흠 선사를 뵙고 심요를 깨
닫는다. 남쪽에 있는 전당 고산의 영복사에 가는 도중 서호의 태망산에 나뭇가
지가 무성하여 일산과 같이 된 장송이 있음을 보고 항상 그 위에 올라가 있었으
므로 그때 사람들이 鳥窠禪師 또는 鵲巢和尙이라고 불렀다. 원화년중(806~
820)에 白居易가 杭州太守로 있을 때 선사를 찾아가 자주 도를 묻고 존경하였
다. 당 장경 4년(824) 2월 10일 세수 84세에 가부를 하고 입적하니 원수선사의
시호를 내려주었다. (전등록 四・계고략 三)
90) 白居易(772~846): 자는 樂天이며 호는 香土居山이다. 중국 당나라의 시인으

하며 부처님이 깨달은 진리를 부단한 정진으로 부처가 될 수 있도록
가르치는 종교라고 할 수 있다. 大行스님은 "불교라는 단어는 어느 한
군데 국한돼 있는 것이 아니라 전체의 불바퀴가 돌아가는 진리."[92)]
불교는 이름일 뿐, 하찮은 풀 한 포기라도 생명이 있는 모든 것을 감싸
안을 수 있는 생명의 근본을 믿는 것이므로 일체를 불교라 할 수 있다.

> 생명이 있는 것은 아무 말 없이 말을 전달합니다. 그렇기 때문에 일체만물이
> 서로 전달이 되죠. 우리가 생각하는 것은 이 배 속의 의식들이 다 듣고
> 있습니다. … 생명의 의식들이 알고 있기 때문에 우주 법계가 다 알고 있습
> 니다.[93)]

> '불교' 라는 그 자체가 그대로 우리의 생활이요 세계적인 생활이요, 우주적인
> 생활이요, 과거 미래 현재가 같이 돌아가는 생활이요.[94)]

우리는 일상생활에서 자신의 의사를 언어로 표현한다. 그러나 절대

로 29세에 진사 시험에 합격하고 벼슬길에 올랐으며 35세 때에 창안에서 현위
벼슬로 있으면서 시 ≪長恨歌≫를 지었는데 이 시가 세상에 알려지자 많은
사람들이 그의 높은 재주에 감탄하였다. 이듬해에는 정 7품인 조참사로 일하면
서 그동안 자기가 느꼈던 사회와 정치를 풍자한 ≪新樂部≫50수와 ≪주중금≫
10수를 지어 더욱 이름을 떨쳤다. 40세에 어머니가 죽자 3년간 벼슬을 버리긴
하였지만, 다시 벼슬길에 나서서 형부상서까지 올랐다가 75세에 사망했다. 45
세 때 지은 ≪琵琶行≫은 그를 당 나라에서 가장 뛰어난 시인이 되게 하였고,
≪白氏長慶集≫50권에 그의 시 2천 2백수가 정리 되었으며, 그의 시문집인
≪白氏文集≫은 그의 모든 시를 정리한 시집이다. 인명사전편찬위원회, 『인명
사전』(민중서관, 2002).

91) 白居易가 불교의 大義를 묻자 道林선사는 七佛通偈로 대답을 한다. 그러자
白居易는 세 살 먹은 아이도 알 수 있는 게송이라고 비웃지만, 道林선사의 80
살 노인도 실천하기는 어렵다는 말에 白居易는 크게 깨달음을 얻고 道林선사
를 평생의 스승으로 모셨다고 한다.

92) 『허공을 걷는 길: 국외지원 법회』 2권, p.1167.

93) 위의 책, p.851.

94) 위의 책, p.1555.

적인 깨달음이라고 하는 말은 어떤 수식어를 쓴다고 해도 표현할 수가 없다. 그러나 생명을 가진 모든 생명체는 언어를 통하지 않고도 어느 정도 자신의 의사를 표현할 수 있고 상대방을 이해할 수 있다. 이런 뜻으로 본다면 생명의 의식들이 서로서로 연결이 되어 있기 때문에 가능할 수 있을 것이다.

大行스님은 기독교에서의 '하나님'을 '하나의 님'으로 해석한다. '하나의 님'은 '한울님'으로 지혜를 지니고 있는 마음으로 간주한다. 불교 전래 이래로 우리 고대의 하늘임은 불교의 제석천으로 수용되었다고 한다. 이러한 불교적 하느님 신앙은 신라 통일기의 『화엄경』에 등장하는 무수한 天神등에 의해 더욱 더 민중 깊이 토착화 되었으며 19세기 기독교가 전래되어 여호와 신을 '하나님'으로 번역하면서 巫佛 습합의 전통적인 하느님 관념이 기독교의 하나님으로 되었다고 본다.[95] 이러한 민족적 정서가 스님이 기독교를 포함한 타종교도 불교의 범주로 끌어들일 수 있는 원인으로 작용하지 않았을까 생각한다.

스님은 '한마음'을 부처님의 智慧와 慈悲가 본래 具足되어 있는 心處로서 모든 생명이 지니고 있는 마음으로 곧 自己自身을 의미한다고 본다. 따라서 각자가 佛性을 지닌 自性本來佛이다. 대행스님은 불성을 다음과 같이 한마음과 연결시키고 있다.

> "불성은 오직 하나라는 의미에서 한마음이요, 너무나 커서 한마음이요, 전체라서 한마음이다. 일체 만물이 그로부터 비롯되니 한마음이다."[96]

위에서 '한마음'은 '크다'라는 의미와 '하나'라는 의미를 강조하고 있다. 따라서 큰마음으로 일체 만물과 하나가 된 自性本來佛이 말을 하

---

95) 고익진, 『불교의 체계적 이해』 (광륵사, 2007), pp.220-221참조.
96) 『한마음요전』, p.312.

고 생활을 하고 살아가는 삶이기에 어떤 종교도 佛敎 아님이 없다. 결국 스님은 有生과 無生, 지구와 우주자체를 하나의 생명체로 간주하고 있기에 어떤 이름을 가진 종교라고 할지라도 佛敎로 포섭하고 있는 것이다.

III

한마음 主人空 思想

1 한마음

大行스님의 모든 사상은 '한마음'으로 포섭된다. 몸 속의 모든 의식들이 한데 합쳐서 하나로 돌아가는 것을 한마음이라고 하며 개인 각자의 삶을 이끌어 주는 마음의 주인이 곧 '한마음'이기 때문이다. 일상적으로 한마음은 서로 서로 마음이 통하여 일체가 되는 화합의 의미를 담고 있다. 불교에서 한마음은 一心사상으로 시대의 변천에 따라 一心의 의미가 조금씩 변화되었다. 여기서는 『기신론』의 一心과 『화엄경』의 一心의 의미를 살펴보고 대행스님의 五共 思想이 어떻게 一心으로 귀결되는지 살펴보겠다.

1) 『기신론』의 一心

불교는 인간의 마음을 어떻게 보는가 하는 종교이다. 참나, 眞如, 如來藏, 自性淸淨心, 佛性 등은 마음의 다른 표현이다. 마음을 닦아 깨달음을 얻으면 부처고 분별망상으로 무명의 어둠에서 벗어나지 못하면 衆生이다. 唯識에서 일체 삼라만상은 오직 識일 뿐이므로 우리가 보고 듣고 하는 것은 마음이 마음을 보는 것이다. 따라서 마음이란 실재하지 않는 그림자로써 自性이 없으며 空하다고 할 수 있다.

'모든 중생은 누구나 불성을 가지고 있다[一切衆生悉有佛性]'는 의미를 『보성론』에서 구체적으로 살펴보면 '悉有佛性'의 의미를 세 가지로 요약할 수 있다. 첫째, 부처의 지혜가 중생들에게 작용하고 있다. 둘째, 본성상 不變이며 無垢한 그 진여가 不二平等하다. 셋째, 부처의 種姓이라는 因에 대하여 부처라는 果를 임시로 설정[假說 prajñāpti]하고 있다. 그리고 이 세 가지 의미는 각각 (1)여래의 法身(dharma-kāya)의 작용이 두루 가득 차 있으며[法身遍滿], (2)여래의 眞如

(tathatā)가 본성으로서 무차별하고 [眞如平等], (3)여래의 種姓(gotra)
이 존재함 [有佛種姓]으로 요약된다.[97] 위의 세 가지 의미에서 유추하
면 근본성품으로서 차별이 없고 불변인 법신여래는 없는 곳이 없이 두
루하고 있는데, 법신여래는 법성을 근본으로 하고 있고, 법은 연기된
제법이므로 空性이다. 즉 法性은 空性이고 佛性이다. 이런 불성을 衆
生은 因으로 간직하고 있기 때문에 부처의 태아임을 자각하고 수행 정
진을 하면 누구나 부처가 될 수 있는 것이다. 대행스님은 불성을 일체
의 근본인 '한마음'이라고 말하고 있다.

> 불성이란 우주를 감싸고 있는 대원리이다. 이 우주 삼라만상에 불성으로부
> 터 비롯되지 않은 것이 없다. 불성은 무시이래로 있어 왔고 지금도 있으며
> 영원토록 있을 것이다. 불성은 진리요 영원이요 모든 것이다. 불성은 개별적
> 인 것이 아니라 일체의 근본이다.[98]

불성은 부처가 이 세상에 출현하였기 때문에 생긴 것은 아니다. 무
시이래로 부처의 출현과는 상관이 없는 있는 그대로의 근본일 뿐이다.
허공을 지칭할 때 동쪽에 있다거나 서쪽에 있다고 할 수 없는 것처럼
불성 또한 허공처럼 있다고도 할 수 없고 없다고도 할 수 없으면서도
너무도 크고 한량이 없는 것을 한마음에 비유하고 있다.

이처럼 한마음은 불성으로서 일체 만물의 형상이 있기 이전에 근본
성품으로 존재하는 유일한 하나이며, 모든 생명, 일체 중생이 지닌 마
음이다. 광대무변하여 헤아릴 수 없지만 한마음 속에 들어가게 되면
하나도 없는 空이다. 또한 따로 분리하여 찾을 수 없는 전체를 나타내

---

97) 고승학, 「『大乘起信論』에서의 '如來藏' 개념 연구」, (서울대학교 석사학위 논
 문, 2002), p.23 재인용.
98) 『한마음 요전』, p.312.

고 있다. 『기신론』에서의 一心은 만법의 근원으로서 차별적인 諸法은 평등무차별한 一心眞如에 의해 펼쳐진다고 보고 있다. 이러한 一心을 심진여문과 심생멸문으로 나누어 설명한다. 이것을 원효는 『기신론소』에서 진여문의 一心은 『능가경』의 "적멸을 일심이라 하고 일심을 여래 장이라고 한다"[99]와 같이 寂滅을 해석하고, 생멸문의 일심은 여래장이라고 보고 있다. 여기서의 如來藏은 일심의 體는 本覺이지만 無明으로 생멸을 일으키기 때문에 生滅門에서 여래의 본성이 숨어 나타나지 않는 것을 如來藏이라고 한다.

따라서 染淨諸法은 그 성품이 둘이 아니다. 이런 뜻으로 볼 때 진여문의 一心은 染과 淨을 내재한 通相이며, 생멸문의 一心은 무명의 緣을 따라 물들어서 生滅相을 나타내는 것을 말하므로 染과 淨의 別現이지만 각자가 하나의 전체를 이루고 있는 것이다. 결국 眞如門은 生滅門을 여의지 않으므로 진여문과 생멸문은 一心으로 총섭하고 있다고 볼 수 있다.

석길암은 『기신론』의 一心을 여러 명의 주석가들을 통해 살피고 있다. ① 담연은 여래장과 아뢰야식, 장식의 세 가지를 동일한 것으로 파악하면서 기신론의 중생심을 六七識心으로 해석, 染心으로 보고 있다. ② 혜원은 여래장과 아리야식과 제8식을 동일한 것으로 간주하여 불생불멸과 생멸이 화합한 진망화합의 존재로 나타낸다. 이것을 마음 외에 다른 법을 얻을 수 없으므로 一心이라고 하며, 相은 없지만 體를 지니고 있으므로 眞體, 眞如로 一心을 해석하고 있다. ③ 지엄은 眞心이 轉하여 妄에 들어가 생멸을 일으킨다고 봄으로써 一心을 진망화합으로 해석한다. 그러나 법계연기에서 唯淨의 菩提淨門을 시설하고 나머

99) 『入楞伽經』(『大正藏』 16, p.519a) "寂滅者名爲一心 一心者名爲如來藏"

지를 染門에 포함시키는 것으로 보면, 여래장 일심이 아닌 성기 일심
으로 보고 있다. ④ 법장은 일심을 중생심, 일여래장심으로 보고 있다.
중생심은 佛地에 있는 것이 아니라 衆生位에 있으므로 일여래장심은
중생의 자리에 있다. 그리고 體에 의거하여 相을 끊고 緣을 따라 起滅
하므로 一心을 眞妄和合으로 보고 있는 것이다.[100]

석길암이 이해하는 원효의 일심은 진, 망, 진망화합의 어느 것으로도
규정되지 않으며, 진과 망 및 진망의 상대성을 초월한 절대적 진심의
입장으로 규정되며, 원효의 일심이 진여, 여래장, 아리야식일 수는 있
어도 진여, 여래장, 아리야식이 일심일 수는 없다고 보고 있다. 일심이
문의 측면과 더불어 진여의 공용을 강조하는 입장에 있는 일심삼대의
방향성을 고려하여 화엄일심으로 보고 있다.[101]

위에서 기술한 것처럼 『기신론』에서의 일심은 진심, 망심, 진망화합
심, 화엄일심 등으로 주석한 사람들의 견해가 다양하다. 元曉는 『起信
論疏』에서 『大乘起信論』을 지은 의도는 "도를 배우는 사람으로 하여
금 온갖 경계를 길이 쉬어서 드디어 一心의 근원에 돌아가게 하려는
것"[102]이라고 했다. '一心의 근원'은 바로 眞如와 生滅이 같은 것도 아
니며 다른 것도 아닌 세계로서 부처와 중생이 平等無二한 세계이다.
이것을 진여의 자체상이라고 표현하고 있다.

> 이른바 자체에 대지혜광명의 뜻이 있기 때문이며, 법계를 두루 비추는 뜻이
> 있기 때문이며, 진실하게 아는 뜻이 있기 때문이며, 자성청정심의 뜻이 있기
> 때문이며, 상락아정의 뜻이 있기 때문이며, 청량하고 불변하며 자재한 뜻이

---

100) 석길암, 「일심의 해석에 나타난 원효의 화엄적 관점 - 『기신론소』·『별기』를
    중심으로-」, 『佛敎學報』 49집(2008), pp.176-180 참조.
101) 위의 책, pp.187-188 참조.
102) 『起信論疏』(『大正藏』 44, p.202b) "爲道者永息萬境 遂還一心之原"

있기 때문이다.103)

여기에서 체대와 상대를 합하여 설한 것은 진여와 지혜 혹은 자성청정심과 不離이며, 진여의 본성은 지혜이고 자성청정이라고 보기 때문이다. 따라서 진여에서 무명이 없어지면 진여의 본성인 지혜가 자연스럽게 드러난다고 보는 것이다.104)

이렇게 보면 체와 상은 진여로서 진여는 곧 일심이 된다고 본다. 이러한 일심의 체로 보면 물과 파도의 비유에서 보여지듯이 물과 파도는 분명히 다른 것이지만 물을 여읜 파도는 존재하지 않는다. 이처럼 진여와 무명은 다르지만 무명의 훈습을 받은 진여는 動的이 되어서 무명과 더불어 움직이고, 무명이 없어지면 진여의 본성이 드러나는 것이므로 진망화합의 一心으로 보여진다.

본각과 불각이 깨닫고 나면 본각에 계합이 되듯이, 파도나 무명은 실체가 없는데 현실세계에서 망심으로 존재한다고 생각하기 때문에 실체가 없다는 자각만 한다면 진여의 본성이 그대로 드러나게 되므로 결국은 화엄의 一心으로 볼 수도 있다.

2) 화엄의 一心

『화엄경』에서는 十地 중 제6현전지에서 이 삼계를 단지 마음〔心〕이 지은 것105)일 뿐이라고 설한다. 마음이 모든 세간을 그린다. 불교의 마

---

103) 『大乘起信論』(『大正藏』 32, p.579a) "所謂自體有大智慧光明義故 遍照法界義故 眞實識知義故 自性淸淨心義故 常樂我淨義故 淸涼不變自在義故"
104) 계환, 『대승불교의 세계』 (도서출판 운주사, 2005), p.258.
105) 『60華嚴』(『大正藏』 9, p.558c) "三界虛妄但是心作 十二緣分是皆依心" 화엄종에서는 이 마음을 如來藏自性淸淨心 또는 如來性起具德心의 眞心으로 이해하여 唯心사상을 펼쳐나간다. 智儼, 『搜玄記』(『大正藏』 35, p.63b)

음은 삼라만상을 그릴 뿐이지 창조하지는 않는다. 마음으로 그려진 그림은 실재하지 않으므로 諸法無我의 空이다. 또한 마음은 몸에 있지 않고 몸도 마음에 있지 않다.

『화엄경』의 교주인 비로자나불은 우주 도처에 충만한 遍滿佛이다. 시간과 공간에 충만한 빛으로 상징되는 비로자나불의 마음이다. 이 마음은 온 우주의 존재들을 살게 하는 생명 그 자체라고 말할 수 있다.[106] 다음은 智儼의 『搜玄記』에 보이는 「십지품」 제6현전지 주석이다.

> 법계연기는 여러 가지가 있으나 요문으로 간략히 攝하면 두 가지이니, 하나는 凡夫染法에 근거하여 연기를 분별함이요, 둘은 菩提淨分에 근거하여 연기를 밝힘이다.[107]

위에서 범부염법은 제6현전지의 '三界虛妄 但是心作'을 해석한 것이다. 여기에 緣起一心門에 세 가지가 있는데, 眞妄이 따로 없다는 眞妄和合識으로 보는 입장과 一切의 현실인 십이인연을 妄心作이라 하여 唯心을 妄心으로 보는 입장, 그리고 12인연이 그 本性으로서의 眞心作이라고 보는 입장이다.

이에 一切法을 그대로 佛性이라고 보고 『화엄경』「십지품」 및 『십지경론』을 인용하여 眞心作을 증명하고 있다.[108] 따라서 화엄의 一心은 一切法을 佛性으로 包攝하면서 本性으로는 眞心으로 보는 입장이라고 할 수 있다.

經典上에서 다양하게 교설되고 있는 一心을 大行스님은 "'참나'가 빛깔도 없고 잡을 수도 없고 볼 수도 없지만 妙하며, 이 '참나'는 이 세

---

106) 송재운, 「화엄의 심성설」, 『동양철학』(1994), pp.403-404.
107) 『搜玄記』(『大正藏』 35, p.62c)
108) 전해주, 『의상화엄사상사연구』 (민족사, 1994), p.53.

상과 직결이 되어 있고 가설이 되어 있어서 허공과 같은데 허공은 불
바퀴로 이 '참나'가 삼천대천세계를 넘어설 수 있는 妙用이 있다"[109]고
한다.

여기서 '참나'로 표현하고 있는 것은 大行스님이 강조하고 있는 '한마
음'이다.

> '참나'는 개별적인 나가 아니라 포괄적인 나라구요. 유생, 무생이 한데 합쳐
> 지고 일체 만물이 다 합쳐진 이 내공에 의해서 모든 것은 자기가 할 탓이라고
> 말하겠죠.[110]

> '한마음' 하면 모든 내면세계나 외부세계를 한데 합쳐서 말하는 겁니다. 생명
> 있는 거, 마음을 움죽거리는 거, 말없이 말을 이심전심으로 전달하고 돌아가
> 는 무정물, 식물 이런 모든 것들의 그 마음들이 한데 모여서, 모두 이 안에
> 있는 생명들의 그 의식들이 같이 한데 모여서 모두 한마음으로 돌아갑니다.
> '한마음' 하는 것은 모두가 직결돼 있고 가설이 돼 있기 때문에 '한마음'
> 하는 겁니다.[111]

이 '한마음'은 개별적 존재이면서도 온 우주법계와 연결이 되어 있기
때문에 제석천의 인드라 그물에 비유할 수 있다. 서로 서로 투영이 되
어 비추지 않는 곳이 없으며 時間과 空間을 초월하여 무궁무진하게 펼
쳐져 있다. '한마음'은 허공과 같은데 허공은 불바퀴와 같다고 하니 '한
마음'은 미치지 않는 곳이 없으며 고정되어 불변하지 않고 우주 전체가
돌아가는 법망으로 가설되어 우주 삼천대천세계를 넘어서는 眞空妙有
의 마음이다.

大行스님이 사용하는 허공과 불바퀴는 光明遍照의 十方世界로 볼

109) 〈승단법문〉 1991. 7. 22.
110) 〈담선법회〉 1985. 01. 27.
111) 『허공을 걷는 길: 국내지원 법회』 2권, p.588.

수 있다. 허공이 실체는 없으나 없는 것이 아닌 것처럼, 불바퀴 또한
실체가 없지만 생사윤회의 주체로서 돌아가는 것으로 일체의 증감도
없는 '한마음'의 평등한 근본성품을 허공과 불바퀴에 비유한 것으로 보
인다. 따라서 우주의 존재들을 살아가게 하는 생명 그 자체인 화엄교
주의 비로자나불의 마음이 곧 '한마음'일 것이다.

　이 '한마음'은 몸속의 세포 하나에서부터 온 우주를 포함하여 하나의
마음으로 돌아가는 작용을 한다. 삼라만상이 나와 더불어 共生, 共心,
共用, 共體, 共食하며 돌아가므로 한마음은 고정되어 있는 실체도, 개
별적으로 따로 존재하는 것도 아니다.

> 모든 일체의 만물은 서로가 서로를 위해서 살고 있습니다. 하나도 거부성이
> 없어요. 흙의 생명이나 물의 생명이나 태양의 생명이나 공기의 생명, 산소의
> 생명, 바람의 생명, 모든 생명이 다 한꺼번에 이익을 주면서 모두가 서로
> 서로를 위해서 전부 한마음으로 이렇게 돌아갑니다.[112]

　모든 것은 한마음에서 나왔다고 본다. 한마음을 흔히 一心으로 표현
하지만 대행스님이 말한 '한마음'은 물질과 정신을 두루 포섭하고 有
生, 無生을 다 포용한 우주 만유의 일체를 '한마음'으로 표현하고 있다
고 할 수 있다.

　가난한 자, 사회에서 소외된 자, 질병으로 고통 받는 자, 부유한 자,
행복한 자, 사회 밑바닥에서 부유층에 이르기까지 누구 하나 빠지지 않
고 큰마음으로 감싸 덮을 수 있는 마음을 '한마음'으로 표현했다.

　이상으로 볼 때 '한마음'은 『화엄경』의 여래심인 여래성기심으로 볼
수 있다. 모든 중생은 여래의 지혜를 구족하고 있기 때문에 여래의 지혜
는 의지한 데가 없지만 두루 미치지 않는 곳이 없다. 다만 망상과 집착

---

112) 〈담선법회〉 1984. 02. 14.

으로 인하여 여래의 지혜를 보지 못하고 있는 것뿐이다. 이것을 『화엄
경』에서는 微塵經卷喩에 비유하고 있다.

> 이 대경은 분량이 삼천대천세계와 같으나 한 티끌 속에 있어서 한 티끌과
> 같이 일체의 미진이 다 이와 같다. 그래서 어떤 지혜가 밝은 사람이 청정한
> 천안을 구족하여 이 경책이 작은 티끌 속에 있어 이익이 되지 못함을 보고
> 내가 마땅히 정진력으로 저 티끌을 깨뜨리고 이 경책을 꺼내어서 모든 중생
> 을 이익되게 하리라고 생각하였다. 그리고 즉시 방편으로 작은 티끌을 깨뜨
> 리고 이 큰 경책을 꺼내어 모든 중생으로 하여금 모두 이익을 얻게 하였으며,
> 한 티끌과 같이 모든 티끌을 그렇게 하였다.[113]

위의 인용문은 여래장 사상을 바탕으로 하고 있지만, 여래장이 가능
성을 내포하고 있다면 여래출현은 현실에 현현하는 모습으로 경책을
꺼내어 이익을 주는 것은 여래의 경계이다. 이 여래의 경계가 곧 '한마
음'의 현현으로 볼 수 있다.

일체만법을 포섭하는 한마음을 허공과 불바퀴에 비유한 것은 허공
은 의지하는 곳이 없으면서도 미치지 않는 곳이 없으며, 불바퀴 또한
고정됨이 없이 돌아가는 연기의 제법을 의미한다고도 볼 수 있다. 다
시 말해서 '한마음'은 중생의 마음과 부처의 마음을 동일한 것으로 보
기 때문에 眞心과 妄心을 상대적으로 나누는 것이 아니라 眞과 妄을
초월한 절대성의 眞心인 자성청정심으로 이해해야 할 것이다.

---

113) 『80華嚴』「如來出現品」37권(『大正藏』10, p.272c) "此大經卷雖復量等大千
　　世界 而全住在一微塵中 如一微塵 一切微塵皆亦如是 時 有一人智慧明達
　　具足成就淸淨天眼 見此經卷在微塵內 於諸衆生無少利益 卽作是念 我當以
　　精進力 破彼微塵 出此經卷 令得饒益一切衆生 作是念已 卽起方便 破彼微塵
　　出此大經 令諸衆生普得饒益 如於一塵 一切微塵應知悉然"

3) 五共의 一心

대행스님은 일체가 나로부터 시작은 되지만 내가 하는 것은 아무것도 없음을 강조한다. 모든 것은 내가 하는 것이 아니라 더불어 함께 하기 때문이다. 우리 몸을 구성하고 있는 세포는 살아있는 생명체이지만 개별적으로 존재하는 것은 아니다. '나'라고 하는 이 한 몸이 수십억의 세포로 구성되어 있는 것만 봐도 나라고 할 것이 없다. 그 생명들이 한데 합쳐서 共生, 共心, 共用, 共體, 共食하면서 살아가고 있다. 우선 몸 속의 생명을 통하여 五共의 의미에 대해서 살펴보자.

> 우리 이 몸체의 세포 하나하나에 생명들이 살고 있습니다. 그 생명들의 한데 합친 저, 共生 共心이 한데 합쳐서 共用을 하고 共體로써의 이렇게 전부 자기 분야를 맡아가지고 지금 돌아가고 있습니다. 그 생명들이 한데 합쳐서 있기 때문에 나라는 큰 어떠한 體가 이렇게 생긴 겁니다.[114]

우리의 몸은 각각의 기능을 담당하고 있다. 눈, 귀, 코, 입, 간장, 위장 등이 제 역할을 맡아서 현실 세계에 공체로 존재한다. 예를 들어서 목이 마르다면 내 몸 속의 중생들이 수분이 부족하니 보충해 달라고 하는 것이며, 물을 마셔서 시원하다고 하면 그 역시 몸 속의 중생들이 더불어 작용을 하여 공식했기 때문에 공심으로 공생하고 있는 것이다.

> 모든 세포 하나하나의 오장육부에 생명들이 다 들어 있기 때문에 共生이요, 자기 차원에 따라서 적게 쓰는 마음이나 크게 쓰는 마음이나 나쁜 거나 좋은 거나 한데 합쳐서 '한마음'이라고 그러는 겁니다. 각각의 모습은 다르지만 그 마음 씀씀이야 어디 둘이겠느냐. … 이 모습 안으로 모습들이 천차만별로 만 개가 들어갔는데도 만 개가 들어갔다는 것도 없는 거예요. 이 空한

---

114) 〈담선법회〉 1986. 1. 8.

자체에 이 空한 자체가 모두 들어가면 그냥 共食이 돼 버리죠. 그래서 부처
도 중생도 둘이 아니다. 보살도 중생하고 둘이 아니다. 벌레하고도 둘이
아니다. 이 모습 아닌 모습, 생명 없는 생명, 마음 아닌 마음, 함이 없는
용.115)

스님은 共과 空을 유사한 의미로 사용한다. 이 몸은 수많은 세포의
생명들로 구성되어 있기 때문에 共體이며 共心으로 共用을 한다. 그
러나 너무 많고 꽉 차서 헤아릴 수 없으며 고정되어 있지 않고 때에
따라서 찰나찰나 일체와 더불어 나투기 때문에 空體이고, 空心이며 空
用이다.116) 결국 '나'라고 세울 수 없는 '나'가 더불어 空體로서 共生하
면서 空心으로 共用을 하기 때문에 一切는 연기된 존재이지 독립되어
있는 것은 아무것도 없다.

한 가지 마음만 쓰는 것이 아니기 때문에 고정된 것이 아니다. 보는 것도
듣는 것도 말하는 것도 가고 오는 것도, 마음 먹는 것도 모두가 고정된
게 하나도 없으니까 空했죠. 그래서 여러분 몸이 空體입니다. 내면에서도
空體요 외부에서도 空體입니다. 그리고 共心이요 共用이요 共食하고 돌아
가는 바로 그 자체인데 내가 있다고 하고 내가 했다고 하고 내가 줬다고
할 수 있겠습니까?117)

모든 行은 共體인 '한마음'에서 나오기 때문에 모습은 달라도 더불어
작용을 한다. 共食한다는 것 또한 共體의 몸이 먹기 때문에 개별적인
내가 먹는다고 할 수 없다. 그러나 스님은 이러한 의미를 뛰어넘어 하나
가 곧 일체요, 일체가 곧 하나가 된다는 의미로써 共食을 말하고 있다.

---

115) 〈정기법회〉 1999. 8. 15.
116) 이균희, 「'한마음' 思想과 禪修行體系 研究」 (동국대학교 박사학위논문,
    2005), p.94.
117) 『허공을 걷는 길: 국내지원법회』 2권, p.1076.

"먹는 것뿐만 아니라 한데 합쳐진 한마음의 의식을 의미하며, 우리
가 살아가는 것을 포함해서 한데 합쳐서 무의 세계나 유의 세계를 대
처해 나가는 것을 공식이라고 한다."[118] 따라서 공심이 되며 공용으로
작용을 하면서 하나의 자리 즉 '한마음 주인공'으로 귀결된다.

스님은 共生의 의미를 구체적으로 자동차에 비유한다. 수많은 부품
들이 모여 한 대의 자동차를 구성하고 있다. 이 부품들 가운데 아주
작은 부품 하나가 고장이 나도 차는 움직이지 않는다. 또한 에너지를
공급하는 기름이 떨어져도 차는 움직이지 않는다. 운전수가 제대로 작
동을 하지 못하면 움직이지 않는다.

차를 구성하고 있는 사소한 것 하나가 제 역할을 하지 못하면 아무
리 좋은 차라 하더라도 자동차로서의 가치는 없어진다. 각각의 부품들
이 제 위치를 지키면서 제대로 작용을 해야만 온전히 자동차의 역할을
할 수 있는 것처럼 우리 몸을 구성하고 있는 세포가 어느 한 군데서
역할을 제대로 하지 못한다면 육신을 구성하고 있는 모든 세포는 고통
을 받게 된다.

이런 의미로 보면 나 홀로 깨달음을 證得했다고 安住할 수 없을 것
이다. 이것은 내 몸을 구성하고 있는 세포 하나가 나의 역할에만 충실
하면서 만족한다고 해도 병이 생긴 다른 세포로 인하여 고통을 같이
받을 수밖에 없기 때문이다.

따라서 내 몸속의 衆生들이 共生하면서 共心으로 共用을 하고 있다
는 自覺이야말로 지혜로서 청정하다고 할 수 있다. 그래서 중생들의
아픔을 내 아픔으로 온전히 느낄 수 있으며, 일체 중생이 나 아님이 없
기 때문에 내가 닦은 선근 공덕을 나누는 것은 필연적일 수밖에 없을

---

118) 『허공을 걷는 길: 법형제법회』 2권, p.1182.

것이다.

의상의 『화엄일승법계도』에서는 한마음인 一心의 표현으로 一中一切多中一, 一卽一切多卽一로 나타난다. 이는 하나 가운데 一切이며 一切 가운데 하나다. 하나가 곧 一切고 一切가 곧 하나라는 뜻으로 하나의 개체가 우주전체를 함축하고 있으며 우주전체가 하나의 개체에 응집될 수 있다는 思考이다.

> 연기법은 하나하나에 별도의 자성이 없어서 상호간에 타자[他]로써 自性
> 을 삼고 바야흐로 능히 緣을 따라 옆이 없이[無側] 일어난다.119)

이처럼 五共의 근본 주처인 '한마음'은 一中一切多中一, 一卽一切多卽一과 유사함을 볼 수 있다. '한마음'은 온 우주와 연결되어 있기에 법계의 一心이 되며, 고정된 自性이 없기에 하나에 온전히 계합하는 마음이 된다. 허공과 같기에 근본의 성품을 지니면서도 서로 걸림이 없고 장애가 되지 않는다. 결국 '한마음'은 펼치면 一切가 되고 거둬들이면 온전히 하나가 되는 자유자재한 空한 자리이다.

2 主人空

위에서 살펴본 한마음과 主人空은 따로 떼어서 구별하기가 쉽지 않다. '한마음'과 '주인공'은 따로 분리할 수도 있고 하나의 의미로 사용할 수도 있다. 主人空은 한마음을 들이고 내는 저장소인 동시에 주인의

---

119) 『법계도기총수록』(『大正藏』 45, p.723c) "緣起法二無別自性 互相以他而爲 自性 方能隨緣無側而起"

역할을 하는 인격체로 구현할 수 있다.

따라서 주인공의 마음과 한마음은 뜻으로 보면 같지만 주인공으로 쓸 때의 의미와 한마음으로 쓸 때의 의미에는 근소하게나마 차이가 있다. 우선 主人空의 空의 개념부터 살펴보고 '한마음주인공'으로 쓸 때와 '한마음'과 '주인공'을 분리할 때는 어떤 차이점이 있는지를 살펴보겠다.

1) 空의 개념

空(śūnyatā)은 空性, 空相으로 한역되었다. 비어있음(void or emptiness)을 뜻하는 空虛를 번역한 것으로, 一切皆空을 주장하는 空思想은 초기불교에서 대승불교에 이르기까지 불교의 바탕이 되는 사상이다.

초기불교에서 최고의 경지는 무여열반을 이루어 아라한이 되는 것이었다. 따라서 我와 我所에 집착하는 것에서 벗어나는 것이 곧 아라한이 될 수 있는 것이었다. 그러나 붓다가 말한 無我의 인식을 벗어나 모든 것을 無로 보는 허무주의가 성행했다. 이런 허무주의를 극복하고자 일어난 것이 대승불교라고 할 수 있다. 대승불교에서 空은 自性(svabhāva), 실체(dravya), 본성(prakṛti), 自我(ātman) 등이 실제로는 없다고 하는 의미로 사용된다.

부파불교의 설일체유부에 따르면 외부 세계는 개체적 물질로서는 假有이지만, 그런 가유를 형성하는 극미의 법은 실재한다고 주장했다. 이런 설일체유부의 法體恒有說에 대한 반박으로 法에는 실체, 자성이 없으며 空이라고 역설한 것이 『반야경』의 空思想이다. 왜냐하면 일체법은 緣起된 諸法으로 상의상관성이 있기 때문에 고정적이며 실체적인 본성을 가지지 않는다. 따라서 無自性인 것으로 이 無自性은 곧 空이다.

이러한 空사상은 龍樹(Nāgārjuna, 150~250)에 의해 체계화되었다. 용수는 中論頌에서 "인연으로 이루어진 모든 존재는 공하다. 그것은 또한 가명이니, 이것이 중도의 의미이다"[120]라고 하여 공이 有와 無의 中道임을 밝히고 있다.

일체의 사물은 緣에 의해서 가설된 명칭으로서 발생하고 소멸하기 때문에 고정불변의 존재성도 비존재성도 가지지 못한다. 따라서 어떤 존재도 아닌 중도라고 할 수 있다. 따라서 無自性=空=假名=中道의 공식이 성립한다.

유식의 空思想이 中論의 공사상과 다른 점은 일체법이 연기이고 무자성이라는 것은 인정하지만, 일체법이 空이고 가명이라는 것은 인정하지 않는다. 즉 유식학파는 허망분별〔識〕과 공성은 不空이며, 따라서 일체법이 모두 空인 것만은 아니라고 주장한다.

다시 말해서 '허망분별은 있다'고 하는 것이다. 유식학파는 無自性을 계승하여 승의제와 세속제로 나누어서 일체의 법은 자성이 없다는 것이 승의제이고, 이 무자성 속에 자성이 있다고 생각하는 것이 세속제이다. 따라서 일체법은 空도 아니고 不空도 아니라고 이해한다. 이 때의 空인 소취와 능취는 비실재이고 不空인 허망분별과 空性은 실재라고 주장하고 있는 것이다.

이처럼 대승불교의 근간이 되어온 空을 대행스님은 어떤 시각으로 이해하고 있는지 다양한 主人空의 설명을 통하여 좀 더 구체적으로 살펴보자.

지금 네 마음도 고정됨이 없고 보는 것도 고정됨이 없고 듣는 것도 고정됨이

---

120) 『中論』 권4, 「觀如來品」(『大正藏』 30, p.33b) "衆因緣生法 我說卽是無 亦爲是假名 亦是中道義"

없고 가고 오는 것도 고정됨이 없고 먹는 것도 고정됨이 없고 만남도 고정됨
이 없느니라. 그랬으니 空했느니라. 일체가 다 空했으니 마음이 나오는 것
에 속지 말라. 개별적인 하나가 主人空이 아니라 모든 것을 합해서 포괄적인
하나로 돌아감이 바로 主人空이니라.[121]

六根의 작용과 分別하는 마음과 '참나'를 아울러 主人空이라 하는데
主人空은 우주 천체[122]와 직결이 되어서 통신을 하기 때문에 어느 것
하나 고정불변함이 없다. 따라서 主人空은 한 사이도 없고, 안 한 사이
도 없이 그냥 시간과 공간을 초월해서 돌아가는 진화하는 능력[123]이
며, 모든 일체를 心柱로 세웠지만 실체가 있는 것은 아니기에 主人空
이다. 모두가 한데, 유생 무생이 한데 합쳐진 바로 그 속에 '나'를 말하
고 있지만 '나'라는 것도 없다.[124]

대행스님은 포괄적인 의미로 주인공을 설명하기 위해서 삼각형의
에너지 통에 비유하기도 한다.

중생은 누구나 삼각형의 에너지 통을 가지고 있다. 삼각형이라고 한
것은 三寶[125]에 귀의한다는 의미와 主人空 그 자체[한마음]와 分別
하는 마음과 육신의 삼합[126]이다. 이 삼각형의 에너지 통은 모든 생활

---

121) 『허공을 걷는 길: 국외지원 법회』 1권, pp.115-116.
122) 수효가 없는 진리의 세계로 無의 法에서는 '천체'라고 해야 한다. '천'은 이
    세상을 전부 한데 귀합시킨다는 뜻이다. 오천도 천이요 천도 천이요 만도 천
    이요, 모두가 천으로 돌아가니 無의 法으로 돌아가는 것은 한계가 없다. 맷돌
    을 놓고 심봉을 하나 탁 꽂는 것이 '천'이다. 또한 그것이 바로 '定'이다. 〈승단
    법문〉 1998. 3. 8.
123) 앞의 책, p.419.
124) 〈담선법회〉 1984. 02. 17.
125) 三寶는 깨우친 사람들인 부처[佛]·깨우친 사람들의 가르침인 법(法)·깨우
    친 사람들의 가르침을 수행하는 이들인 승가[僧]를 통칭하는 불교 용어이
    다. 이들을 각각 佛寶·法寶·僧寶 또는 간단히 佛·法·僧이라고 한다.
126) 앞과 같음, 1984. 1.

을 들이고 낼 수 있는 육신 이전의 참자기인 主人空을 말하고 있다. 이처럼 스님은 佛, 法, 僧과 본래 청정한 마음인 自性淸淨心과 바깥으로부터의 번뇌에 오염된 客塵煩惱染[127]과 육신까지를 포괄적으로 主人空의 범주에 넣고 있다.

이처럼 우리가 일상생활에서 보고, 듣고, 가고, 오는 모든 것은 주인이 한다는 전제하에 주인의 실체를 인정하는 것으로 볼 수 있다. 그러나 삼각형의 에너지 통으로 설명하듯이, 染淨의 마음과 육근의 작용, 경계를 主人空으로 통섭시키고 있다.

> 그것이 아주 찰나찰나 고정되지 않고, 없어서 空이 아니라 너무 빨리 찰나찰나 돌아가기 때문에 空이야! 그게 主人空이다. 이름해서 한 거야. 과거심이나 현재심이나 미래심이 한데 합쳐서 돌아가기 때문에 합쳐서 無窮無盡하게 진화되면서 化하면서 차원에 따라서 천차만별로 돌아가거든.[128]

위의 인용문으로 보면 실체가 있어서 空한 것이라는 표현에서 현상계에서의 '나'를 더욱 드러낸다고 볼 수 있다. 쥐불놀이에서 깡통을 천천히 돌리면 눈으로 볼 수 있지만 빨리 돌리게 되면 보이지 않는 것처럼 空하다는 것은 빈 것이 아니라 꽉 채워져 있기 때문에 空하다는 것이다.

2) 禪佛敎의 主人公

主人公은 주로 禪佛敎 문헌에 등장한다. 禪佛敎 문헌의 主人公은

---

127) 『勝鬘師子吼一乘大方便方廣經』(『大正藏』12, p.222b) "如來藏者 是法界藏 法身藏 出世間上上藏 自性淸淨藏 此性淸淨 如來藏而客塵煩惱上煩惱所染 不思議如來境界"
128) 〈일반법회〉1986. 04. 19.

내면에 내재되어 있으면서 근본의 나를 이끌어 가는 인격화된 불성을 의미한다. 主人公을 찾기 위하여 고된 수행정진으로 찾고 나면 나와 떨어지지 않고 언제나 함께했던 것으로 나타난다.

主人公은 말 그대로 주인으로서 주체적인 역할을 한다. 따라서 '나'라고 하는 육신을 능동적으로 선도하면서 지혜롭게 만드는 마음의 안내자라고도 할 수 있다.

선불교에서 수행자는 언제나 星星寂寂하게 깨어있는 상태를 유지하려고 主人公 公案을 사용한 예들을 찾아볼 수 있다. 『續傳燈錄』의 主人公에 대한 甘露仲宣선사의 이야기, 『無門關』의 서암선사의 주인공 公案, 『圓悟佛果禪師語錄』의 주인공 등에 보면 主人公은 내면에 항상 함께 하면서 깨달음을 가능케 하는 주체이다. 이렇게 인격화된 주인공은 법계를 채우고 있는 전체적인 존재인 동시에 여러 형태로 자신을 顯現한다.129) 이 가운데 널리 알려진 『無門關』의 서암선사의 주인공 公案을 소개하면 다음과 같다.

> 서암언 화상은 매일 스스로 '주인공'이라 부르고 스스로 '예'하고 대답을 했다. 이어서 곧 말하길, '깨어 있으라'하고 또 '예'하고 대답한다. '어느 때라도 사람들에게 속지 말아라' 그리고 '예, 예' 하였다.
> 무문왈: 서암 늙은이가 혼자 팔고 혼자 사니, 허다한 도깨비 얼굴을 꾸며내는 것이다. 무엇 때문인가? 하나는 부르고, 하나는 대답하며, 하나는 깨어있으라 하고, 하나는 사람에게 속지 말라고 한다. 어느 하나를 인정한다고 해도 옳은 것은 아니다. 서암 흉내를 낸다 해도 野狐의 견해가 될 뿐이다.130)

---

129) 가온여울, 「한마음 선원과 大行 스님의 "主人空" 개념 연구」 (서울대학교 석사학위논문, 2005), pp.6-9 참조.

130) 『無門關』(『大正藏』 48, p.294b) "瑞巖彦和尚 每日自喚主人公 復自應諾 乃云 惺惺著喏 他時異日 莫受人瞞 喏喏 無門曰 瑞巖老子自買自賣 弄出許多神頭鬼面 何故 [斬/耳] 一箇喚底 一箇應底 一箇惺惺底 一箇不受人瞞底 認著 依前還不是 若也傚他 總是野狐見解"

이처럼 주인공을 부르는 것은 지금 현재의 나를 바로 보기 위함이다. 내재되어 있는 불성은 언제나 나를 일깨워 주며, 어떤 미혹에도 흔들리지 않기 위해서 속지 말라고 한다. 그러나 부르는 나도 대답하는 나도 따로 있는 것은 아니다. 주인공을 부르는 순간의 내가 성성하게 깨어 있어야 주인공을 부를 수 있으며, 주인공이 성성하게 깨어 있다고 믿어야 주인공을 향해 언제나 깨어 있으라고 할 수 있기 때문이다.

이는 스스로를 자각할 수 있고 깨달을 수 있는 주체인 주인공과 계합하기 위한 노력이다. 그러나 서암의 흉내를 내도 야호의 견해일 뿐이라고 한 무문의 말처럼 주인공에게 자문자답을 하는 행위 그 자체는 그렇게 큰 의미가 있는 것은 아니다. 그 행위가 수행으로서의 가치를 가지려면 직접 체험하고 통찰할 수 있어야 한다.

이와 같은 맥락으로 보면, 대행스님의 主人空은 禪佛敎에서 말하는 主人公과 일맥 상통하는 부분이 있다. 그렇지만 禪佛敎 문헌에서 보이는 主人公과 大行스님이 쓰는 主人空의 의미는 차이가 있다. 주인공은 동일한 발음으로 서로 상통하는 의미상의 효과를 드러내며, 나의 근본이라는 공통성을 지닌다.

그러나 主人公에서 인칭대명사 公이 아닌, 비었다고 하는 空의 主人空을 씀으로서 찰나찰나 변화하여 고정되어 있지 않은 의미를 강조한다.

> 主人空은 나의 根源이지만 동시에 모든 것의 根源이다. 主人空은 나의 主人이자 모두의 主人이요, 삼계의 主人이다. '主'라고 한 것은 근본 자리를 말하고 '空'이라고 한 것은 고정됨이 없이 돌아가는 것을 말한다. 主人空 자리엔 무엇 하나를 고정되게 세워서 '나'라고 할 수도 없고 무엇 하나를 세워서 활용이라 할 수도 없고 무엇 하나를 세워서 부처라 할 수도 없고, 무엇 하나를 세워서 늙은이다 젊은이다, 여자다 남자다, 아비다 자식이다라고 할 수도 없다.[131]

'主'라는 근본과 '空'이라는 실체가 없음은 서로 어긋나는 것처럼 보이지만, 상반되는 有와 無를 동시에 사용한 '主人空'이라는 하나의 단어 속에서 대행스님이 주장하고자 하는 핵심을 다 드러내고 있다고 해도 과언은 아닐 것이다.

> 내가 이 세상에 태어났기 때문에 우주 천하가 있는 거고 생활이 있는 거고 상대가 있는 거고, 바로 내 자체가 바로 主人空이자 바로 色이자 空이고 空이자 色인 것이죠. 모든 걸 하나 主人空이라 세워놓고, 그것도 이름해서 세워놓는 거야, 空이거든.[132]

스님은 일체가 '나'로부터 벌어졌다고 하는 '나'라는 존재를 부각시키고 있다. 언뜻, 불교의 근본교리인 無我를 절대적으로 부정하고 있는 것으로 보이지만, 無我가 아닌 '我'의 존재를 드러냄으로서 각자 자신의 존엄성의 가치를 인정하고 있는 것으로도 볼 수 있다. 無我나 一切皆空을 잘못 이해하여 악취공에 빠지는 경우가 있었다. 그러나 '나'라고 하는 가치의 존엄성을 인정함으로 하여, 물질문명에 치우쳐 있는 현실에서 인간의 존엄성을 회복하는 계기로 작용하고 있다고 볼 수 있다.

나의 몸은 형상을 가지고 있지만 地, 水, 火, 風의 四大로 이루어졌기 때문에 그것은 흩어지고 만다. 그러나 마음이라는 의식 또한 따로 분리할 수는 없다. 따라서 물질과 정신인 몸과 마음을 포함하여 主人空으로 이름했을 뿐으로 강을 건너기 위한 뗏목이라고 할 수 있다.

강을 건너기 위해서는 뗏목이 필요하지만 강을 건너고 나면 더 이상 뗏목은 필요하지 않기 때문에 뗏목에 집착하지 않아야 한다는 비유처럼 主人空은 다만 강을 건너기 위한 방편일 뿐이다.

---

131) 『한마음요전』, p.319.
132) 위와 같음, 1984. 02. 21.

主人空이라는 방편을 세우지 않으면 중생들은 강을 건널 용기를 내지 못한다. 따라서 스님은 主人空이라는 방편으로 누구나 깨달음에 도달할 수 있는 방법을 제시한 것이다. 그러나 미혹한 중생들은 主人空이 방편인 줄 모르고 執着할 것을 우려하여 主人空으로 바꾼 것이다. 깨달음을 얻고 난 후에는 主人空이라는 방편도 세울 필요가 없으며 모든 것은 이름일 뿐이라고 거듭 강조한다.

3) 주인과 空의 관계

부처님의 탄생게인 "天上天下唯我獨尊"은 살아있는 모든 생명은 삶의 주인으로서 존귀하다는 의미를 드러내고 있다. 이렇게 존귀한 존재인 내가 세상을 고통의 늪에서 구제한다는 사상이다. 여기서의 '나'는 상대적인 '나'가 아니라 절대자로서의 '나'이다. 절대자로서 나의 존엄성을 이처럼 잘 드러낼 수 있을까.

無我를 주장한 부처님이 내가 삼계의 주인이라는 선언은 이치에 어긋난 것처럼 보인다. 대행스님은 天上天下唯我獨尊이란 "하나로 돌아간다는 뜻과 더불어 홀로 섰다는 뜻이며, 전부 각자 같이 돌아가면서 개개인의 하나하나가 천차만별로 돌아가면서도 하나의 그 개개인이 높다"[133)는 뜻이라고 하면서, 내가 있기 때문에 세상이 벌어졌고 내가 없다면 모든 것은 무효라고 선언 아닌 선언을 한다.

> 그 모든 것은 내 마음 속에 나로부터 생겼다는 거를 알아야 돼요, 나로부터. 나부터 있어야 되는 거지 내가 없곤 아무것도 없어요, 무효예요.[134)

어떤 생각과 행동을 해도 나라는 존재가 있어야 가정과 이웃이 있지,

---

133) 〈초파일 법문〉 1995. 05. 07.
134) 『허공을 걷는 길: 정기법회』 3권, p.106.

내가 없다면 세상은 그 어떤 것도 존재하지 않는다. 이 말의 의미로만 본다면 내가 세상의 주인이기 때문에 모든 것의 기준은 '나'이다. 그러면 여기에서 '나'라고 하는 존재가 왜 세상의 주인이 되는지 구체적으로 살펴보겠다.

> 왜 主人空이냐? 나의 참 주인이니까 主人空이요, 텅 비었기 때문에 主人空이지. 나의 主人이란 내가 부모의 정자와 난자가 결합하는 과정에서 의식의 識135)이 들어감으로써, 생명체가 탄생된 근거로 해서 존재하게 되었기 때문이지.136)

위 주인공의 설명은 主人과 空으로 나누었을 때 主人의 측면을 말하고 있다. 생명체는 정자와 난자가 결합하는 과정에서 의식의 識이 들어감으로써, 생명체가 탄생된다고 보는 것이다. 이 識은 윤회의 주체가 되는가라는 논란이 있기는 하다. 그러나 스님은 이 識을 각 개인의 主人으로 설명하고 있다. 다음은 主人空을 空의 입장에서 살펴보고자 한다.

> 主人空은 허공과도 같다. 결코 무너지는 일이 없고, 움직이는 법도 없으면서 삼계의 모든 것을 육성하고 되돌려 거두어 들인다. … 그렇게 광대하고 적적하면서도 그 신령함이 내 안에 남김없이 깃들어 있으니, 이야말로 묘법이지. 그러므로 주인공은 크다하면 삼라대천 세계에 차고도 남고, 작다하면 티끌보다도 작은 거야.137)

主人空은 나의 주인이면서도 모두의 주인이며 허공과 같다는 것은

---

135) 나무가 뿌리에 의지하듯이 사람의 근본은 주인공으로, 탄생할 때의 識을 주인으로 보고 있다.
136) 이제열, 『한마음-대행스님대담집』(글수레, 1988), p.18.
137) 위의 책, pp.19-20.

허공은 실체나 자성이 없어서 고정되어 있지도 않으며 존재도 아니고 비존재도 아니기 때문이다. 主人空은 본성으로서 불성, 자성청정심을 구족하고 있으면서도 가설된 언어로는 크다고도 작다고도 표현을 할 수 없으므로 신령한 묘법이라고 한 것이다.

이처럼 主人空은 主人과 空이라는 상대적인 개념을 사용함으로서 개개의 '나'가 一切諸法의 중심임을 밝히고 있다. 일체제법이 '나'로 인해서 생겼기 때문에 '나'는 최상의 가치가 있으며, 그 무엇과도 비교할 수 없이 존귀한 존재가 되는 것이다. 따라서 개개의 '나'이기 때문에 서로서로 존중할 수 있는 마음과 타인을 배려할 수 있는 마음이 생기게 되면서 자신과 남을 동등하고 평등하게 볼 수 있다.

흔히 깨닫는다는 말은 나와 같은 중생에게는 거리가 먼 신비로운 소리로 듣는 경우가 많다. 그러나 대행스님은 내가 세상의 중심임을 일깨워서 무위의 세계와 유위의 세계가 분리되어 차단된 것이 아니라 우리가 살아가고 있는 현상계에서 깨달음의 길을 제시하고 있다고 볼 수 있다. 그러나 그 주인이 실제로 있다고 執着할 것을 우려하여 주인은 空임을 밝히고 있는 것이다.

부처님께서는 49년 동안 법을 설하시고도 나는 한 마디도 說한 적이 없다고 했다. 三法印 가운데 諸法無我를 가장 잘 드러낸 말이다. 여기서의 法은 사물의 일체 존재뿐만 아니라 마음에서 작용하는 대상까지 포함한다.

범어로 我를 아트만(atman, 箇我)으로 표현하며 我는 나와 너를 포함한 모든 존재이다. '無我'라는 것은 궁극적인 실재가 존재한다는 사실에 대한 부정적인 표현이며, 불교가 결코 경험적인 의미에서 自我나 영혼을 부정하는 것은 아니다.[138] 存在를 구성하고 있는 모든 요소들은 끊임없이 변한다. 육체는 地, 水, 火, 風의 物質적인 요소들로 이루어졌으며, 精神이라고 하는 것은 감각기관들과 그것에 해당하는 대상들 간의 접촉에서 발생되는, 끊임없이 生成消滅하는 하나의 현상에 불과하다.

> 마치 여러 가지 재목을 한 곳에 모아 세상에서 수레라 일컫는 것처럼, 모든 蘊의 因緣의 화합을, 거짓으로 중생[存在]이라고 부르느니라.[139]

因緣의 和合인 存在를 수레에 비유한 것으로 어떠한 실체도 가지고 있지 않다. 이와 같은 요소들로 이루어져 있는 存在 속에서 고정 불변하는 실체는 없다. 諸法은 조건과 작용에 의한 緣起이므로 生成과 消滅을 하는 모든 것은 實體가 없다. 실체가 없는 我를 실체가 있다고 착각하는 것으로부터 執着이 있게 된다. 내가 한다, 내가 했다라고 하는 착각으로 我相과 我慢이 생긴다고 볼 수 있다. 自我가 있다고 實體를 인정하기 때문에 分別心이 생기는 것이다. 그러나 깨달은 사람은 我執과 法執이 이미 끊어져 소멸했기 때문에 如如하게 볼 수 있는 안목이 있다. 깨달은 이의 안목을 대행스님은 다음과 같이 설명한다.

> 禪을 잘 아는 사람은 남녀도 분별하지 않고 무엇을 하겠다는 생각도 하지 않지만 어떤 일이 내 앞에 닥치게 되면 그냥 그저 무심코 실천이 되기 때문에 편리하고 平等하면서도 共法이고 共心이 된다.[140]

여기서의 共法과 共心은 실체가 있음을 의미하는 것은 아니다. 그러나 지금 바로 내 앞에 닥친 경계를 나의 것으로 돌려 '한마음'이 된

---

138) 테오도르 체르바츠키, 권오민 역, 『소승불교개론』(경서원, 1986), pp.76-77.
139) 『잡아함경』 권45(『大正藏』 2, p.327b) "如和合衆材 世名之爲車 諸陰因緣合 假名爲衆生"
140) 〈승단법문〉 1999. 06. 20.

상태를 말한다.

大行스님이 말하는 부처의 行은 '나'라는 것을 主人空에 다 놓고 믿고 맡겨서 主人空이 말하게 하고 主人空이 行을 할 수 있도록 한다. 그러나 '나'와 '主人空'을 이원화 시키는 것은 아니다. 여기서의 主人空은 또 다른 실재를 상정하는 것이 아니라 객관적 실재를 부정하고 執着하지 않는 관점으로 보는 것이다. '나' 라는 존재는 이미 실체가 없는 主人空의 한 부분이 되어 '나'와 '主人空'은 하나가 되는 것이다.

> 主人空이라고 하니까 개별적인 '나'로 알면 안된다. 主人空이라 하면 이미 전체를 의미한다. 일체의 법을 감싸고 일체의 법을 지탱하며 일체의 법을 굴리는 그 자리를 主人空이라 하는 것이다.[141]

'나'는 이미 主人空과 둘이 아닌 하나가 되었기 때문에 '나'는 根本의 실상이 되었다. 그 根本의 자리는 찰나찰나 변화하는 緣起된 존재이므로 고정 불변하는 독립된 존재가 아니다. 眞理라고 하는 본래의 성품은 緣起에 의해서만 가능하기 때문에 시간적으로나 공간적으로도 정확히 정의 내릴 수 있는 것은 아니다.

그러나 根本의 자리는 세계와 조화를 이루면서 순간순간의 條件에 따라 千變萬化 할 수 있는 存在이다. 따라서 '나'라는 존재는 언제나 현재의 行에 따라서 바뀔 수 있다. 그리고 根本의 자리에서 보면 만물은 一體이고 平等하며 差別이 없는 세계이다. 따라서 主人空은 無差別하고 平等한 자리이다.

大行스님은 '나의 죽음'을 통하여 나의 習을 녹이고 衆生의 삶에서 부처의 삶으로의 轉換을 요구한다. 여기서의 '나의 죽음'은 그동안 살

---

141) 『한마음요전』, p.328.

아오면서 나의 생각을 만들어 고정화 시켜 놓고 그 잣대로 판단하여 옳다, 그르다, 좋다, 싫다의 二分法을 적용했다면, 그러한 판단 자체를 모두 主人空 자리에 놓아 버리는 것이다. 그리고 主人空 그 자리를 지켜보면서 나의 견해로 만든 고정된 사고의 틀을 인식하게 된다.

각자 고정된 틀을 인식하는 것만으로도 이미 '나'를 내려놓고 객관적인 시각으로 '나'를 바라보면서 생각을 바꿔나갈 수 있는 계기가 되는 것이다. 이렇게 함으로써 '나'라는 고정된 실체를 내려놓고 主人空를 믿음으로 인하여 行자체가 변화되어 가는 것이라고 할 수 있다.

구체적인 예로 상대와 대립하고 갈등이 있을 때 "그 사람을 원망하지 말고 자기 탓으로 돌려야 한다"고 한다.

> 알고 지은 것이든지 모르고 지은 것이든지 모든 대립과 갈등을 한마음으로서 남을 원망하지 않고 내 탓이라고 돌렸을 때, 나의 주처에 돌렸을 때에 바로 그 괴로움도 외로움도 고독함도 모든 것이 사라지고 마음을 쉬게 된다. 마음 주처에다가 모든 것을 다 몰락 놔 버리기에 그 사량의 분별과 더불어 산란함은 다 사라지고 참 조용하게 자기가 평화로워지는 그것이 바로 진리다.[142]

자신에게 닥친 문제가 해결이 되고 되지 않고의 판단 또한 현상세계에서의 思量分別이다. 부처님의 慈悲는 언제나 모든 문제를 해결해 주는 것만이 진정한 慈悲가 아니다. 부처의 慈悲는 고통을 받고 있는 사람에게 고통을 해소시켜 주는 것도 慈悲요, 고통을 그대로 겪게 해서 스스로 苦痛을 통하여 타인에 대해 더 이해하고 포용할 수 있는 마음을 갖게 된다면 그것 또한 부처의 慈悲라고 할 수 있다.

---

142) 〈담선법회〉 1984. 02. 17.

3 한마음주인공

위에서 언급한 한마음과 主人空은 유사한 개념으로 쓰인다. 때로는 '한마음주인공'이라고 하여 같은 의미처럼 쓰이는 경우도 있다. 한마음이 한데 뭉치는 마음이라면 주인공은 뭉친 마음의 중심이다. 따라서 생명의 근본과 마음의 작용과 육체가 함께 돌아가는 것을 한마음주인공이라고 한다. 다음의 예문을 살펴보자.

> 고요한 마음, 부끄럽지 않은 마음, 온화하고 자비하고 스스로서 자비가 나오고, 스스로서 지혜가 나오고, … 내 主人空을 믿고 내 主人空에다가 다 맡겨 놓고 감사하고, 거기서 물러나지 않는 믿음을 갖고, 그런다면은 들이고 내는 거, 一心에서 일체 만법이 나고, 일체 만법이 一心으로 드는 데.[143]

고요한 마음과 부끄럽지 않은 마음은 한마음을 말한다고 볼 수 있으며 스스로서 慈悲가 나오고 스스로서 智慧가 나온다는 것은 주인공에서 나온다고 볼 수 있다. 그러나 한마음과 주인공은 不可分의 관계이다.

한마음은 모든 것을 포섭할 수 있는 지혜의 마음이라고 한다면 主人空은 지혜의 마음을 들이고 내는 장소라고 할 수 있다. 즉 主人空은 보이지 않는 각자의 주장자 역할을 하고 있다. 한마음을 一心의 體로 본다면 主人空은 一心의 작용으로 대비시킬 수 있다. 또한 한마음은 포괄적으로 마음을 지칭할 때 쓰지만 主人空은 實踐修行인 觀을 할 때 觀하여 놓는 믿음의 대상으로 쓰인다.

불교의 최종 수행목적은 해탈 열반의 길이다. 그러면 해탈 열반 후에는 무엇을 할 것인가?

---

143) 〈일반법회〉 1986. 03. 07.

大乘에서는 衆生과 함께하는 利他行을 강조한다. 더불어 함께 生死苦海에서 벗어나고자 하는 것이다. 이것은 내가 쌓은 선근 공덕을 타인과 함께 共有한다는 迴向思想이다. 『大乘義章』에서는 三種迴向에 대하여 다음과 같이 밝히고 있다.

> 회향에는 菩提迴向, 衆生迴向, 實際迴向의 三種迴向이 있다. 불과의 지혜를 얻기 위해 자기가 닦은 선근 공덕을 趣向하는 菩提迴向, 일체의 중생을 哀愍히 여겨 자기의 선근 공덕을 타인에게 趣向하는 衆生迴向, 무상한 것을 싫어하며 진리의 이법을 구하기 위해 자기의 善根을 평등불변한 진리 그 자체로 趣向하는 實際迴向이 있다.[144]

위의 三種迴向에서 보면, 자기가 닦은 善根을 자신을 위해 돌리는 迴向과 자신보다는 他人을 위해 돌리는 迴向의 측면으로 볼 수 있다. 보리회향과 실제회향이 自利行이라면 衆生迴向은 利他行이다. 大行스님은 세 번의 깨달음으로 나툼의 경지에 이르렀을 때를 완전한 깨달음으로 정의했다.

세 번의 죽음을 통하여 얻은 나툼의 경지는 중생에게 회향하는 단계이다. 중생과 더불어 함께 할 수 있는 능력, 즉 衆生이 원하는 것에 應해 주면서 그들의 아픔이 그들만의 것이 아니라 나의 아픔으로 느껴지기에 나를 治癒하는 것이 진정한 나툼이다.

大行스님은 한마음과 主人空을 구별하여 쓰지만 유사한 의미를 지니게 된다. 스님의 主人空 사상의 입장에서 보면 三種迴向은 自利行이 곧

---

144) 『大乘義章』 권9(『大正藏』 44, p.636c) "一門說三 一菩提迴向 二衆生迴向 三實際迴向 菩提迴向者 是其趣求一切智心 迴己所修一切善法趣求菩提一切種德 名菩提迴向 衆生迴向者 是其深念衆生之心 念衆生故迴己所修一切善法願以與他 名衆生迴向…三實際迴向 是厭有爲求實之心 爲滅有爲趣求實際 以己善根迴求平等如實法性 名實際迴向"

利他行이 되기는 하지만 살아가는 현실세계에서는 衆生迴向이야말로
진정한 보살도의 실천이며 인격의 완성을 실현하는 것이라 할 수 있다.
　스님은 목이 마르다고 찾아오는 사람들에게 물을 주었다. 그러나 그
들은 갈증이 나면 스스로 떠서 먹을 생각을 하지 않았다. 안타깝게 여
긴 스님은 그들 각자에게 내재되어 있는 근본 佛性를 믿게 하여 스스
로 먹을 수 있는 길을 인도해 주고자 하는 발원으로 한마음선원을 세
웠던 것이다.
　다음은 법당의 장엄물을 보고 모든 것이 마음의 작용임을 깨닫는 대
행스님의 일화이다.

　국립묘지 근처에 있을 때 화장사에 들어가 새벽 종성이 들릴 때까지 철야를
　하곤 했는데 그때 법당의 장엄물들이 도대체 무얼 뜻하는지 궁금했다. 알고
　보니까 탱화라는 것은 다 내 안에 있는 살림살이를 그려 놓은 것이었다.
　세상에 다 있는 걸 그려 놓았는데 사람들이 그걸 모르고 칠성기도를 한다,
　산신에게 빈다, 무슨 재를 올린다 하고 야단이라고 생각했다. 알고 보면
　탱화 한가운데 그려져 있는 부처님의 손에 들려 있는 금륜도 그것이 다른
　게 아니라 이 마음인 줄 알게 되었다.145)

　스님은 祈福信仰으로부터의 탈피를 거듭 강조한다. 祈福信仰이라
하면 단순히 福을 받고자 하는 他力신앙을 의미한다. 그렇지만 他力
신앙과 自力신앙을 佛敎와 非佛敎로 구분 짓지는 않는다. 단지 스스
로가 갖추고 있는 能力이 있는데 그것을 무시하고 법당의 부처님께만
福을 비는 행위를 경계할 뿐이다. 스님은 삼배를 올린다고 해도 부처
님과 둘이 아니게 自性三寶146)에 귀의하라고 가르친다.

───────────
145) 『한마음요전』, p.63.
146) 〈탄약부대 법당 기공식〉 1990. 05. 14. '佛'이란건 가만히 있으면 佛이요, 생각
　을 냈다하면 法이요, 움주거렸다 하면 化해서 돌아가는 것이니 佛·法·僧

법당의 탱화가 내 안의 살림살이를 그림으로 형상화 시킨 것으로, 모두 마음으로 지은 '한마음주인공'의 화현임을 말하고 있다. 칠성 탱화, 산신 탱화도 '한마음주인공'에서 나온 것을 모르기 때문에 따로 따로 보고 밖으로만 찾는 타력신앙을 개탄한다. 스님은 철야를 하면서 탱화의 의미에 대해서 참구한 결과의 해답이 내면의 살림살이이고 마음으로 이루어졌다는 것을 알았다. 여기서의 마음은 단순한 마음이 아니라 탱화를 보고 깨달음을 증득한 '한마음'이다.

'한마음'에서는 부처와 중생이 다른 존재가 아니기 때문에, 마음이 지은 것을 안다면 칠성이나 산신 등을 찾아다니지 않아도 곧 부처의 行이 된다. 스님은 자신의 근본을 믿어야만 참 부처도 있는 것이라고 수없이 설하였지만 법당에 있는 불상은 경배의 대상이자 福을 구하는 의지처라는 관념은 쉽게 바뀌지 않았다.

> 부처라고 세우는 건 부처가 아니고 부처라고 세울 게 없는 게 부처입니다. 그러니 삼천대천세계에 꽉 차 있어요. … 멋진 부처님이라고 세워놓은 건 부처가 아니기 때문에 여러분이 저기에 융합이 돼야 부처예요. 여러분이 융합되지 않고 불상만 동그마니 있으면 부처가 아니에요.[147)

법당에 형상으로 계신 부처님과 개별적인 '한마음'이 계합이 되어야 온전한 부처라고 할 수 있다. 이것은 형상에만 매어 있는 이들에게 스스로가 부처임을 깨우쳐 주기 위하여 한마음의 중요성을 언급한 것이다. 다양한 방편으로 '한마음'이 온갖 세간법을 만들어서 활용할 수 있음을 직접 법당의 불상을 깨뜨려서 보여 주었다.[148)

삼보가 自性三寶지. 먼저 自性三寶를 알아야 바로 이 세상의 모두가 돌아가는 이치를 바로 깨달을 것입니다.
147) 『허공을 걷는 길: 정기법회』 1권, p.479.
148) 스님은 1973년 법당에서 불상을 내려 깨뜨려 버린 후에 '佛'자를 모셨다. 이유

현재 한마음선원 법당에는 三佛을 모시는 慣行을 깨고 석가모니불 한 분만 모셔져 있다. 이 또한 자신의 근본인 '한마음주인공'과 부처는 연결이 되어 있으며 관음보살, 지장보살, 칠성, 산신 등도 모두 '한마음' 속에서 나오기 때문에 법당에 萬佛이 있다 하여도 一佛로 보고 자신의 마음과 융합할 수 있게 하기 위한 방편이다. 스님은 삼라만상 대천세계가 여래의 집이면서도 여러분 각자 한 몸 자체가 바로 법당인 줄 알아야 한다고 강조한다.[149]

어떤 言說로도 설명할 수 없는 깨달은 부처의 경계를 중생들을 敎化하기 위해서 언어의 방편으로 시설했기 때문에 말에 걸리면 修行에 방해가 된다. '내가 한다'는 생각을 벗어나서 無差別心으로 모든 것을 '나'라고 여기면서 그냥 무심코 行을 해야만 평등공법[150]이 됨을 알 수 있다. 이러한 평등공법을 대행스님은 생활 속에서의 참선 수행으로 말한다.

> 앉았어도 밥을 먹어도 누웠어도 일을 해도 모두가 참선 아닌 게 하나도 없다. 그래서 생활이 道다. 그런데 거기에 정신계, 물질계가 같이 혼합해서 둘 아니게 찰나찰나 돌아간다는 거, 이것을 그냥 쓸 수 있다면 道人이란 말이야.[151]

는 각자가 부처이고 여래라는 것을 알려주기 위함이다. 그러나 이것 또한 미흡하다고 여겨 '佛'자를 내리고 一圓像을 걸기도 했으며 한 때는 꽃바구니만 놓기도 하였다.

149) 『한마음요전』, p.69.

150) 부처님 마음이 그 소 속에 들어간다면 한 찰나에 소가 되고, 한 찰나에 무명을 벗겨 주고 나오고, 돼지 속에 들어가면 돼지의 무명을 벗기고 나오고, 사람의 차원에 따라서 여러분이 원하는 대로 그렇게 화하고, 또 찰나에 화해서 부처가 되고, 이렇게 찰나찰나에 나투는 그 만 가지 법은 헤아릴 수 없는 법입니다. 그래서 말로 하려면, 바로 평등공법으로서 문 없는 문으로 오고 감이 없이 여러분에게 응해 주는 천차만별의 이름을 가진 如來라고 합니다. 『허공을 걷는 길 : 국내지원 법회』 3권, p.1314.

151) 〈승단법문〉 2000. 7. 1.

조주선사와 남전선사의 '平常心是道'는 잘 알려진 일화이다. 말 그대로 行住坐臥 모두가 참선이라고 하지만 조금만 깊이 생각해보면 평범하고 예사로운 일상을 道라고 하지 않는다. 오히려 어떤 차별심과 분별심도 일어나지 않는 마음으로 근본의 마음자리에서 行住坐臥 등의 일상생활을 한다면 그것은 道라고 할 수 있다.

그것은 行住坐臥 등의 육체로 하는 參禪이라기 보다는 사량 분별심을 가지고 하는지, 모든 사량 분별심이 끊어진 깨달은 이의 마음으로 참선을 하는지에 따라서 도인의 행위가 될 수도 있고 중생의 행위가 될 수 있다는 뜻으로 본다.

대행스님이 말하는 생활 자체가 모두 참선이라는 의미 역시 "한마음주인공"을 믿고 맡기는 수행을 말한다고 할 수 있다. 생활 속에서 모든 것을 주인공에 맡겨서 '앉아 있는 것도 주인공의 하는 것이고, 밥을 먹는 것도 주인공이 하는 것'이기 때문에 '내가 한다'는 생각을 내려놓고 생활을 한다면 그것은 바로 道가 된다. 어떤 行을 할 때에도 主人空이 하는 것이지, 내가 했다고 한다면 그것은 衆生의 삶이지 부처의 삶이 될 수 없다.

흔히 개구리가 더 멀리 뛰기 위하여 몸을 한껏 움츠린 후에 뛰듯이 修行생활에 있어서도 장애가 되는 요소는 걸림돌이 아니라 나를 단련시켜서 깨달음에 이르게 하는 부처의 慈悲라고 할 수 있다.

이러한 부처의 삶을 살기 위해서 '한마음주인공'이라고 하나의 단어로 쓰면 한마음을 보다 더 강조하는 뜻이 된다. 나를 존재하게 하고 나를 이끌어 주는 주인은 '한마음'임을 스스로에게 刻印시키는 효과가 있기 때문이다. 이러한 刻印은 '한마음주인공'이 한마음과 주인공을 분리시켜서 사용할 때보다도 '한마음주인공'에 대한 믿음을 배가시킬 수 있다.

IV

主人空 觀法 修證

1 主人空 觀法

초기 불교에서 대승 불교에 이르기까지 불교의 수행법은 다양하게
변천해 왔다. 부처님께서도 6년의 苦行을 거쳐 지나친 苦行主義와 쾌
락주의를 버리고 중도의 깨달음을 얻은 것처럼 불교는 실천수행을 강
조해 왔다.

觀法이란 불교 실천수행의 방법 가운데 하나이다. 마음이 움직이는
主觀과 客觀대상을 철저히 관찰하고 살펴서 고통의 원인을 규명하고
원인을 제거하여 깨달음을 추구한다. 대승 불교에 오면 一切가 空임을
自覺하여 집착에서 벗어나라고 한다. 數息觀, 不淨觀, 慈悲觀, 因緣
觀, 念佛觀 등은 불교의 대표적인 觀法이다.

『화엄경』「야마궁중게찬품」에서 '만일 어떤 사람이 삼세의 일체 부처
님을 알고자 하면 마땅히 법계의 성품을 관하라 모든 것은 오직 마음
이 지어냄이로다'[152]도 觀法이다. 「入法界品」의 '衆藝童子의 方字
門'[153]에서도 阿 등 梵字 42자를 외워 그 문자의 뜻을 생각하는 것도
觀法이다.[154]

'主人空 觀法'[155]이라는 말은 생소하게 들릴 수 있다. 大行스님은

---

152) 『80화엄경』 권19, 「夜摩宮中偈讚品」(『大正藏』 10, p.102a) "若人欲了知 三
世一切佛 應觀法界性 一切唯心造"
153) 『80화엄경』 권76, 「入法界品」(『大正藏』 10, p.418a-c)
154) 김보태, 「華嚴經과 起信論의 一心 및 修行에 관한 比較硏究」 (동국대학교
석사학위논문, 1992), p.33.
155) 主人空을 믿고, 主人空에 놓고, 主人空에 온전히 맡긴 후에 지켜보는 모든
과정을 의미한다. 根本의 작용에 대한 믿음을 바탕으로 일체의 경계를 놓고
맡기면서 근본자리에서 맡겨진 일들을 어떻게 해결하는가를 서두르거나 집착
하는 마음이 없이 내면으로 觀照한다는 의미도 함축하고 있다. '觀'은 대행스
님의 핵심적인 수행의 가르침이므로 主人空 觀法으로 지칭한다. 이균희, 「한
마음 思想과 禪修行體系 硏究」 (동국대 선학과 박사학위논문, 2005), p.127.

경전을 근거로 하여 체계적으로 불교공부를 한 것이 아니라 경험과 체험으로 깨달음을 증득했다. 그 체험을 바탕으로 한 깨달음으로 '主人空 觀法'을 실천수행체계로 제시했다.

앞에서 主人空의 개념을 설명하면서 구체적으로 주인공을 '삼각형의 에너지 통'으로 나타내었는데, 에너지 통은 우리가 모든 일을 할 수 있게 힘을 배출하는 곳이다. 그러나 에너지 통에 에너지가 가득 차 있어도 사용하지 않으면 無用之物이다. 따라서 에너지통의 에너지를 100% 활용할 수 있는 방법이 '主人空 觀法'이다.

1) 조건없는 믿음

主人空 觀法의 첫째는 조건없는 믿음이다. 어떤 종교라도 믿음이 없다면 종교로서의 역할을 제대로 할 수 없다. 따라서 믿음은 모든 종교의 출발점인 동시에 종착점이라고 말할 수 있을 것이다. 종교에 대한 믿음을 상실하면 종교로서의 가치를 잃게 된다. 다만 무엇을 어떻게 믿을 것인가 하는 문제가 있다.

大行스님은 無條件的인 믿음이라고 단호히 말한다. 무조건적인 믿음이라고 하여 맹신을 의미하지는 않는다. 마음의 본성으로서의 불성, 즉 주인공에 대한 바른 믿음이다. 思量分別로 믿는 믿음은 종교에 대한 知識을 쌓아가는 일이지만 조건없는 믿음은 한마음과 계합이 되는 믿음이기 때문일 것이다.

"一切衆生悉有佛性"이란 말은 부처의 씨앗이 있다는 것이지, 衆生이 곧 부처란 말은 아니다. 화엄에서는 감춰진 佛性이 드러나는 것을 如來出現이라고 한다. 내면의 佛性을 밖으로 드러나게 하고자 하는 마음이 發心 또는 發菩提心이다. 선재동자의 求法行도 10信을 출발점으로 삼고 發菩提心을 일으키는 것으로 시작된다.

불교의 根本은 智慧이며 智慧를 상징하는 보살은 문수보살이다. 선재가 문수보살을 처음 만나는 것은 바른 智慧를 갖추었을 때에 바른 見解가 생기고 바른 行이 나오기 때문이다. 문수보살이 선주누각에서 나오는 것은 근기가 하열한 중생에게 믿음〔信〕이 생길 수 있도록 하기 위함이다.

『화엄경』「입법계품」에서 十信의 지위에 있는 사람은 문수뿐이다. 믿음〔信〕은 지위를 이루지 못하므로 열 사람을 분별하지 않는다.[156] 또한 문수는 부처님의 根本果智에 의거하여 수행하는 근본을 삼기 때문에 홀로 十信位를 드러낸 것[157]이다.

中村董이 말하는 믿음은 인간의 감각과 그것에 대응하는 방법은 다양하지만 그것은 현실 세계에서의 分別이며, 生死의 根源으로 거슬러 올라가면 누구라도 본래의 身〔佛身〕이 빛을 발하여 나오게 되는 것이 믿음[158]이라고 한다.

主人空을 믿어라 하는 것은 자기 根本 佛性에 대한 믿음이다. 주인공에 대한 믿음에 조금의 의심도 없어야 한다. 主人空을 믿지 못하면 깨달음의 씨앗이 싹트지 않는다. 主人空을 한 치의 의심도 없이 믿어야만 자기 자신을 발견할 수 있고 능력을 기를 수 있다. 구체적으로 대행스님은 믿음에 대하여 다음과 같이 언급한다.

> 부처님 자체도 바로 마리아상 자체도 다 내 이 형상이나 똑같은 겁니다. 내 몸과 같이 아끼는 거죠. … 부처님의 마음과 수많은 사람의 마음이 거기

---

156) 『탐현기』제18권 (『大正藏』35, p.451c) "初文殊一人寄當十信知識 以信不成位故不辨十人"
157) 이통현저, 효산역, 『약석 신화엄경론』(운주사, 1999), p.169.
158) 中村董, 「華嚴経に於ける信滿成仏について」, 『印度學佛教學研究』 24卷 (1976), p.255.

동시에 같이 있는 겁니다. 그러기 때문에 그것도 또 무시할 수 없는 겁니다. 자기가 모든 일체 우주를 싸 쥔 자체의 主人空에 의해서 바로 그분도 거기 계시니까요.159)

主人空은 일체 모든 것의 中心處이기에 부처님상이나 마리아상과 같은 형상을 믿는 것처럼 主人空을 믿어야 그 속에서 작용을 해 줄 수 있다. 功德이란 따로 있지 않고 부처의 마음과 衆生의 마음이 따로 없이 일체 생명들과 더불어 함께하는 것이다. 따라서 主人空을 믿는 것은 요술 방망이를 믿는 것이 아니라 내 자신을 발견하고 마음을 계발해서 마음에 불을 밝히는 것160)이다. 나무의 뿌리가 흙에 덮여 있어도 나무의 뿌리에 물을 주면 나무가 잘 자라듯이, 또는 맷돌에 콩을 넣으면 갈아져 나올 것을 믿고 콩을 넣듯이, 주인공은 눈에 보이지 않지만 根本임을 믿어서 의심하지 않는다면 일상생활에서 成佛에 이르기까지 자동적으로 해결할 수 있다. 그러나 믿지 못한다면 어떤 에너지도 배출할 수 없게 된다.

스님은 자식이 죽는다, 부모가 죽는다, 내가 죽는다고 해도 不退轉의 마음으로 主人空을 믿을 수 있다면 자유인이 될 수 있는 권리와 열쇠를 지니게 된다161)고 간절히 主人空을 믿을 것을 당부하고 있다. 다음은 주인공을 믿는 구체적인 내용이다.

첫째, 주인공은 나의 근본이라는 믿음이다. 둘째, 주인공은 나의 모든 것을 다 한다는 믿음이다. 셋째, 일체 현상이 다 주인공의 나툼이라는 믿음이다.162)

---

159) 〈담선법회〉 1984. 02. 19.
160) 위와 같음, 1984. 02. 19.
161) 『허공을 걷는 길: 법형제 법회』 1권, p.267.
162) 『한마음요전』, pp.465-466.

위에서 인용한 세가지 주인공에 대한 확고한 믿음을 가지게 될 때, 일상생활에서도 내 앞의 닥치는 苦에서 자유로울 수 있으며 깨달음에 이르는 길이 앞당겨지게 될 것이다.

中村董은 새가 날아간 허공과 날아가지 않은 허공에 비유하여 믿는 대상이 自己自身임을 설명한다.

> 새가 날아간 허공과 날아가지 않은 허공은 다른 것이 아니라 같은 허공이다. 그것은 A로부터 異質的인 세계인 B로 전환되는 것이 아니라 A였던 그대로 B로 전환되었을 뿐이다. 전환되는 중요한 조건에 믿음이 위치하고 있는 것이다. 따라서 믿음은 自己自身과 다른 대상을 믿는 것이 아니라 진실로 스스로가 본래 佛이었다고 주체적으로 믿는 것이다.163)

허공은 허공으로서의 자격을 이미 갖추고 있다. 새가 날아갈 수 있는 공간을 지니고 있기에 새가 허공을 날아간 것뿐이다. 허공이 존재하지 않았다면 새는 날아갈 수가 없었을 것이다. 그러나 새가 날아갔다고 하여 새가 날아가기 이전의 허공과 달라진 점은 없다. 허공은 언제나 있는 그대로의 허공일 뿐이다. 그러나 같은 허공이라도 새가 날아간 허공은 허공으로서의 역할을 했다고 할 수 있지만 날아가지 않은 허공은 허공이라는 이름만 갖고 있을 뿐이다.

이처럼 主人空은 누구에게나 갖춰져 있어도 믿음을 가지고 활용을 하는 主人空과 믿음이 없는 主人空은 확연히 구분이 된다. 주인공에 대한 믿음을 갖고 주인공을 찾으면 자신을 발견하고 계발할 수 있는 에너지가 작용하고, 믿음이 없다면 새가 날아가지 않은 허공과 같을 것이다.

---

163) 中村董, 「華嚴経に於ける信滿成仏について」, 『印度學佛教學研究』 24卷 (1976), p.255.

2) 不二觀

참선은 行住坐臥의 모든 것을 말한다. 대행스님이 말하는 참선은 主人空 觀法으로 일체를 주관하는 곳은 바로 내 '한마음'임을 믿고 일체를 주인공에 내려놓고 지켜보고 굴려서 다시 놓으면서 작든지 크든지 체험을 하는 것이다. 다시 말해서 내 깊은 마음의 내면에 모든 것을 일임해 놓고 그 속에서 변화하는 과정을 살펴보고 관찰하는 의미를 좀 더 드러내고자 '觀'이라고 부른다.

주인공에 '놓고 맡기라'는 말은 禪家에서 '放下着' 하라는 말과 같다. 방하착에 얽힌 일화에서 장님이 나뭇가지를 잡고 절벽아래 낭떠러지로 떨어질까 무서워서 놓지 못하고 있는 것처럼, 나에게 다가오는 어떤 경계에도 집착하지 않고 주인공을 믿고 내려놓으면 살 수 있는데도 주인공을 믿지 못하고 스스로 고통을 받고 있고 있는 형국이다. 그렇기 때문에 처음 觀을 할 때에는 일체의 움직임, 일체의 모습을 '나'로 생각해야만 모든 경계를 주인공에 내려놓고 맡길 수 있다.

> "일체심이 다 나요, 일체 몸이 다 내 몸이요, 일체 아픔이 다 내 아픔이요, 일체 모두가 나로 인해서 생긴 거다"라고 알아야 해. … "야, 일체를 들이고 내는 게 바로 내 한마음이로구나. 그것이 바로 네 놈[주인공]이 아니냐?" 하면서 관하는 거야. 어떤 사람은 "이 놈이 뭘꼬?" 하라는 거지만 난 그렇게 하라고 하고 싶지 않아. "일체를 들이고 내는 놈이 네 놈이지" 하면서 관하면 돼. 그런데 "주인공, 나를 어떻게 해주시오" 하며 둘로 보지 말라 이거야.[164]

일체를 나로 보면서 주인공 또한 따로 존재하는 것이 아니라 나와 하나가 된 주인공이다. 이 주인공을 나와 다른 존재로 보지 않으면서도 주인공에서 일체의 현상이 다 일어나고 있다고 觀하면 된다.

---

164) 이제열, 『한마음·대행스님대담집』 (글수레, 1988), pp.73-74.

大行스님은 일상생활 속에서 벌어지는 모든 일을 主人空 자리에 내려놓고 편안하게 살아가라고 한다. 구체적인 예를 들어보자.

> 부모자식지간도 그렇게 붙들고 애지중지하고 그러는 게 모두가 因果가 되는 거라구요. 조건없는 사랑을 주려면 아예 그냥 놓고 마음의 줄로다가 잡아야지 마음이 잡히지, 실질적으로 실체를 말로다가 잡으려고 그러니 그게 몸이 잡아집니까 … 되는 것만 법이 아니라 안 되는 것도 법이니까 양면을 다 놓아서 같이 굴릴 줄 알아야 된다 이거죠.[165]

모든 行이 因果과 되지 않게 하려면 執着하지 않고 결과에 관계없이 主人空 자리에 놓고 맡기면 主人空이 알아서 해결해 준다. 내 앞에 다가오는 모든 경계를 옳다거나 그르다고 판단하지 말고 주인공에 놓아야 한다. 그것은 사량으로 하는 분별심이기에 내가 한다고 하는 '나'가 개입되어 양면을 보지 못하게 된다.

主人空에 놓는다는 것은 모든 생명이 더불어 돌아가는 空에 놓는 것으로 여기에서의 空은 '전체가 空이며 나조차도 空'이기 때문에 따로 놓을 것도 없지만 '나'와 '내것'에 집착하기 때문에 空에다 놓는다[166]는 것이다. 이것은 화엄종에서 말하는 眞空觀에 비유할 수 있다. 眞空觀에는 4가지가 있다.

> 첫째는 會色歸空觀이요, 둘째는 明空卽色觀이요, 셋째는 色空無碍觀이요, 넷째는 泯絶無寄觀이다.[167]

첫째는 색즉시공으로 물질은 곧 공과 같고, 둘째는 공즉시색으로 공

---

165) 『허공을 걷는 길: 법형제 법회』 1권, pp.271-272.

166) 현대불교신문사 엮음, 『생활 속의 불법 수행』 (여시아문, 1998), p.27.

167) 『華嚴法界玄鏡』(『大正藏』 45, p.673a) "一會色歸空觀 二明空卽色觀 三空色無礙觀 四泯絶無寄觀"

은 곧 물질과 같으며, 셋째는 색공무애관으로 색과 공이 걸림이 없고
장애가 없는 것을 말하고, 넷째는 민절무기관은 자취가 모두 사라져서
색과 공이 서로 相卽함을 말한다. 이 네가지를 구족해야만 眞空임을
말하고 있다.

   眞空觀에서 보이듯이 主人空에 놓는다는 것은 '전체가 空이며 나조
차도 空'인 것이므로 '나'와 '전체'가 서로 상즉하여 '나'라고 내세울 것
이 없는 것을 여실히 알아야만 한다.

> 그 내면의 空한 자리에다 다 내려놓되, 그 空마저도 없더라는 것이 나올
> 때까지 다 놓아야 한다. 그러면 화두를 준다 안 준다를 떠나서 그대로 이
> 세상 사람들이 생겨난 자체가 다 화두라는 것을 알게 된다. 그럴 때 그
> 화두가 바로 '空'이니까, 자기이자 '空'이니까, 그 '空'의 중심을 잡은 작대기
> 에서 모든 것을 들고나게 하는 그 '참 자기'를 내면에서 구해야 한다.168)

   주인공 자리에 내려놓고 觀하는 이유는 근본의 불성을 발현시켜서
지혜롭게 살아가기 위해서다. 색과 공을 물질과 마음이라고 한다면 물
질과 마음이 서로 상즉하여 물질과 마음이 모두 사라져 양변을 초월한
중도의 空을 말한다고 할 수 있다.

   다시 말해서, 중도의 空은 몸과 마음을 포섭한 자신이며, 자신이 화
두가 되는 것이다. 그러나 주인공을 믿지 못하기 때문에 화두를 내면
에서 찾지 않고 밖의 경계에서 찾다보니 현실에서 원하는 것에만 집착
하게 됨으로서 因果에 매이게 된다.

> 우리가 마음과 마음이 연결되는 건 無心의 도리이고, 말과 말이 연결돼서
> 돌아가는 건 有心의 도리예요. 무심과 유심이 어떻게 둘이 될 수 있겠습니
> 까? … 진실하게 나를 끌고 다니는 나의 주인은 진짜로 내가 한 일과, 내가

---

168) ≪현대불교≫ 제343호, 2001. 11. 14.

하고 돌아가는 일과, 내가 말한 거를 전부 너무나 잘 알고 있다는 거죠.
그래서 여러분을 잘 알고 있는 그 속마음이 바로 우주 천지하고도 직결이
돼 있다는 얘깁니다. 만물과도 서로 직결이 돼 있고 일체제불하고도 직결이
돼 있습니다.[169]

'둘이 아닌 까닭에 너만이 할 수 있어' 하고 다 그냥 놓는단 말입니다. 그럼으
로써 바로 새로 입력이 들어가니까 앞서의 입력은 없어지는 거죠. 그래서
'오간지옥도 무너진다'고 하는 겁니다.[170]

위의 인용에서 無心과 有心의 관계는 중생과 깨달은 이의 경계라고
할 수 있다. 『승만경』에 "선남자, 선여인은 깊고 깊은 법을 스스로 다
알지 못하니 나의 경계가 아니고 오직 부처님의 경계"라고 생각한
다.[171] 이처럼 중생과 부처는 구별과 차별이 있다. 이러한 뚜렷한 차별
이 있어서 범부로서는 알 수 없는 경계를 大行스님은 有心과 無心이
둘이 아닌 경계라고 한다. 無心의 도리는 근본의 성품으로 마음으로
아는 것이며, 有心의 도리는 중생을 위하여 말로 가설된 것뿐이다.
'둘이 아니다'라는 것은 二分法적인 너와 나의 둘을 의미하는 것이
아니라 공부하는 과정 속에서 상대적인 개념을 세운 것이다. 고정된
실체가 없어서 空하다고 하지만 육신이 존재하는 현상계는 因緣의 和
合으로 실체가 분명히 존재하기 때문에 主人空을 세워서 惡取空에 빠
지는 것을 경계하고 대자유인이 될 권리를 얻을 때까지 붙잡고 가는
心柱이다.
스님은 일상생활 자체가 고정된 게 하나도 없기 때문에 머무는 바

169) 『허공을 걷는 길: 법형제 법회』 1권, p.436.
170) 위의 책, p.440.
171) 『勝鬘經』(『大正藏』 12, p222c) "善男子善女人 於諸深法不自了知 仰惟世尊 非我境界"

없이 돌아간다고 한다. 자식이 아버지를 부르면 아버지의 역할을 하고 아내가 부르면 남편 역할을 하고 부모가 부르면 자식 역할172)을 동시에 하기 때문에 고정된 '나'는 없다. 따라서 主人空은 고정된 '나'가 없고 有心과 無心이 우주 천지와 연결이 되어 있기 때문에 主人空 자리는 속일 수가 없으며 有心과 無心은 본래 둘이 아니었던 것이다.

3) 一心觀

大行스님은 觀에도 단계가 있는데 不二觀의 다음 단계를 一心觀으로 보고 있다. 그러나 不二觀과 一心觀이 큰 차이를 보이지는 않는다. 不二觀이 일체를 둘이 아니게 보고 주인공에 내려놓는다면, 一心觀은 다시 한 번 마음으로 굴려서 주인공에 다시 놓는다고 할 수 있다.

不二觀에서 살펴본 것처럼 일체 모든 것을 주인공 자리에 내려놓으면 空마저도 空하다는 것을 체험하게 된다. 空마저도 空하다는 체험을 하기까지 '한마음주인공'에 중심을 세워서 자식이 부모를 믿고 의지하듯, 주인공에 맡기고 지켜보는 것이다.

수억 겁 생에 살았던 慣習, 固定觀念 등은 내 몸 속의 세포에 입력이 되었다가 因緣을 만나면 現行한다. 컴퓨터에서 잘못된 것을 수정을 하지 않는 한 입력한 대로 그냥 나오는 것처럼 '참나'의 성품이 아닌 業識173)에서 그냥 나온다. 業識에서 나오기 때문에 주인공에 다시 한

---

172) 『허공을 걷는 길: 법형제 법회』 1권, p.274.
173) 사회윤리로 볼 때, 주인공에서 잘못된 것을 시키는 것은 내 마음에 관습, 습성, 욕심, 악의, 그러한 것이 그대로 꽉 차 있기 때문입니다. 그렇기 때문에 그러한 문제가 나온다 하더라도 그것을 다 녹이려면, '나를 다스리고 이끌어 주기 위해서 그렇구나' 하고서 거기다 되놓고 싱긋이 웃고 감사하게 생각을 해야죠. 남의 호박을 따 가지고 가라고 한다면 그게 있을 수 있는 일이겠습니까? 어떻게 하나 보려고 테스트하는 거란 말입니다. 따서 가져 가나, 그렇지 않으면 '이럭하면 안되잖어?' 하고서 거기다 도로 놓나, 이거 보느라고 그러는

번 굴려서 놓아야 하는 것이다.

> '나오는 대로 다시 되집어 넣으면서', 이것은 내가 주인공에 되놓으라고 항상
> 하는 소리입니다. 되나오는 거를, 잘 나오는 거는 '응, 참 잘 나오게 해서
> 감사해' 하고 놓고, 또 잘못 나오는 거는 '너만이 잘 나오게 할 수 있어'
> 그러고 거기다가 되넣는다. 되입력을 하는 거죠. 되입력을 해야 앞서 입력된
> 게 없어지면서 새 입력이 자꾸 들어가는 거죠.[174]

'굴린다'라는 의미는 不善業을 善業으로 바꾸는 意志라고도 할 수
있으며, 철저히 '나'라고 하는 고정된 실체를 하나하나 근본에 녹이기
위해서 스스로 점검하는 것으로 볼 수 있다.

생활 속에서 나에게 닥친 우환, 가환, 병고의 해결을 주인공에 맡겨
놓고 성취가 될까, 되지 않을까를 걱정하면서 공부에 진전이 없다고 물
러서는 경우가 있다. 이것은 믿음이 깊지 못한 탓으로 주인공을 믿었
다가 의심했다 하기 때문에 제자리걸음을 하고 있는 격이다.

主人空 觀法을 통하여 안팎으로 다가오는 문제들을 해결하면서 한
단계씩 마음 차원을 높이려면 '나'와 '나의 것'이라는 생각도 내려놓고
오로지 자기 근본인 主人空에 一心으로 맡기고 지켜보아야 한다. 主
人空에 한 번 맡긴 것은 主人空 자리에서만이 해결할 수 있다는 믿음
으로 의심이 없어야 하는 것이다.

맡기고 지켜본다고 하여 주체와 객체가 따로 존재하는 것은 아니다.

겁니다. 그래서 무조건 그렇게 하는 것이 아니라, 자기 선장이 자기를 잘 이끌
어 주기 위해서니까 진짜로 공부하려면 좋은 것도 거기다 놓고 언짢은 것도
놓고, 잘못 나가게 하는 것도 거기서 자기를 테스트 해보려고 한다는 걸 알아
야 합니다. 그것을 다 확고하게, 속지 말고 해야 만이 부처님께서 '나는 항복
을 다 받았다'고 말씀하신 뜻을 알게 됩니다. 『허공을 걷는 길: 정기법회』
4권, p.50.
174) 앞의 책, p.609.

화엄종의 理事無碍觀에서 능관과 소관을 살펴보자.

> 事와 理가 걸림이 없음은 所觀이요, 이것을 마음에서 보는 것은 능관이다.
> 이 觀을 설명하면 事를 관하는 것은 속제의 관이요, 理를 관하는 것은 진제
> 의 관이며 理와 事가 무애한 것을 관하는 것은 중도관을 이루는 것이다.
> 또 事를 관하는 것은 자비를 겸하는 것이고 理를 관하는 것은 지혜이니,
> 이 둘이 무애하면 곧 자비와 지혜가 서로 인도하여 머무름이 없는 행을
> 이루며 또한 空과 假의 중도관이다.175)

본체와 현상이 객체이고 이것을 바라보는 것은 주체이다. 방편으로
能과 所를 말하지만 달리 주체와 객체가 따로 존재하는 것은 아니다.
理事의 無碍가 중도이므로 체와 용도 상즉상입하여 다른 것이 아니다.
자비와 지혜 또한 이의 측면과 사의 측면으로 보는 입장만 다를 뿐이다.
主人空과 현상이 所觀이라면 自心은 能觀이다. 주인공은 몸과 마음
을 포섭하면서도 몸과 마음의 양변을 초월한 중도이다. 다음은 대행스
님이 말하는 중도이다.

> 주인공은 유위와 무위를 넘나들면서 돌아간다. '나'의 존재도 거기에 계합해
> 서 돌아가기 때문에 좁은 마음의 '나'는 없게 된다. 일체를 '주인공'에 맡겨
> 놓고 나를 고정되게 세우지 않고 자유로이 돌면서 넘나드는 마음을 아는
> 것이 지혜이며 중도다. 중도는 곧 중심으로 내세울 것도 없으며, 큰 중심은
> 모든 것을 다 포함하게 된다. '주인공'에 맡겨 놓으면 근본 자리로부터 유위,
> 무위를 스스로 다 회전시키기 때문에 저절로 중도, 중용이 된다.… 따라서
> 진리란 찾는 것도 아니며 버리는 것도 아니고 그냥 주인공에 맡길 뿐이
> 다.176)

---

175) 『華嚴法界玄鏡』(『大正藏』 45, p.676a) "事理無礙 方是所觀 觀之於心卽名能
觀 此觀別說觀事俗觀 觀理眞觀 觀事理無礙成中道觀 又觀事兼悲 觀理是智
此二無礙 卽悲智相導成無住行 亦卽假空中道觀耳"
176) 이제열, 『한마음-대행스님대담집』 (글수레, 1988), pp.92-93.

대행스님이 말하는 중도는 주인공에 맡기는 것으로 귀결된다. '나'라는 생각도 주인공과 계합이 되면서 지혜의 중도로 된다. 일체를 주인공에 맡기면 주인공 자리에서 자동적으로 생산을 하기 때문에 주인공 자리를 중도라고 할 수 있는 것이다.

주인공 관법은 때와 장소에 관계없이 언제든지 가능하다. 순간순간의 경계를 안으로 돌려서 내려놓기 때문이다. 그러나 현실계에서의 문제 해결의 단계를 넘어서 진실로 근본성품을 보고자 하면 내면의 주인공에 지극하고 치열한 구도의 마음으로 '주인공 너만이 너를 증명할 수 있어'라고 觀해야 感應이 오게 된다.

결국 자문자답을 하면서 모든 것은 한마음주인공, 즉 근본자리에서 내고들이기 때문에 모든 것을 주인공에 일임하고 그 자리에서 나오는 것을 다시 한 번 굴려놓고 지켜보아야 한다.

4) 無心觀

스님은 육체가 탄생한 것이 話頭인데 따로 화두를 받아 참구하는 것은 시대에 뒤떨어진 것이며, 主人空 觀法이야말로 현시대에 符合하는 수행법이라고 누누이 강조한다. 왜냐하면 主人空 觀法은 '생활선'이자 '여래선'이기 때문이다.

일상의 行住坐臥 어느 때라도 觀을 할 수 있다. 따라서 '생활선'이라고 하며 主人空과 같은 의미로 '여래선'이라는 표현을 하기도 한다. 다음은 스님이 말한 如來의 의미이다.

> 如來라는 뜻은 뭐냐 하면 일체 상하 사방, 四無四有 천체가 한데 합쳐서 돌아가는 그 자체를 포착한 것을 말합니다. 그걸 또 간단히 말하자면, 몸과 몸 속에 있는 중생들과 내가 이렇게 한 몸으로서 둘이 아니다, 이게 如來입니다. 여러분 몸속의 세포 하나하나에도 생명이 들어 있고, 그 생명들이

얼마나 많습니까? 많은 생명들을 다 같이 하나로 가지고 있다, 이것이 如來
입니다. 그래서 아주 작게 생각을 하면 여러분이 다 부처고 如來입니다.[177]
일체 만물만생이 모두 같이 한마음으로 하나로 돌아가는 것이 如來지, 개별
적인 하나가 깨달았다고 해서 如來가 아니에요. 개별적인 하나가 깨달으면
전체가 다 들려야만이 그것이 … 깨달은 사람이 수만 명이다 할지라도 깨달
은 그 한마음 處에 같이 하기 때문에 如來인 겁니다.[178]

여래선이 되려면 無心으로 놓아야 한다. 지금까지는 주인공 자리에
내려놓고 맡기고 지켜본다는 생각을 했다면 이제는 놓는다는 생각조차
도 사라진 觀이라고 할 수 있다. 일체가 그대로 觀이 되기 때문에 觀한
다는 생각이 없이 일체의 行이 觀이 되는 경지라고 할 수 있다. 이런
無心의 경지를 화엄종의 周遍含容觀을 통하여 살펴보자.

> 주변함용관은 즉 事와 事가 무애법계이다. 事는 理처럼 원융하여 두루 포섭
> 하여 걸림이 없다.[179]

> 주변함용은 곧 사사무애이다. 고덕[현수]을 의지하여 십현문으로 드러낸
> 다.[180]

하나하나의 사물이 장애되지 않음을 나타내는 것이다. 대행스님이
말한 개별적인 하나가 깨달으면 전체가 다 들려야 여래가 된다는 것은
개별적인 하나를 인정하면서도 여래와 걸림이 없으므로 여래가 되는
것이다. 세포 하나하나도 또한 개별적인 생명을 가지고 있지만 서로

---

177) 『허공을 걷는 길: 법형제 법회』 1권, p.441.
178) 위의 책, p.605.
179) 『華嚴法界玄鏡』(『大正藏』 45, p.680a) "周遍含容觀 卽事事無礙法界也事如
理融遍攝無礙"
180) 『華嚴經疏』(『大正藏』 35, p.515a) "周遍含容 卽事事無礙 且依古德 顯十玄
門"

장애하지 않고 한 몸으로 존재하는 것과 같다고 할 수 있다.

> 나는 전에 물을 보면서 하루 한 나절을 보낸 일이 있었는데 물이 어떻게
> 흐르든 쳐다보고만 있었지. 그게 무심관이라. 내 앞에 다가오는 대로 무심히
> 봤을 뿐이고, 주인공 믿는 것만은 묵직하게 딱 있기 때문에 움직이지를
> 않을 뿐이야. 그랬기 때문에 그냥 앉아 있으면 무심으로 그냥 앉아 있었지.
> 그렇게 무심관이 된 후라야 나중엔 무심관까지 없어지는 거야.181)

주인공을 간절히 믿으면서 일체를 주인공에 내려놓고 지켜보기는
하되, 내가 주인공에 觀한다는 생각을 하지 않으면서 觀하는 것이다.
우리가 생활을 하면서 숨을 쉰다는 생각이 없이 숨을 쉬듯이 주인공에
觀하는 것 자체가 無心觀이 되면 생활 속에서 숨을 쉬는 것과 같이
되었다고 볼 수 있다. 이 無心觀을 뛰어넘어서 觀한다는 생각이
없어질 때에야 一切行이 모두 觀이 되고 참선이 된다.

생활 속에서 일어나는 모든 일은 처음에 생겨난 곳에서 해결할 수
있다. 넘어지면 넘어진 자리를 딛고 일어나야 하듯이 문제의 해결도
결국은 같은 자리에서 밖에 해결할 수 없다. 주인공 자리가 생산처이
자 재생처이다. 그 생산처를 무조건 믿고 그 자리에 놓고 지켜보기를
하는 것이다. 그러나 무조건 믿고 놓고 맡기라고 하여 그냥 맹종하라
는 것은 아니다. 스스로 갖추어 지니고 있는 부처의 능력을 자유자재
로 써야 한다는 의미이다. 진리는 체계가 없으면서도 철저한 체계가
있기 때문에 스스로 자유권을 얻을 수 있을 때까지 물러서지 말고 主
人空을 잡고 가야 한다.

맹종은 노예입니다. 자기 자신이 간을 해서 맞게 먹을 수 있어야 그것이

---

181) 앞의 책, p.76.

> 참사람이요, 그것이 바로 스스로서 계율도 없고, 스스로서 질서도 없고,
> 스스로서 법칙도 없지만 철두철명한 것입니다. 철두철명하기 때문에 진리
> 는 고정됨이 없습니다.[182]

일체를 主人空에 일임하고 지켜보고 마음으로 다스리면서 체험하는
것이 곧 觀法이다. 자꾸 새롭게 주인공 자리에 다시 입력을 시켜서 새
롭게 나올 수 있도록 하는 것이다. 大行스님은 主人空을 용광로에 자
주 비유한다. 무쇠와 잡쇠 등을 용광로에 넣으면 무쇠와 잡쇠 부스러
기들은 새롭게 재생이 되듯이, 일체의 모든 것을 마음의 용광로에 넣기
만 하면 새롭게 재생이 되어 나오면서 이전에 입력된 것은 제거된다.

> 용광로에 넣기만 하면 새로 생산될 건 생산되고 바로 녹여 버리는 건 녹여
> 버리고 이렇게 해서 기환을 면하고 우환을 면하고, 가난을 면하고 내 마음의
> 지혜를 넓히고, 넓히면 그 넓힌 그 마음이 무기가 돼서 일체 만법을 자유스럽
> 게 활용할 때에 내 근본이 뚜렷이 드러나게 된다.[183]

즉 主人空 觀法은 용광로에 넣는 작업이다. 우리가 금, 은, 무쇠, 잡
쇠 등을 용광로에 넣으면서 용광로 속에서 이것들이 모두 녹아 새로운
제품이 생산될 수 있을까를 고민한다면 선뜻 넣기가 쉽지 않을 것이
다. 그러나 용광로는 어떤 쇠도 녹일 수 있는 힘이 있다는 것을 알기
때문에 재생산을 하기 위해 용광로를 믿고 그 속에 던져 넣을 수 있다.
용광로에 대한 믿음이 없다면 새로운 제품의 생산을 기대할 수 없듯이,
우리가 인식하는 옳다 · 그르다, 좋다 · 싫다, 맞다 · 틀리다 등은 살아
오면서 몸에 익숙한 습관과 개인의 주관적인 생각이다.

이처럼 인식 주체의 판단이 허공의 꽃일 수 있다는 인식을 할 때 분

---

182) 『허공을 걷는 길: 정기 법회』 1권, p.507.
183) 〈일반법회〉 1986. 04. 30.

별심을 내려놓고 주인공을 믿고 맡길 수 있는 것이다. 어떤 재료라도 용광로에 넣으면 녹아서 새로운 제품을 재생산 할 수 있는 것처럼, 主人空을 믿고 맡길 때만이 주인공은 그 힘을 발휘할 수 있으며 그 힘이야말로 지혜를 더욱 증장시켜 깨달음으로 이끌 것이다.

2 修行의 단계

1) 修行의 단계

화엄에는 次第的 修行階位가 있지만 圓融門으로 포섭이 되듯이, 大行스님의 깨달음에도 수행단계가 있지만 '한마음'으로 포섭된다. 따라서 첫째는 일반적으로 알려진 華嚴의 수행계위와 大行스님의 수행계위를 비교하여 수행의 단계를 고찰할 것이다. 둘째는 『화엄경』「입법계품」에 등장하는 선재의 해탈경계와 大行스님의 해탈경계를 文殊菩薩, 彌勒菩薩, 普賢菩薩을 통하여 비교해 보고자 한다.

(1) 화엄의 修行階位

『화엄경』의 보살의 수행 階位說에는 여러 가지가 있지만 42位說, 52位說이 일반적이다. 묘각 뒤에 佛의 계위를 설정할 경우 53位說이 된다고도 한다. 화엄에서는 보살의 믿음, 보살이 실천해야 하는 실천행, 보살이 가져야 하는 보현의 마음 등을 열 가지로 표현한다. 화엄사상에서 十은 모든 것을 구족한 원만수이다. 보살의 수행계위도 각각의 계위마다 열 가지를 열거하여 나타낸다. 각각의 계위는 十信, 十住, 十行, 十廻向, 十地, 等覺, 妙覺이다. 『화엄경』에는 十信과 等覺, 妙覺의 12位는 나타나지 않으며 『仁王般若經』, 『梵網經』, 『菩薩瓔珞本業

經』의 설에서 유래한 것으로 보고 있다.

『화엄경』의 계위는 十住, 十行, 十廻向, 十地의 漸次修行을 통하여
佛의 地位로 나아가고 있다. 그러나 오직 漸次的인 修行階位만으로
구성되어 있는 것에 의문이 드는 이유는 보살계위가 반드시 낮은 데에
서 높은 곳으로 순서를 따라 향상한다고 할 수만은 없기 때문이라고
본다.184) 그것은 화엄의 수행체계에서는 次第的 階位와 圓融的 階位
가 함께 공존하고 있기 때문이다. 그러나 『화엄경』이 보살의 수행차제
계위를 설정하는데 크게 공헌한 것만은 사실이다. 次第的 階位라 함
은 十住에서 十行과 十廻向을 거쳐 十地에 이르기까지 낮은 단계에서
높은 단계로 올라가는 向上的 수행체계이다.

圓融的 階位는 普法185)의 正位186)로서의 체계을 말한다. 이와 같이
화엄의 수행체계에 있어서는 初位부터 52위 등에 이르는 차제적 계위
뿐만 아니라, 一乘普法에 들어가는 門으로서의 원융한 계위, 즉 보법

184) 권탄준, 「華嚴에서의 證得의 문제」, 『정토학 연구』 제12집 제12장(2009),
    pp.111-113 참조.
185) '普法'은 '法으로서의 普門'과 '人으로서의 普賢'으로 「입법계품」의 自在海師
    에 의해 나타난다. 이미 보리심을 發하였지만 아직 보살을 알지 못하므로,
    보살행을 배우고, 보살도를 닦는 것이 무엇인지 묻는 선재동자에게 "어떻게
    하면 대승의 묘한 보배로 생사의 바다를 건너 일체지의 섬에 이르고, 깨뜨릴
    수 없는 摩訶衍의 법을 얻어 二乘의 재난을 떠나며, 적멸의 즐거움에 머물러
    생사의 소용돌이를 멀리 떠나며 보살의 가는 곳인 道法의 다라니 바퀴와 보살
    의 장엄한 도와 살바야의 물결을 얻고 '普法門'을 성취하여 일체의 법에 장애
    가 없이 一切智의 바다를 건널 수 있는가"라고 한다.
    『60화엄경』「입법계품」(『大正藏』9, p.713c) "善哉 善哉 善男子 乃能發阿耨
    多羅三藐三菩提心 能諮問我大乘妙寶 度生死海 到一切智洲 得不可壞 摩訶
    衍法 離二乘難 住寂滅樂 遠離生死洄澓流淵逮得菩薩至處道法陀羅尼輪 菩
    薩莊嚴道 薩婆若道波浪 成就普法門 於一切法無所障礙 度一切智海"
186) 장진영은 보법의 정위를 無位無不位, 一位一切位, 一切位一位의 3단계로 나
    누고 있다. 장진영, 「『화엄경문답』 연구」 (동국대박사논문, 2010), p.142.

의 正位를 설하고 있다.

만약 보법의 正位가 無位이고 無不位[위도 없고, 위가 아님도 없는 위]라면 일체의 육도 삼계와 일체 법계의 법문 모두는 보법의 위 아님이 없다. 또한 一位가 一切位이고 一切位가 一位라면 각 位와 같이 일체의 行과 敎義 등 법문 모두가 相卽相入한 것이다.[187)]

지엄은 『보살영락본업경』의 6種性說[188)]을 계승하여 十信을 外凡이라 하고, 十住, 十行, 十廻向을 內凡으로 구분한다. 또한 十地와 佛位를 聖位로 구분하지만, "일승의 입장에서는 十信의 終心에서부터 모두 聖位로 하여 一切가 성불한다"[189)]고 하였다.

「離世間品」에 설해져 있는 二千項目의 보살행을 十信, 十住, 十行, 十廻向, 十地, 究竟位의 보살 수행계위에 배대시켜서 분류하고 있으며, 「입법계품」에 나오는 1-41善知識의 법문 또한 十信, 十住, 十行, 十廻向, 十地의 경지를 설한 것이라고 하고 있다.[190)]

---

187) 『華嚴經問答』(『大正藏』 45, p.607b) "若普法正位卽無位 無不位 一切六道 三界一切法界法門皆無不普法位 又一位一切位 一切位一位 如位法門一切 行敎義等法門皆爾 可思"

188) 『菩薩瓔珞本業經』 「賢聖學觀品」(『大正藏』 24, p.1012b) "佛子 性者 所謂習 種性性種性道種性種性等覺性妙覺性 復名六堅 亦名堅信亦名堅法亦名堅修 亦名堅德亦名堅頂亦名堅覺 復名六忍信忍法忍修忍正忍無垢忍一切智忍 復 名六慧 聞慧思慧修慧無相慧照寂慧寂照慧 復名六定 習相定性定道慧定道 種慧定大慧定正觀定 復名六觀 住觀行觀向觀地觀無相觀一切種智觀" "불자여, 성품은 이른바 습종성・성종성・도종성・성종성・등각성・묘각성이니라. 또는 육견이라고도 하나니, 견신・견법・견수・견덕・견정・견각이니라. 다시 육인이라고 이름 하나니, 신인・법인・수인・정인・무구인・일체지인이니라. 다시 육혜라고도 이름 하나니, 문혜・사혜・수혜・무상혜・조적혜・적조혜이니라. 다시 육정이라고도 이름 하나니, 습상정・성정・도혜정・도종혜정・대혜정・정관정이니라. 다시 육관이라고도 이름 하나니, 주관・행관・향관・지관・무상관・일체종지관이니라."

189) 『孔目章』 卷3(『大正藏』 45, p.561a) "約一乘義者 十信終心 乃至十解位十行 十迴向十地佛地 一切皆成佛"

구체적으로 살피면 「입법계품」은 선재동자가 53선지식을 차례로 찾아가 법을 듣고 깨달음을 몸소 체험하는 과정이다. 앞의 「이세간품」까지도 바른 깨달음을 향해 보살도를 펼쳐 보이고 있지만 「입법계품」은 선재동자가 發心을 하고 난 후에 求法旅行을 떠나는 것을 구체적으로 보여주고 있다. 十信의 문수보살을 시작으로 十住〔덕운비구～자행동녀〕, 十行〔선견비구～변행외도〕, 十廻向〔육향장자～안주지신〕, 十地〔바사바연저주야신～구바녀〕, 等覺〔마야부인～미륵보살〕, 妙覺〔보현보살〕이다. 이것을 華嚴에서는 普賢行이라고 한다. 普賢行은 깨닫고자 실천하는 行인 동시에 부처의 行이 되기 때문에 一乘菩薩道의 실천이라고 말한다. 법장도 지엄의 계위설을 계승하면서 次第行布門과 圓融相攝門을 시설하고 있다.

> 첫 번째는 次第行布門인데, 十信, 十住, 十行, 十廻向, 十地를 원만하게 한 뒤에 비로소 佛地에 이르는 것으로 은미한 것에서부터 뚜렷이 드러나는 데에 이르기까지 계위가 차례를 따라 이루어져 있다. 두 번째는 圓融相攝門인데, 一位가운데 곧 前後의 모든 地位를 攝受하는 것을 말함이니, 그러므로 하나하나의 地位가 다 원만하여 모두 佛地에 이르는 것이다. 이 두 가지는 서로 無碍하니 아래의 여러 會에서 설명하는 것과 같다.191)

이처럼 화엄은 次第的인 階位를 따라 菩薩道를 펼치면서 佛地에 이르지만 결국 圓融門으로 모두를 포섭하게 되어 선재동자가 얻은 해탈문 하나하나는 곧 一乘菩薩道를 실천하면서 하나의 解脫門으로 이미 佛地의 地位에 이른 것이다.

---

190) 『搜玄記』卷5(『大正藏』35, p.90b)
191) 『探玄記』卷1(『大正藏』35, p.108c) "一次第行布門 謂十信十解十行十廻向十地後 方至佛地 從微至著階位漸次 二圓融相攝門 謂一位中卽攝一切前後諸位 是故一一位滿皆至佛地 此二無礙廣如下文諸會所說"

(2) 大行스님의 修行 階位

선재가 얻은 해탈문이 階位를 설정하여 펼쳐지고 있지만 一位로 一切位를 얻듯이, 大行스님의 求道行 역시 하나하나를 體驗하면서 깨달음을 얻고 있지만 前後의 단계를 설정하기는 쉽지 않다. 스님은 깨달음의 단계를 크게 세 단계로 분류하고 있다. 그 세 단계는 세 번의 진정한 죽음을 통해서 실현된다. 육신이 탄생했으니 한 번 죽어 마음이 탄생하는 것이다. 두 번 죽어 마음의 탄생된 싹을 키워가는 것이다. 모든 단계에서는 一切를 내 탓으로 돌리고 좋고 싫음의 思量分別을 무조건 놓아야 한다. 세 번째 죽음으로 인하여 완전한 어른이 되었다고 할 수 있다. 이것을 정리하면

> 첫째, '나'를 비우기 위해서, 習을 놓기 위해서 모든 것을 놓아라.
> 둘째, 성장하기 위해서 다시 놓아라.
> 셋째, 너와 내가 둘이 아닌 숙달을 위해서 놓아라.192)

첫 번째 단계는 그동안 思量으로 '나'라고 생각했던 慣習을 바꾸어가는 것이다. 내가 한다고 하는 것들을 내가 하는 것이 아니라 내 몸을 구성하고 있는 세포 하나하나의 自生衆生들과 더불어 같이 한다고 하는 意識이다. 여기에서의 죽음은 개인으로서의 '나'의 죽음을 의미한다고 할 수 있다. 두 번째 죽음은 전체와 더불어 죽는 것을 의미한다. 첫 단계의 '나'의 죽음을 '너'와 '일체'로 확장하여 가는 것이다. 一切가 나와 둘이 아니며 他의 생명이 나의 생명과 다르지 않게 인식이 된다면 진정한 두 번째 죽음이 되는 것이다. 세 번째의 죽음은 나툼의 도리를 알게 되는 것이다. 『화엄경』에서 說主 菩薩이 法을 설하기 전에 삼매

---

192) 〈일반법회〉 1987. 5. 3.

에 든 후에 깨어나서 법을 설하는 것으로 볼 수 있다. 고요한 마음에
모든 것이 투영되어 비춰지기 때문에 自他의 구별이 없이 한마음으로
應身해 줄 수 있는 단계라고 할 수 있다.

> 主人空 공부에서 나를 찾으라고 그러니까 여기에 일체 하나도 붙지 않고
> 자기만 있는 줄 알아. 그건 참으로 옹졸하고 넓지 못한 거야. 일체가 空했다
> 는데도 불구하고 어떻게 은사, 제자가 따로따로만 있겠니. 같이 있다가 따로
> 있다가 하면서 찰나찰나 들고 나는 거야. 그래서 처음에 공부할 때는 모든
> 것을 놓아서 나를 발견하고 두 번째는, 거기에서 모든 걸 내 탓으로 돌리고
> 모든 것을 '나'로 본다. 미흡한 점이 있어도 내가 모자랐을 때의 나로 보고
> 잘한다고 해도 잘하는 대로 '나'로 보고 主人空에 놓아야만 한다. 세 번째는
> 나툼을 배울 때에 바로 내주는 거야. 내주고 들이고 내주고 들여도 줄거나
> 늘지도 않고 먹고도 되남는 도리를 알게 된다.193)

앞에서 五神通은 道가 아니라고 했다. 漏盡通을 얻어서 五神通을
자유자재로 들이고 내고 굴릴 수 있어야 진정한 道가 된다고 했지만,
五神通이 神通으로서의 作用을 하지 못하는 것은 아니다. 개개의 神
通은 神通으로 존재한다. 여기에서도 깨달음을 次第的 地位로 나누어
놓기는 했지만 修行의 方法으로 보면 自利行과 利他行을 명확히 구분
할 수는 없다. 진실한 세 번의 죽음[깨달음]을 맛보려면 主人空을 무
조건 믿고, 주인공에게 맡겨 놓고 지켜보며, 모든 경계 앞에서는 남을
원망하지 않고 오로지 내 탓으로만 돌려야 한다. 결국 위의 인용문에
서 볼 때, 은사와 제자가 따로 존재는 하지만 은사는 은사로만 있는 것
도 아니요, 제자는 제자로만 있는 것도 아니기 때문에 일체가 찰나찰나
들고 나는 空의 자리인 것이다.

처음 나를 발견하는 것이라고 하지만 처음부터 '나'라는 존재는 없었

고, 둘째는 自와 他가 따로 있지만 둘이 아님을 터득하여 '나'라고 하는 존재의 사고를 전환시키며, 셋째는 일체가 나와 분리되어 있지 않기 때문에 모든 것을 내줄 수 있는 마음이 되는 것이다. 따라서 他人을 위한 行이 하나도 없이 온전히 自利行만을 하지만 결국은 온전한 利他行이 되어 菩薩道를 실현해 가는 과정이라고 할 수 있다.

스님은 깨달음에 이르는 修行의 과정을 세 번의 죽음의 단계로 설정했지만 단계마다 놓고 맡기고 굴려서 다시 놓는 수행의 방법에는 뚜렷한 차별을 보이지 않는다.

화엄에서도 次第的 階位를 繼承하면서 圓融門으로 포섭하듯, 대행스님이 깨달음을 얻는 수행은 단계를 뛰어넘어 단계 없는 세 단계로서 선재가 하나의 해탈문으로 이미 佛地의 地位에 이른 것처럼 大行스님 또한 하나하나 깨달아 가는 實踐行이 곧 해탈문이 되어 부처의 行을 하고 있다고 볼 수 있다.

2) 解脫境界

『화엄경』의 「입법계품」은 逝多林의 重閣講堂에서 설한 것이다. 『수현기』에서는 重閣講堂에서 설하는 이유를 逝多林에서 攝化를 시작했기 때문이라고 하며, 중각에 있는 까닭은 悲心으로 正智 위에 있으면서 거듭 生함을 나타내기 때문[194]이라고 한다. 지엄이 말하는 것처럼 慈悲의 마음과 바른 智慧를 지니고 중생과 더불어 살아가는 實踐行이라야 진정한 菩薩行이 되기 때문일 것이다.

선재동자는 처음 文殊菩薩을 만나 發心을 하고 文殊菩薩의 가르침에 따라 덕운비구를 찾아가는 것으로 선재동자의 53善知識의 歷訪이 시작

---

194) 『搜玄記』 권5(『大正藏』 35, p.87c) "此是第八會在祇桓重閣說 所以在祇桓攝化始故 所以在重閣表悲心在正智上重生故"

된다. 「입법계품」의 善知識은 다양한 계층의 인물로 구성되어 있다. 그 가운데 보살은 文殊, 觀世音, 正趣, 彌勒, 普賢菩薩이 出現한다.

본고에서는 53人의 선지식 가운데 智慧와 般若空, 願行을 상징하는 文殊菩薩, 彌勒菩薩, 普賢菩薩을 통하여 선재동자가 얻은 解脫境界 와 大行스님이 얻은 깨달음의 境界를 살펴볼 것이다.

(1) 智慧의 文殊菩薩

大乘佛敎는 보살사상이 根幹을 이루며 利他的 實踐行을 표방한다. 利他的 實踐行의 이념은 智慧이고, 智慧를 상징하는 보살이 文殊菩薩이다. 智慧를 갖추지 않고 실천을 하는 것은 모래 위에 집을 짓는 것과 같다. 善財가 처음 만나는 사람은 문수보살이다. 문수보살을 만나 보리심을 내고 어떤 선지식을 찾아갈지 안내를 받는다. 이는 선재가 信心과 더불어 智慧를 갖춘 후에 實踐修行으로 菩薩道를 실현해가는 것으로 볼 수 있다. 文殊師利童子[195]는 善住樓閣에서 나와 南方으로 가다가 장엄당 사라숲에 머물러 '법계를 두루 비추는 수다라〔普照修多羅〕'를 설하여 백만억의 那由他 수다라를 권속으로 삼는다. 법장은 이른바 지혜의 작용이 넓게 펼쳐지므로 普照라고 이름하는 것이며, 비추는 바가 깊고 넓으므로 法界라고 이름하니, 곧 入法界의 經[196]이라고 하고 있다.

---

195) 일반적으로 經典에서는 文殊菩薩의 이름을 文殊師利, 文殊師利法王子, 文殊師利菩薩, 文殊師利菩薩摩訶薩, 妙德菩薩 등으로 표현한다. 그러나 말회 처음에 文殊師利童子라고 표현한 것은 菩薩道에서 求道的인 행보를 지닌 文殊로서의 모습이 눈에 띈다고 보고 있다. 中村薫, 「『華嚴經』의 菩薩觀 - 特に普賢, 文殊, 彌勒の三聖の相互關係について」, 『日本佛敎學會年報』 51(1986), p.93.
196) 『탐현기』 제18권(『大正藏』 35, p.453a) "謂智用宏舒名爲普照 所照深廣稱爲法界 卽是入法界經也"

文殊가 善住樓閣에서 나오는 것은 스스로의 깨달음에 머물지 않고 衆生을 敎化하고자 하는 慈悲心의 發露이다. 十信의 지위에 있는 문수보살은 근기가 낮은 사람에게 믿음이 생기게 하는 역할을 맡고 있다. 善財가 문수보살을 만나고 發心을 하였듯이 중생의 근기가 열등하기 때문에 發心할 수 있는 계기[197]를 마련해 주고자 하는 것이다. 부처님께서 正覺을 이루신 후에 홀로 涅槃樂에 머물지 않으시고 깨달으신 법을 펼치려고 5비구를 찾아 떠난 것에 비유할 수 있다.

『華嚴經』에서는 十信을 보살의 修行位로 보지 않고 범부의 지위로 보기 때문에 열 사람을 분별하지 않고[198] 문수만을 信의 지위에 둔다. 또한 문수는 부처님의 根本果智에 의거하여 수행하는 근본을 삼기 때문에 홀로 十信位를 드러낸 것[199]이라고 한다. 문수의 南行은 중생의 欲을 인도하는 것이다.[200] 남쪽으로 선지식을 찾아 가라고 하는 남쪽의 의미에는 여러 가지 해석이 있다.

　　첫째, 한 곳을 들어 나머지 모든 곳을 비유한 것이다. 둘째, 밝음의 뜻으로 어둠을 버리고 지혜로 향함을 의미한다. 셋째, 中의 뜻이다. 동서의 양변을 떠나서 中正의 一實道에 계합하기 때문이다. 넷째, 生의 뜻이다. 남쪽은 햇볕을 다스려서 萬物을 기르기 때문에 선재의 行이 증장함을 의미한다. 북쪽은 음이고 滅을 의미하기 때문에 부처님의 열반 시에 북쪽으로 머리를 두었다. 다섯째, 隨順의 뜻이다. 왼쪽을 등지고 오른쪽을 향하는 것이니 오른쪽은 곧 順이다. 서역은 흙바람 때문에 城과 마을과 집들이 모두 동쪽을 향하여 있다. 동쪽에서 남쪽으로 가는 것은 해와 달이 움직이는 방향을

---

197) 위의 책(『大正藏』 35, p.453a) "初文殊自就覺城 以物機初劣未發心故就之方攝"
198) 위의 책(『大正藏』 35, p.451c) "初文殊一人寄當十信知識 以信不成位故不辨十人"
199) 이통현저, 효산역, 『약석 신화엄경론』 (운주사, 1999), p.169.
200) 『搜玄記』 권5(『大正藏』 35, p.91a) "初文殊南行引生勝欲"

따르는 것이다. 이것은 선재가 敎理를 따르는 것을 의미한다.[201]

남쪽이 의미하는 것처럼 선재는 어떤 경계에도 물러서지 않고 바른 지혜로 선지식의 가르침을 따라 깨달음이 增長되어 감을 뜻한다. 문수 보살은 선재를 보자마자 과거에 지은 善根과 身,口,意로 지은 공덕의 인연으로 發心修行할 수 있음을 감지한다. 문수보살은 설법으로 菩提心을 내게 하고 과거에 심은 善根을 기억하게 하여 현재의 菩提心을 더욱 增長시키기 위함이다.

大行스님은 과거의 善根과 더불어 현재가 같이 돌아감을 씨에 비유하여 과거 보이지 않는 세계와 현재 보이는 세계를 설명한다. 종자를 뿌리고 수확하여 양식으로 삼고 또 종자를 심고 하는 원리를 보면 먹고도 남고 되남고 하듯이 씨가 보이는 유전자에 보이지 않는 무전자를 포함하고 있기 때문[202]이다. 이처럼 우리는 보이는 세계[現象界]와 보이지 않는 세계[絶對界]가 同時에 연결되어 돌아감을 알아야 한다. 곧 문수보살과 같은 智慧를 성취하기 위하여 선재가 견고한 믿음을 가지고 어떤 경계에도 물러서지 않고 疲厭心을 내지 않고 정진하는 것은 大行스님이 말하는 현상세계와 깨달음의 세계의 연결고리를 찾아가는 方法일 것이다.

문수보살은 菩薩行과 菩薩道를 닦는 방법을 묻는 선재에게 승낙국의 덕운비구를 찾아가라고 안내해 주듯이, 大行스님은 主人空을 믿고 생활 속에서 일어나는 모든 일을 主人空에 맡기라고 한다. 文殊菩薩

201) 『대방광불화엄경소』 제55권(『大正藏』 35, p.920a) "初一約事 謂擧一例諸…二者 明義表捨闇向智故…三中義 離邪僻東西二邊 契中正之實道故 四生義 南主其陽發生萬物 表善財增長行故 北主其陰 顯是滅義故 世尊涅槃今棺北首 五隨順義 背左向右右卽順義 以西域土風城邑園宅皆悉東向故 自東之南順日月轉 顯於善財隨順敎理故"
202) 〈담선법회〉 1985. 12. 27.

은 善住樓閣을 나와 부처님의 성문제자인 지혜제일 사리불과 60여명의 比丘를 敎化하고 이어서 一萬의 龍을 敎化하고 善財를 敎化한다. 鄭柄朝에 따르면 聲聞 比丘衆은 小乘的 出世間의 세계로 自利行에 머물고 있는 空寂에 執着한 무리들이며, 龍의 세계는 有爲와 昏迷의 世俗을 가리키는 것으로 有에 執着하는 무리들이다. 선재의 敎化는 바로 中道로서 有無를 떠난 同時에 有無를 포용하는 절대적 평등의 中道이다. 이러한 中道를 普賢行으로 펼쳐간다.203) 따라서 선재의 求道行은 中道로서의 普賢行이 되는 것이다.

> 공부할 때는 空으로 치우칩니다. 그게 空으로 치우쳤을 때는 내면의 소리를 위주로 하게 되죠. 그런데 이 "空이냐?" 할 때 "空이 아닙니다." 그러면 "현상의 有냐?" "그것도 아닙니다." 이랬을 때는 그대로 내가 앞에 닥치는 거, 내가 소유하는 거 그대로 해 나가는 그 마음이 그대로 主人空이다. 진짜 中道에서 내가 하는 것이다.204)

문수보살이 선재에게 有無를 떠났으면서도 有無를 포용한 中道를 설한 것처럼 大行스님은 空見과 有見을 포용하면서 그대로 行을 하는 中道를 설한다. 결국 主人空 觀法은 有無에 빠지지 않고 中道行을 실현하는 菩薩行이라고 볼 수 있다.

선재동자가 첫 번째로 歷訪한 德雲비구는 德雲이라는 이름처럼 선정, 복덕, 자비, 지혜를 갖추고 자유자재하고 결정하게 이해하는 힘을 얻어서 지혜의 광명으로 두루 비추는 염불문을 얻었다. 이러한 염불문의 성취는 믿음이 원만하여 구경에 이르면 일체 법을 곧 마음의 自性에서 성취하고 慧身을 다른 이로 말미암아 깨닫는 것이 아님을 아는

---

203) 정병조, 『文殊菩薩의 硏究』(韓國佛敎硏究院 出版部, 1989), pp.124-125.
204) 〈담선법회〉 1984. 02. 13.

것[205]이라고 하고 있다. 선재가 求法行을 계속하는 이유는 다른 사람이 智慧를 주는 것이 아니라 마음의 自性으로부터 일체 법이 出現하는 智慧를 깨닫기 위한 방편일 것이다. 어떤 殊勝한 선지식이라고 해도 안내자로서의 역할은 할 수 있지만 직접 경험하고 체험하지 않으면 깨달음을 얻을 수 없기 때문이다. 大行스님이 제자를 가르치는 방법을 잠깐 소개하면 다음과 같다.

> 우리 지금 배우는 게 다 獨學者로 가르치고 있거든. 내가 이렇게 뒤에서 獨學者로 가르치는 건 내가 너희 영혼들을 가르치지, 지금 육신을 끌고 다니면서 가르치는 게 아니기 때문에 獨學者가 되는 거야. 내가 만약에 너희들 육신을 끌고 다니면서 가르친다면 獨學者가 못돼. 獨學者 아니면 위력이 없어. 남들이 보기에는 허미한 것 같아도 정말 우주를 집어삼킬 수 있는 그 능력 자체는 바로 獨學者라야 만이 있는 거지.[206]

누구에게 의지하지 않고 배우는 獨學者라는 것은 직접 경험하고 체험하면서 체화시켜야 함을 의미한다고 볼 수 있다. 肉身으로 다니면서 하는 체험도 중요하지만 한마음에 계합하여 무한의 능력을 낼 수 있는 정신을 길러주는 역할을 한다고 할 수 있다.

그러나 스스로의 自性을 믿고 智慧物理가 생길 수 있도록 스승으로서 도움은 주지만 내면에 지니고 있는 自性의 發顯은 각자 끊임없는 노력으로만 가능하다. 智慧의 상징인 문수보살이 선재에게 멀고 먼 求道行을 시킨 이유가 여기에 있을 것이다.

(2) 來世의 彌勒菩薩

선재는 남쪽 해안국의 대장엄 동산에 있는 광대한 毘盧遮那莊嚴 樓

---

205) 이통현저, 효산역, 『약석 신화엄경론』(운주사, 1999), p.187.
206) 〈승단법문〉 1987. 12.

閣으로 彌勒菩薩을 찾아간다. 彌勒菩薩은 선재가 만나는 52번째 善知識이다. 彌勒(Maitreya)의 지위는 攝德成因相의 선지식으로 앞에서 緣을 모아서 實相에 들어가 정히 부처를 이룰 만하기 때문에 一生補處의 因을 분별한다.[207] 부처님의 지혜바다에 들어가서 生死海岸에 이르렀기 때문에 海岸이라 한다. 生死 園林에 萬行의 수풀로 자기의 佛果를 장엄하며, 자기의 智慧와 慈悲를 장엄하여 佛果를 이미 모두 원만히 구족하였으므로 대장엄이라 한다.

이름이 비로자나 장엄장인 것은 根本智와 差別智를 모두 체달한 果報로 이 누각이 생겼음을 밝힌 것이다.[208] 미륵보살이 손가락을 튕기자 누각의 문이 열린다. 선재는 미륵보살의 몸이 누각 전체에 두루함을 보며, 과거·현재·미래의 미륵보살의 자재한 경계를 본다. 누각의 문을 여는 것은 미륵보살이 선재를 깨달음으로 들어가게 하는 것이며, 선재가 미륵보살의 자재한 경계를 보는 것은 미륵보살과 동등한 지위에 있다고 볼 수 있다.

삼매에서 깨어난 선재가 樓閣이 어디서 왔으며 미륵보살은 어디서 왔는지의 물음에 대한 미륵보살의 답변이다.

보살의 지혜의 신통한 힘으로부터 와서, 보살의 지혜의 신통한 힘을 의지하여 머무른 것이며, 간 곳도 없고 머무른 곳도 없고 모인 것도 아니고 항상한 것도 아니어서 모든 것을 멀리 여의었느니라.[209]
선남자여, 보살들은 오는 일도 없고 가는 일도 없이 그렇게 오느니라. 다니는 일도 없고 머무는 일도 없이 그렇게 오느니라. 처소도 없고 집착도 없고

207) 『탐현기』 제20권(『大正藏』 35, p.486b) "彌勒位是攝德成因相知識者 前旣會緣入 實定堪成佛故 辨一生補處成因之義"
208) 이통현저, 효산역, 『약석 신화엄경론』 (운주사, 1999), p.428.
209) 『80화엄경』 「입법계품」 권79(『大正藏』 10, p.438a) "從菩薩智慧神力中來 依菩薩智慧神力而住 無有去處 亦無住處 非集非常 遠離一切"

없어지지도 않고 나지도 않고 머물지도 않고 옮기지도 않고 동하지도 않고
일어나지도 않고 연연함도 없고 애착함도 없고 업도 없고 과보도 없고 생기
지도 않고 멸하지도 않고 아주 없지도 않고 항상하지도 아니하여 그러하게
오느니라.210)

미륵보살의 답변에서 空사상이 잘 드러난다. 空사상은 지혜의 완성
으로 나타나며, 반야바라밀의 지혜를 온전히 터득해야만 하는 것이다.
따라서 彌勒菩薩이 문수보살을 찬탄하고 문수를 다시 찾아가게 하는
것은 지혜가 바로 불도의 究極을 나타내고 大乘菩薩의 智慧를 확실히
입증하는 의미라고 볼 수 있다.211)

미륵은 현재의 선지식으로서 顯現하고, 一生補處菩薩로서 스스로
"내가 미래에 정각을 이룰 때 너와 문수사리는 함께 나를 볼 것이다212)"
라는 것은 시간을 초월하여 보리심을 發하고 疲倦하지 않는 선재와 지
혜를 갖춘 문수보살과 함께 한다는 의미로 해석할 수 있다. 또는 선재
의 지위가 이미 미륵보살과 다름이 없기 때문에 미륵보살이 있는 곳에
는 선재도 함께 있다고 볼 수도 있다.

大行스님은 우리가 바로 진화함으로서 앞으로의 발전을 위해서 미
래의 法身으로서 미륵 부처로 등장한다고 하며 미륵보살이 따로 있는
게 아니라 앞으로 공부를 해서 부처가 되면 '미륵보살' 또는 미륵부
처213)다. 그렇기 때문에 미륵부처가 따로 있는 것은 아니며, 우리가 살

---

210) 위와 같음, "善男子 諸菩薩無來無去 如是而來 無行無住 如是而來 無處無著
　　不沒不生 不住不遷 不動不起 無戀無著 無業無報 無起無滅 不斷不常 如是
　　而來"

211) 中村薫, 「『華嚴經』の菩薩觀 - 特に普賢, 文殊, 彌勒の三聖の相互關係につ
　　いて」, 『日本佛敎學會年報』 51(1986), p.101.

212) 『60화엄경』 「입법계품」 권60(『大正藏』 10, p.783a) "善男子 我於彼中 壽終下
　　生 成正覺時 汝及文殊師利俱得見我"

213) 〈일반법회〉 1986. 01. 30.

아가는 세계는 幻의 세계이므로 삼세가 따로 없다고 한다.

> 우리가 세계를 幻으로 보든 幻이 아닌 것으로 보든 幻인 거야. 삼천대천세계
> 가 다 보인다 할지라도 지금 눈뜨고 이렇게 보는 거나 똑같은 얘기야. 생시
> 가 꿈이고 꿈이 생시듯이 말이야. 그래서 空이다 하는 것은 有를 살리기
> 위한 空이지 없을 空이 아니라는 얘기지. 우리가 공부하는 게 지금 살리고자
> 하는 공부지, 그 땅에 묻혀버리고자 하는 공부가 아니거든. 그래서 씨 하나
> 를 무심코 던졌더니, 흙이 덮여져서 다행히도 그 싹은 바로 우뚝하게 섰더
> 라. 그 싹이 단 줄 알았더니 그것이 아니라 전자에 내가 바로 여기 있더라.
> 그러니 어찌 과거가 따로 있고 미래가 따로 있고 오늘이 따로 있겠나.214)

時間觀을 나타내는 「법성게」의 '九世十世互相卽'과 일맥 상통한다.
九世는 과거, 현재, 미래에 각각의 과거, 현재, 미래가 있고 지금 바로
一刹那인 一念이 있다. 九世와 一念이 相卽하기 때문에 三世는 同時
에 존재한다. 그러나 객관적으로 존재하지 않기 때문에 無時間이
다.215) 그러나 一念에 과거, 현재, 미래는 다 들어와 있지만 또한 과거,
현재, 미래가 다 없다고도 할 수 없다. 모두 없기 때문에 비로소 다 들
어올 수 있다.216) 이처럼 大行스님은 無自性의 空을 말하지만 有와의
相卽을 강조하여 현재의 삶에 최선을 다할 것을 당부한다. 一念이 삼
세를 包含하고 있기에 게으르지 말고 修行精進하여 열반은 살아서의
열반이 진짜 열반이라고 한다.

> 여러분의 마음에 따라서 찰나찰나 움죽거리고 돌아가는 그 자체가, 화해서
> 돌아가는 그 자체가 부처님인 것이고 나중에는 어떤 것도 내세울 수 없다는
> 데까지 도달해야 만이 살아서 열반을 하게 되는 겁니다.217)

---

214) 〈담선법회〉 1984. 03. 09.
215) 김호성, 『대승 경전과 禪』(민족사, 2002), p.179.
216) 위의 책, p.180.

구체적인 예로, 배우가 작품에서 자신의 배역을 맡아 그 배역에 충실하고 그 역할이 끝나고 막이 내리면 본래의 자신으로 돌아가듯이, 각자의 삶도 연극배우에게 주어진 삶과 같기 때문에 꿈이나 생시나 다름이 없다. 따라서 현재 주어진 삶이 幻인 줄을 여실히 自覺해야만 執着에서 벗어나서 열반을 이룰 수 있을 것이다. 미륵보살이 현재에도 顯現하고 一生補處菩薩로서 來生에 顯現한다고 해도 전자의 싹이 바로 오늘의 싹이 된 것과 같을 것이다.

(3) 行願의 普賢菩薩

화엄의 수행은 보현행이라는 말로 상징될 만큼 普賢菩薩은 『화엄경』의 說主로서 중심의 위치에 서 있다. 보현보살은 『80화엄』의 7처 9회 39품 가운데 초회 6품의 說主로서 佛의 自內證境界를 설하고 있으며, 7회에서는 等覺과 妙覺의 경계를 보현이 주로 설한다. 8회 妙覺의 경계도 보현이 설하고 있으며, 9회는 선재의 구법여정으로 普賢菩薩은 53번째의 마지막 선지식으로 出現하여 菩薩道의 完成을 보이고 있다. 이처럼 『華嚴經』은 보현보살을 통하여 佛境界인 佛自內證境, 佛果, 佛果行用 등을 드러내고 있다.[218]

선재는 一心으로 보현보살을 보려고 普眼으로 부처님과 여러 보살을 관찰하고 慧眼으로 보현의 도를 보았다.[219] 선재에게 今生은 道를 보고서 수행하여 行願이 원만한 一生이며, 來生에는 바야흐로 成佛하는 一生임을 밝힌 것이다. 이 당래 일생의 佛果로써 根本 금강장지 보

---

217) 『허공을 걷는 길: 정기 법회』 1권, p.72.
218) 전해주, 『화엄의 세계』 (민족사, 2007), p.33.
219) 『80화엄경』 「입법계품」(『大正藏』 10, 440a) "善財普攝諸根 一心求見普賢菩薩 起大精進 心無退轉 卽以普眼觀察十方一切諸佛 諸菩薩衆所見境界 皆作得見普賢之想 以智慧眼觀普賢道"

리의 妙理를 회통하면 비로자나 여래가 얻은 果海와 普賢의 옛적 行이 본래 一切를 具足하므로 삼세의 고금이 둘이 아닌 것이니, 때가 다시 바뀌지 않고 同異가 자재하여 법계 인다라망의 장애가 없는 법문에 처하는 것이다.[220]

문수보살이 佛果를 이루는 因이었다면 普賢菩薩은 佛果이다. 선재가 보현보살을 보고 불가사의한 神變을 경험한 것과 보현보살이 선재의 정수리에 손을 얹었을 때 무수한 三昧門을 얻고, 보현보살의 모공 속에서 불가사의한 세계의 무수한 중생을 교화하고, 보현보살의 行과 願 그리고 일체의 佛과 같은 경지를 얻는다. 선재는 이미 보현보살과 일체가 되어 문수보살의 지혜를 바탕으로 次第로 歷訪한 선지식들이 얻은 해탈문을 얻은 것이다. 大行스님은 보현보살을 다음과 같이 설명한다.

> 보현은 나와 남과 더불어 이익하게, 바로 지혜로써 굴러서 用을 하는 것입니다. 그래서 부처님의 협시보살로 모셔놓고 있는데, 그 물질로만 보고, 바로 저 부처님 따로 있고 이 부처님 따로 있고 이 가운데 부처님 따로 있는 줄 알고, 그렇게 하시니까 이것은 수많은 세월이 가도 나의 마음을 깨달을 수는 없는 것입니다.[221]

普賢行은 따로 있는 것이 아니라 내 앞에 오는 모든 경계들을 받아들여서 主人空에 놓는 행위가 普賢行이라고 볼 수 있다. 우리에게 널리 알려져 있는 보현보살의 十大行願[222]은 생활 속에서 부처님을 예

---

220) 이통현저, 효산역, 『약석 신화엄경론』(운주사, 1999), p.438.
221) 〈일반법회〉 1986. 01. 05.
222) 『40화엄경』 「보현행원품」(『大正藏』 10, 844b-846c) ① 禮敬諸佛願 ② 稱讚如來願 ③ 廣修供養願 ④ 懺悔業障願 ⑤ 隨喜功德願 ⑥ 請轉法輪願 ⑦ 請佛住世願 ⑧ 常隨佛學願 ⑨ 恒順衆生願 ⑩ 普皆廻向願

배 공경하고 찬탄하며 중생과 더불어 일체의 공덕을 회향하는 것이다. 옳고 그름의 잣대는 내가 세워서 판단할 일이 아니다. 나의 잣대는 말 그대로 나의 고정관념으로 굳어진 것일 뿐이다. 따라서 내 앞에 벌어 지는 모든 일은 主人空을 믿고 맡길 때에 바른 지혜가 되어 서로서로 에게 이익을 줄 수 있다.

법당에 수많은 부처님이 계셔도 높고 낮음이란 없다. 보현보살이 부 처님의 협시보살로 모셔져 있지만 부처님의 지위보다 낮아서 보살의 지위에 머물러 있는 것은 아니다.

예를 들어 가족의 구성원을 보면 각각의 역할이 다르지만 높고 낮은 것은 아니다. 이처럼 부처님도 각각의 역할이 다르다고 볼 수 있다. 다 만 부처과 보살, 중생이라는 二分法的인 사고가 부처님과 내가 일체가 되지 못하고 따로 분리시킬 뿐이다.

우리가 기도를 한다고 해도 부처와 내가 둘이 아니게 놓고, 절을 한 다고 해도 부처와 나의 마음을 계합시키면 일체가 하나로 돌아가게 된 다. 부처도 보살도 중생도 모두 한마음에서 나온 것이기 때문에 한마 음에 하나로 되돌려 놓으면 저절로 보현행이 되어 깨달음의 길에 한 발자국 더 가까이 갈 수 있을 것이다.

여러분이 나와 따로따로 있는 게 아니기 때문에 같이 공체로서 공용을 하기 때문에 나 아님이 없어. 그러기 때문에 나를 내가 이끌고 갈려면 어쩔 수 없이 말을 해야 하고 또는 길을 인도해야 해. 여러분의 마음이 가난하다면 요 한 치도 넘길 수가 없고, 여러분이 지혜가 넓다면 그 지혜로써 도구가 돼서, 무기가 돼서 일체 만법을 응용할 수 있고 활용할 수 있는 거야, 자동적 으로.[223]

---

223) 〈일반법회〉 1986. 04. 19.

스님은 중생들을 인도하기 위해서 一切를 나로 본다. 나로 보고 인도를 해 주지만 지혜를 넓히는 것은 각자 개인이 얼마나 마음을 잘 넓히고 가는지에 달려있다. 지혜로운 마음으로 활용을 잘 하면 선재가 보현보살과 하나가 되어 보현보살이 얻은 果海를 맛본 것처럼 집착을 내려놓고 일체를 主人空에 일임하면서 수행을 해 나가는 것이야말로 보현보살과 하나가 될 수 있는 진정한 普賢行願이라고 할 수 있다.

3   成佛論

한국불교에서는 깨달음을 성취하는 방법으로 주로 看話禪 修行을 하고 있다. 그러나 이제는 看話禪 수행이 根幹을 이루면서도 다양한 불교 수행법이 공존하고 있다. 대행스님의 수행 방법은 스님이 체험한 것을 토대로 성립되었기 때문에 전통적으로 전해지는 수행법과는 다소 거리가 느껴질 것이다.

大行스님의 修證論은 세 단계로 나눌 수 있다. 즉 세 번의 죽음을 통하여 성불은 완성되는 것으로 여기서의 죽음은 어떤 것으로도 세울 수 없는 道理를 아는 것을 말한다.

첫 번째 단계는 한 번 죽어 '참나'를 보는 것이요. 여기서 죽는 것은 개인으로서의 '나'의 죽음을 의미한다. 두 번째 단계는 두 번 죽어 둘이 아닌 도리를 아는 것이요. 두 번째 죽음은 전체와 더불어 죽는 것을 의미한다. 세 번째 단계는 세 번 죽어 나툼의 도리를 알게 되는 것이다. 세 번을 죽어 나툼의 도리를 알게 될 때까지 主人空에 놓고 맡기는 공부를 계속해야 한다.

1) '主人空'의 발현

見性成佛이라는 말은 주로 禪家에서 쓴다. '참나'의 발견이란 '참성품'을 보는 見成의 단계라고 할 수 있다. 大行스님은 見性의 단계를 중생으로서의 나를 되돌려 主人空 자리에 놓음으로써 나를 알게 되는 데까지로 수행자가 '거짓 나'224)로서 한 번 죽는 것이고 동시에 '참나'로서 새로 태어나는 것225)이다. 초기불교에서는 五蘊의 無常, 苦, 無我를 보는 자는 染汚, 離慾, 解脫을 한다고 한다. 解脫涅槃을 위해 주로 無常, 苦, 無我를 통찰하는 방법을 사용한 것이다.

불교의 핵심인 三法印은 諸法無常, 諸法無我, 一切個苦다. 法은 다르마(dharma)로 부처님의 가르침인 진리를 뜻한다. 부처님의 마지막 遺訓인 自歸依(atta-dīpā), 法歸依(dhamma-dīpā)226)는 스스로를 의지하고 法을 의지하여 수행해 나가라는 가르침으로 철저히 다른 것〔他〕에 의지하지 말고 스스로의 섬〔自洲〕에 의지하라고 권한다. 自歸依法歸依의 실천수행법으로 몸〔身〕, 감각기관〔受〕, 마음〔心〕, 법〔法〕을 관찰하도록 한 것이 四念處觀이다. 이 말의 의미를 살펴보면 自歸依와 法歸依는 동등한 지위에 있음을 알 수 있다. 自歸依에서의 自는 無我이기에 肉身인 물질만을 의미하지 않으며, 肉身을 포함하는 한마음인 一心이라고 볼 수 있다. 왜냐하면 한마음은 고정되어 있지 않고 온 우주와 연결되어 있는 法界一心이기 때문이다. 法歸依에서의

---

224) 大行스님은 거짓 나라고 표현하지만 참나와 동떨어진 것이 아니라 오히려 거짓 나의 근본 그 자체가 참나라고 할 수 있으며 중생심, 번뇌심, 삼독심을 끊고 참나를 얻는다기보다 그것들을 되돌려 놓음으로써 참나로 바꾼다고 한다. 즉 참나를 찾게 되면 중생으로서의 거짓 나 또한 참나의 한 모습임을 알게 된다. 이제열, 『한마음-대행스님대담집』(글수레, 1988), p.17.

225) 위의 책, p.29.

226) 이수창(마성), 「自燈明 法燈明의 번역에 대한 고찰」, 『불교학연구』제6집 (2003), pp.157-184 참조.

法은 法身佛의 의미로 해석할 수 있다. 華嚴에서의 비로자나불은 法
身佛이며 비로자나불의 마음은 한마음과 연결되며, 法身佛인 비로자
나불은 곧 석가모니불이다. 따라서 法歸依에서의 法은 곧 法身佛이므
로 自歸依法歸依는 한마음의 一心으로 포섭할 수 있다.

초기불교의 無常, 無我, 苦는 『화엄경』에서 십이연기를 십종으로
관찰하면 空해탈문, 無相해탈문, 無願해탈문이 나타난다고 하는 것과
대비해서 살펴보자.

> 보살은 십이인연을 따라 나도 없고 사람도 없으며, 중생도 없고 수명도
> 없으며, 짓는 이도 짓게 하는 이도 떠났고 주인도 없고, 모든 것은 온갖
> 인연에 속하는 것이라고 이렇게 관찰할 때는 空해탈문이 그 앞에 나타납니
> 다. 이런 일이 없어진 뒤에는 다른 것은 상속하지 않기 때문에 無相해탈문이
> 그 앞에 나타나며, 그 두 가지를 알고는 다시는 존재를 즐기지 않고, 오직
> 큰 자비스런 마음으로 중생을 교화할 때는 無願해탈문이 그 앞에 나타납니
> 다.[227]

위의 인용문에서 보듯이 十二緣起를 十種으로 觀하면 實體가 없다.
여러 가지 因緣이 假合해서 생겨난 것이기 때문이다. 實體가 없으니
空이라는 뜻이다. 따라서 空해탈문은 無我에 대비할 수 있으며 영원히
불변하는 것은 없으니 無相해탈문은 無常에 대비할 수 있다. 실체가
없는 것에 집착을 하면 고통이 따를 수밖에 없다. 그러나 집착하지 않
으면 아무런 貪心이 없어서 원하는 바가 없게 되니 無願해탈문에 대비
할 수 있다.

---

227) 『60華嚴經』「十地品」(『大正藏』9, p.559a-b) "是菩薩隨十二因緣 無我 無人
無衆生 無壽命者 離作者 使作者 無主 屬衆因緣 如是觀時 空解脫門現在前
滅此事餘不相續故 無相解脫門現在前 知此二種 更不樂有 唯大悲心 敎化衆
生 無願解脫門現在前"

스님은 깨달음의 첫째 단계로서 '참나'의 발견을 들고 있는데 여기서 '참나'의 의미를 살펴보면, '참나'의 상대개념은 '거짓 나'이다. '거짓 나'는 '假我'라고도 하며 중생으로서의 성품을 말한다. 중생으로서의 분별심을 주인공 자리에 돌려놓아서 무분별의 지혜가 나오면 그 무분별의 지혜를 '참나'라고 할 수 있다. 이 '참나'를 眞我, 여래장, 불성이라고도 한다.

如來藏(tathāgata garbha)이란 '여래의 태아'를 의미한다. 모든 중생은 여래가 될 가능성을 지닌 존재를 나타낸다. 다만 현실로 드러난 것은 번뇌로 가려진 중생의 모습이지만 번뇌는 달을 가린 구름이 사라지는 것처럼 번뇌가 사라지면 여래의 법신이 모습을 드러낸다. 이러한 여래장이 같은 의미인 불성으로 나타난다. 불성의 의미에 관하여『대반열반경』의 「사자후보살품」을 통하여 살펴보겠다.

> 불성은 第一義空이라 하고, 제일의공은 지혜라고 한다. 空이라고 말하는 것은 空과 不空을 보지 않는 것이며, 지혜라고 하는 것은 空과 不空, 常과 無常, 苦와 樂, 我와 無我를 보는 것이다. 공이란 것은 일체 생사이며, 공하지 않다는 것은 대열반이며, 나아가 내가 없다는 것은 생사이며 나라는 것은 대열반이다. 일체 공한 것만 보고 공하지 않은 것을 보지 못하는 것은 中道라고 할 수 없으며, 나아가 온갖 내가 없는 것만 보고 나를 보지 못하는 것은 중도라고 할 수 없다. 중도란 것은 불성이라고 하니 이런 뜻으로 불성은 항상하여 변하지 않으며, 무명에 덮여서 중생들로 하여금 볼 수 없게 한다.228)

---

228) 『大般涅槃經』卷27, 「師子吼菩薩品」(『大正藏』12, p.523b) "佛性者名第一 義空 第一義空名爲智慧 所言空者不見空與不空 智者見空及與不空 常與無 常苦之與樂我與無我 空者一切生死 不空者謂大涅槃 乃至無我者卽是生死 我者謂大涅槃 見一切不見不空不名中道 乃至見一切無我 不見我者不名 中道 中道者名爲佛性 以是義故 佛性常恒無有變易 無明覆故令諸衆生不能 得見 聲聞緣覺見一切空不見不空"

위의 인용문에서 보면 불성=공=지혜가 성립하고, 또한 生死=空=無我이며, 大涅槃=不空=我로 요약할 수 있다. 공과 지혜는 상반되지만 동일하게 보는 것으로 중도라고 하므로 곧 불성=중도가 된다. 이렇게 보면 마음이란 '참나'와 '거짓 나'가 따로 분리되어 있는 것이 아니라 무명으로 인해 '거짓 나'로 있었을 뿐이지 본래의 마음 그대로는 변하지 않고 여여하게 존재했다고 할 수 있다.

그러면 본래면목이란 무엇인가를 생각할 때 현상적으로 드러나는 것과 잠재적인 것을 함께 말하고 있음을 알 수 있다. 여기서 잠재적인 것이라고 하는 것은 본성을 말하는 것으로 神과 같은 고정된 불멸의 존재는 아니다. 따라서 '거짓 나'는 연기되어 잠시 生했다가 滅하는 존재로 볼 수 있으며, '참나'는 본래적으로 가지고 있는 自性이라고 볼 수도 있다. 그러나 위의 인용문으로 보면 生死도 空이며 無我도 空이므로 自性인 '참나'노 空한 존재이다. 결국 '거짓 나'와 '참나'를 더불어 볼 수 있는 견해는 중도로서 空性이 된다고 할 수 있다. 따라서 잠재되어 있는 본성이 드러나면 깨달음이 되고, 무명으로 지혜가 발현되지 않으면 중생으로서 살아갈 수 밖에 없다.

그러나 대행스님이 '참나의 발견'이라고 할 때의 '참나'는 중생으로서의 분별의 마음을 主人空에 돌려놓아서 무분별의 지혜가 '참나'로 드러나는 것이므로 自性의 발현 또는 佛性의 발현이라고 할 수 있다. 이러한 불성의 발현을 『大般涅槃經』에서는 常樂我淨이라고 표현하고 있다.

> 생사의 本際는 무릇, 두 가지가 있으니 첫째는 무명이며 둘째는 愛이다. 이 두 가지 가운데 生老病死의 고통을 중도라고 한다. 이와 같은 중도가 생사를 깨뜨리므로 중도라고 하며, 이런 뜻으로 중도의 법을 불성이라고 한다. 그러므로 불성은 항상하고 즐겁고 나이고 깨끗하지만 모든 중생들이 보지 못하므로, 무상하고 즐겁지 않고 내가 없고 깨끗하지 않다고 한다.

그러나 불성은 진실로 무상하고 즐겁지 않고 내가 없고 깨끗하지 않은 것이 아니다.229)

불교에서의 생사윤회는 고통이다. 윤회의 고리에서 벗어나는 것이 해탈열반이다. 윤회하는 생사의 고통을 끊어버리면 열반락에 이르게 된다. 이런 의미에서 무명과 애욕에서 벗어날 수 있는 생사의 윤회를 깨뜨리는 것을 불성으로 보고 있는 것이다. 따라서 불성을 常樂我淨으로 보는 것은 무명이 제거되고 난 후의 본래의 성품으로 보기 때문에 상락아정인 것이다. 이제 대행스님이 깨달은 '참나'의 발견은 무엇인지 구체적인 문답으로 살펴보고자 한다.

질문 : 일체 경계를 주인공 자리에 놓는 수행법으로 결과에 도달하면 어떤 과보가 성취되는지요?
답　 : 자유인이 되지. 자유인이란 유위법과 무위법의 세계를 두루 볼 수 있으며, 중생은 이 두 세계를 단절시켜 놓고 살기 때문에 고통을 받지만 그런 苦로부터도 벗어난 사람이지. 찰나찰나 부딪혀 오는 모든 것들과 하나가 되어 주면서 세상을 제도해 나가게 돼. 여여한 거지. 흐르는 강물처럼 도도하게 흘러가는 것이 자유인의 삶이라구.
질문 : 참나를 찾아 실현하신 분들의 나라는 관념은 어떤 것인지요?
답　 : 나라는 관념이 없어. 어떤 경계가 부닥쳐도 곧 主人空 자리로 되돌리게 되지. 그게 더 계속되다 보면 구태여 主人空을 찾지 않아도 마음의 바탕 자체가 크게 쉬어져 있는 상태가 돼. 그래서 소소역력하게 매사에 응하면서도, 마음의 근본은 푹 쉬어 있어 편안한 것이지. 하나하나 살아나감에 있어서는 정확하면서도 마음은 편안한 그 다음에야 근본 마음이 드러나게 되는 거야. 그러니 그때에는 벌써 내 것,

229) 『大般涅槃經』卷27, 「師子吼菩薩品」(『大正藏』12, p.523c) "生死本際凡有二種 一者無明 二者有愛 是二中間則有生老病死之苦 是名中道 如是中道能破生死故名爲中 以是義故 中道之法名爲佛性 是故佛性常樂我淨 以諸衆生不能見故 無常無樂無我無淨 佛性實非無常無樂無我無淨"

네 것 하는 구별이 없지.230)

한 번 죽어 깨달음을 성취한 구체적인 問答 속에서 見性觀을 여실히 엿볼 수 있다. 자유인[깨달은 이]은 유위법과 무위법을 같이 볼 수 있다는 말 속에서 『大般涅槃經』의 중도 불성과 상통함을 알 수 있다. 중생은 유위법과 무위법을 단절시켜서 고통을 받지만 유위법과 무위법을 둘이 아니게 볼 수 있다면 고통은 사라지게 된다.

'나'를 유위법으로 본다면 '주인공'은 무위법이 된다고 할 수 있다. 결국 '나'라는 관념과 '주인공'이라는 관념이 둘이면서도 하나로 녹아지게 되면 근본 마음[본래의 성품]이 드러나게 되어 견성이 되었음을 말하고 있다. 어떤 경계라도 일체 主人空 자리로 되돌려 놓으면 見性하게 되어 너와 나, 유위와 무위의 세계 등으로 단절시키던 분별심이 주인공과의 합일을 통하여 무분별의 지혜로 전환되었기 때문에 無我임을 알게 되고 有爲法과 無爲法이 圓融하여 걸림이 없으므로 고통에서 벗어나 열반의 세계에 進入한 것이라고 할 수 있다.

2) 自他不二

한 번 죽어 '참나'를 발견했다고 해서 成佛한 것은 아니다. 한 번 죽어 '참나'를 본 것은 大行스님의 표현으로 하면 이제 어린 아이가 탄생한 것뿐이다. 어린 아이의 성품과 어른의 성품이 다르지 않으나 어른이 되기까지 익히고 배워야 어른다운 어른이 되는 것처럼 한 번 죽어 참나를 발견했으니 두 번 죽어 둘이 아닌 도리를 깨우쳐야 하는 것이다. 대행스님은 두 번째의 죽음을 어린 아이가 탄생을 했으니 어떻게 길러야 할까를 고민하는 단계로 본다.

---

230) 이제열, 『한마음-대행스님대담집』 (글수레, 1988), pp.27-29.

둘이 아닌 도리를 알기 위해서 바로 거기[내면]에 놓고 가되, 안에서 어떠한 것이 나오더라도 거기에서 나오는 대로 맹종하지 말고, 나를 발견해서 볼 때에 나를 넓혀서 생사윤회에 끄달리지 않게 하기 위해서, 즉 말하자면 이것도 시키고 저것도 시키고, 이것이 옳다 저것이 옳다 하고 주장하는 그런 안의 경계가 있습니다. 그러나 안의 경계에 맹종하지 말고 累가 되지 않는 일은 듣고 累가 되는 일은 나를 테스트 해 보려고 그러는 거니까 감사하게 생각하고 거기 또 놔라 이겁니다. 그러니까 안으로도 밖으로도 경계에 맹종하지 말고 모든 이치를 눈으로 보고 듣고 모든 것을 내가 주장해서 결정짓는 데에 양면이 다 총괄이 돼서 그대로 법이 된다는 얘깁니다.231)

둘이 아닌 도리를 온전히 깨우치기 위해서는 부처님께서 마왕 파순의 유혹에 넘어가지 않은 것처럼 내면에서 나오는 魔의 경계에도 속지 말아야 하며 외부에서 오는 魔의 경계에도 속지 말 것을 당부하고 있다. 그런 경계에도 빠지지 않고 깨달음에 이르려면 정신과 물질[六根]을 조화롭게 다스릴 수 있는 自由意志가 있어야 한다. 즉 양면에 치우치지 말고 오로지 主人空을 믿고 그 主人空 자리에 놓아야만 두 번째의 죽음을 맛볼 수 있다.

> 자기 혼자만 편안한 것은 아직 공부가 다 익지 못했다는 증거야. 그래서 그 다음 차원의 과제는 내가 편안한 그것을 넘어서서 모두 함께 편안한 차원으로 가는 것이지. 그러자면 대비심이 있어야 하고, 수행자로서의 용기가 있어야 해.232)

수행을 계속해 나가는 길은 大悲心과 勇氣가 있어야 한다. 大悲心이 없다면 처음 '참나'를 발견한 것으로 멈출 수 있다. 첫 번째 단계에서 '참나'의 발견은 새싹이 발현한 것에 지나지 않음을 알지 못하기 때문에 혼자서만 달콤한 샘물의 맛을 보면서 안주하고 더 높은 차원으로

---

231) 〈일반법회〉 1991. 2. 3.
232) 앞의 책, p.30.

나아갈 수 없다.

성문승과 연각승이 자신의 깨달음에 만족하여 안주하는 것에 비유할 수 있다. 스님은 진정한 깨달음을 自利行과 더불어 利他行이 이루어져서 自利行이 곧 利他行이 되고 利他行 또한 自利行이 될 수 있는 나와 남이 둘이 아닌 일체가 될 때를 말한다고 볼 수 있다. 그러면 한 단계 높은 차원인 두 번째 깨달음의 구체적인 내용을 살펴보자.

> 소위 神通力이라고 하는 신묘한 능력이 오지. 神通力이 오면 그것 또한 놓아버려. 신통 능력까지도 놓아 버려야만 할 일체 경계 중의 하나인 것이지. 그렇게 해서 천안통, 천이통, 타심통, 숙명통, 신족통 등이 오면 그대로 다 자기의 근본으로 되돌리게 되지. 이렇게 모든 경계를 自心으로 돌리고, 自心을 無心으로 돌리고, 그 無心조차 녹아져서 空에 이르는 것이지.[233]

이런 수행 과정을 거쳐 五神通[234]에서 벗어날 수 있으며 최종적으

---

233) 위의 책, p.32.

234) 수행으로서 오신통을 얻기도 하지만 수행을 하지 않은 사람이 오신통을 얻기도 하는데 이 둘은 차이가 있다. 수행하지 않고 오신통을 얻은 사람은 신비한 힘에 사로잡혀 점장이가 되거나 미치광이가 될 수도 있다. 왜냐하면 나와 둘이 아님을 알지 못하기 때문에 그것을 되돌려 자기의 근본 자리에 놓지 못한다. 大行스님은 신비한 것을 보아도 중심이 확고하면 대자유권을 얻어 成佛할 수 있지만 그렇지 않으면 오히려 부자유 속에 빠져 삿된 길을 가게 된다고 경계한다. 이제열,『한마음-대행스님대담집』(글수레, 1988), p.31; 智者大師,『法界次第初聞』(『大正藏』46, pp.678b-c) "一天眼通 修天眼者 若於深禪定中 發得色界四大淸淨造色住 眼根中卽能見六道衆生死此生彼 及見一切世間種種形色 是爲天眼通 二天耳通 修天耳者 若於深禪定中 發得色界四大淸淨造色住 耳根中卽能聞六道衆生語言 及世間種種音聲 是爲天耳通 三知他心通 修他心智者 若於深禪定中 發他心智 卽能知六道衆生心及數法 種種所緣念事 是爲他心通 四宿命通修宿命通者 若於深禪定中 發宿命智 卽能知自過去一世二世百千萬世乃至八萬大劫宿命 及所行之事 亦能知六道衆生所有宿命 及所作之事 是爲宿命智也 五身如意通修身通者 若於深禪定中發得身通 通有二種 一者飛行速到山障無礙 二能轉變自身他身 及世間所有 隨心自在 是爲身如意通"

로 漏盡通[235]을 얻어 신통력을 자유자재로 쓸 수 있다. 五神通만으로는 道가 되지 못하기 때문에 漏盡通을 얻은 이후라야 利己心이 아닌 菩薩心으로 신통을 쓸 수 있다. 이때는 모든 생명들과 나의 마음이 계합이 되어 둘이 아닌 한마음이 작용하기 때문에 時空을 초월하여 大悲心과 大智慧를 具足하게 되었다고 할 수 있다.

　부처님께서도 깨달음의 전달 방법으로 중생을 敎化하고자 三神變說[236]을 사용했다. 이 단계에 이르면 神通力으로 풀잎 하나, 벌레 하나까지도 포함해서 하나하나 점검해 나가게 된다. 스님은 이것을 보림[237]이요 만행이라고 한다.

---

235) 누진통을 닦는다는 것은 깊은 선정 가운데에서 見惑과 思惑을 끊는 참된 지혜를 내면 곧 貪, 嗔, 癡의 세 가지 흐름이 길이 다하게 되는 것이니 이것이 漏盡通이다. 智者大師, 『法界次第初聞』(『大正藏』 46, p.678c) "六漏盡通 修漏盡通者 若於深禪定中 發見思眞智則三漏永盡 是爲漏盡神通也"

236) ① 神足神變 : 자만하는 중생을 억제하기 위해 여러 가지 신통을 나타내는 것으로 神通神變이라고 한다. 神足은 하늘을 날아다니는 발을 의미하는데 하늘은 天神을 의미하거나 또는 천신이 거주하는 空間的 세계를 의미한다. 이것은 禪定의 세계를 習得하여 禪定의 세계에 정통함을 드러낸다. ② 觀察他心神變 : 모든 중생의 업과 과보를 알고 이것에 따라 설법을 행하는 것으로 說法神變이라고 한다. ③ 敎誡神變 : 설법하고 경책하여 중생을 고통으로부터 구출하는 것을 말한다. 최봉수, 《초기불교수증론, 20강》 동국TV불교아카데미, 2011.

237) 保任이란 理法을 自心에서 깨달아 안 후, 이를 현실에서 언제나 구현될 수 있도록 그 지혜를 더욱 증장시키고, 뚜렷이 하여 純熟하여 가는 과정이다. 처음 理法을 解悟하였다 하더라도 아직 현실의 事에 부딪혀서 자유자재가 되지 않는다. 그 理가 보다 뚜렷해지고, 분명해져야 현실의 事에 직면하여 그 理의 뜻대로 구현되는 것이 점차 이루어진다. 즉 법을 알고 난 후에 이를 더욱 뚜렷이 하고, 항상 구현되도록 하는 행의 과정이 보림이다. 그 理가 事에 일치하여 걸림 없게 되는 것을 理事無碍 즉 理와 事가 합치하여 걸림 없다고 한다. 이사무애도 그 심화 내지 구현된 정도에 따라 여러 단계로 나뉜다. 보살 단계에서 이사무애가 점차 온전히 이루어지고, 佛地에서는 事事無碍가 성취된다.

스님은 어린 시절부터 내면의 아빠[主人空]의 실체를 알고자 끊임없이 정진을 한 결과 스님의 나이 33세에 아빠의 실체를 깨달을 수 있었다. "아비 묘와 자식 묘가 있는데 아비가 자식 묘로 가면 아비가 자식이 되어 버리고, 자식이 아비 묘로 가면 자식이 아비가 되니 이것이 무슨 뜻인가?" 라는 疑情을 잡고 自와 他가 둘이 아닌 도리를 체험을 한 것이다.

> 아들의 산소와 아비의 산소를 놓고 지키고 있는 거야. 일주일이 지났나 … 일주일이 지났는데 그거 생각만 하니까 배고프고 자시고 그것도 없어. 몸이 일그러지는지, 실그러지는지 그것도 몰라. 그냥 그럭하고 앉았다 보니까 다리가 다 굳어 돌아가도 그게 굳은 줄도 몰라 … 그때의 어린 생각에도 묘지는 영으로 따진다면 그 마음이라는 것은 체가 없다 이거야. 그러니 아들이 아버지가 되고, 아버지가 아들이 되지. 둘이겠느냐 이거야. 어디 둘이겠느냐? 이 모두가 내 생명과 마음, 마음 내는 것과 이 육체 움직이는 게 둘이겠느냐 이거야. 그러니 애비는 애비로되, 자식은 자식이로되, 자식은 중간에서 위로는 일체조상, 일체제불, 일체만물을 바로 어버이로 삼고 아래로는 자기 몸속의 중생들 제도, 모든 나와 더불어 중생들을 제도하는데 목적이 있다 이거야.238)

화엄의 십현연기문239)에서 주인과 수행원, 주체와 객체가 조화롭게 더불어 일하는 미덕을 완성하는 경계인 主伴圓明具德門에 비추어 볼

---

238) 〈대담법회〉 1987. 9. 15.
239) 十玄緣起는 현상계의 事事無碍연기의 이치를 설한 것으로 無盡緣起를 十門으로 나누어 各說한 것이다. 법장은 『화엄오교장』에서는 스승인 지엄의 십현문설을 그대로 계승하고 있으나 『탐현기』에서는 그것을 약간 수정하여 서술하고 있다. 그래서 『탐현기』 이후에 보이는 십현설을 新十玄이라 하고 그 이전의 십현설을 古十玄이라고 부른다. 여기서는 신십현을 소개한다. ① 同時具足相應門 ② 廣狹自在無碍門 ③ 一多相容不同門 ④ 諸法相卽自在門 ⑤ 隱密顯了俱成門 ⑥ 微細相容安立門 ⑦ 因陀羅網境界門 ⑧ 托事顯法生解門 ⑨ 十世隔法異成門 ⑩ 主伴圓明具德門 등의 열 가지이다.

수 있다. 개별의 존재는 각각 主가 되고 또한 伴이 되는 것으로 보현보살이 法을 說할 때에는 보현보살이 主이고 그 이외의 보살은 伴이 되며 문수보살이 法을 說할 때에는 문수보살이 主가 되고 그 이외의 보살이 伴이 되는 것을 말한다. 이처럼 大行스님은 개별의 존재를 인정하면서 자식이 아비의 묘로 가면 아비가 되고, 아비가 자식의 묘로 가면 자식이 되는 이치를 깨달았던 것이다.

『花嚴略策』에서 '主伴圓明具德門'은 북극성이 제자리에 있음에 뭇별들이 받드는 것과 같다'[240] 라고 한 뜻으로 보면, 북극성은 내면의 아빠로 근본 자체이고 일체 모든 존재가 된다고 볼 수 있다. 아비와 자식은 개별적이면서도 둘이 아닌 도리를 깨치고 보니, 내면의 아빠는 바로 나이며, 근본 자체이고, 일체 모든 만물만생이었다.

이러한 체험을 바탕으로 상원사 견성암에 주석하면서 찾아오는 모든 사람들에게 스님이 깨닫고 체험한 것을 점검했다고 한 것은 일종의 보림으로 볼 수 있을 것이다.

3) 일체의 나툼[241]

세 번째 단계는 일체의 나툼으로 체험한 것을 점검한 후에 다시 세속의 중생 속으로 회향하는 단계이다. 이제는 더 이상 衆生으로서가 아니라 菩薩로서 돌아오는 것이라 할 수 있다. 菩薩은 色身으로서가 아니라 마음의 法理로서 몸이 아픈 자에게는 '약사여래'가 되고 고통 받는 중생에게는 '관세음보살'이 되고 지옥 중생에게는 '지장보살'이 되어 준

---

240) 『法界圖記叢髓錄』『花嚴略策』(『大正藏』45, p.763c) "花嚴略策云…十主伴 圓明具德門 北辰居所衆星拱之"

241) 나툼이란 깨달음을 얻은 후에 천수천안을 가진 관세음보살의 자비와 지혜의 마음으로 지구 곳곳의 어느 한 군데 빠짐이 없이 온누리를 살펴서 자비를 베풀 수 있는 나툼이다. 〈담선법회〉 1984. 02. 21. 참조.

다. 이처럼 모든 중생과 함께 평등하게 나투는 것은 부처와 보살이 본래 자신에게서 나왔기 때문[242]이다. 스님은 모든 생명이 나의 스승 아님이 없기 때문에 그 이치를 체험으로 알기 위하여 菩薩行을 하였다고 볼 수 있다. 어떤 마음이 보살의 마음인지 구체적으로 살펴보자.

> 질문 : 보살의 마음은 어떤 것인지요?
> 대답 : 오직 참만을 보고 참으로만 살지. 앞과 뒤가 끊어져 있어. 아무런 여한도 迷함도 없고, 아무런 바람도 없어. 그냥 존재할 뿐이야. 언제 어느 때나 이 세계의 수많은 중생, 보살, 부처와 한 몸 한마음이지. 그러면서 세상을 제도하지. 본래 부처이면서도 온갖 고통에 시달리는 중생들에게 자기 본래 모습을 보도록 여러가지 방편을 내거든. 무엇을 해도 중생들로 하여금 자기 자신의 참모습을 보게 하는 그것을 위한 일 뿐이지.[243]

부처와 한 몸 한마음이라는 표현 속에서 法과 一體가 되었다는 것을 알 수 있다. 法은 緣起法이기 때문에 時間과 空間을 초월하여 恒存하는 道이며 永遠不滅의 眞理[眞如]이다.

석가를 佛陀라고 하는 까닭은 永遠普遍의 法을 自證하여 그 法을 自身으로 하는 점에 있다. 法身은 法을 身體로 하기 때문에 法界 그 自體이며 法界와 같이 廣大無邊한 存在로서 時間的 또는 空間的으로 無限性을 지니게 된다.[244] 따라서 앞도 뒤도 없으며 그냥 그대로 존재할 뿐이므로 無願 해탈을 얻은 것이라고 할 수 있다.

스님은 삼천대천세계에 어느 것 하나 나 아님이 없고 내 이름 아님이 없고, 바로 내 아픔 아님이 없고 내 생명 아님이 없고 내 형상 아님

---

242) 이제열, 『한마음-대행스님 대담집』 (글수레, 1988), p.35.
243) 위의 책, pp.35-36.
244) 권탄준, 「華嚴經에서의 如來에 대하여(Ⅰ)」, 『한국불교학』 제16권(1991), pp.477-478.

이 없는 둘이 아닌 도리를 알고 둘이 아니게 나투는 경지에 이르는 것을 涅槃[245) 또는 究竟覺知라고 표현한다.

『화엄경』「야마궁중게찬품」가운데 覺林보살의 게송[246)에서 모든 것은 마음이 지어낸다고 하는 것과 대행스님이 세 번의 죽음 후에 중생 속으로 회향하는 단계에서 보살의 마음이라고 하는 것과는 동일한 마음을 나타내고 있음을 알 수 있다.

결국 부처는 衆生 속에서 나왔고 衆生도 부처 속에서 나왔으니 이것이 둘이 아닌 도리다.[247) 이처럼 세 번을 크게 죽어서 오로지 衆生과 더불어 둘이 아니게 나툼의 도리를 알고 衆生을 제도할 수 있어야 成佛했다고 말할 수 있는 것이다. 크게 나툼의 도리를 깨닫고 成佛한 사람이 자유자재하게 衆生을 제도한다고 하지만 六神通과 같은 큰 능력이 있어서는 아니다. 스님의 자유자재한 능력이 무엇인지 다음의 인용문을 통하여 보자.

> 자유자재라는 그 말은 항상 같은 자리에서 내 몸과 같이 생각하고 내 아픔과
> 같이, 내 자리와 내 몸과 내 마음과 동시에 하나로 가면서 서로가 서로를
> 사랑하면서 포용하는 그러한 것이 바로 윤회에 끄달리지 않고 無에나 有에

---

245) 모든 일체, 이름으로 지어서 主人空이라고 할 수 없는 主人空. 모두가 한데, 有生·無生이 한데 합쳐진 바로 그 속에 나. 나라는 것이 없이 나라는 것이 거기 한데 합쳐져서 나툼이 있으니 그 나툼을 바로 열반이라 하고 그것을 바로 부처님이라고 할 수 있겠죠. 〈담선법회〉 1984. 02. 17.

246) 『80화엄』권19 「야마궁중게찬품」(『大正藏』10, p.102a) "心如工畫師 能畵諸世間 五蘊悉從生 無法而不造 如心佛亦爾 如佛衆生然 應知佛與心 體性皆無盡 若人知心行 普造諸世間 是人則見佛 了佛眞實性" "마음은 화가와 같아서 모든 세간을 그려내며, 오온이 마음 따라 생기어서 어떤 법도 짓지 않는 것이 없다. 마음과 같이 부처도 그러하고, 부처와 같이 중생도 그러하니 부처나 마음이나 그 성품 모두 다함이 없다. 어떤 사람이 모든 세간을 마음 짓는 줄을 안다면 그 사람은 부처를 보고, 부처의 참 성품을 알게 될 것이다."

247) 『허공을 걷는 길: 국외지원 법회』 2권, p.1021 참조.

나 전부 내 아님이 없이 서로 상응할 수 있고 하늘과 땅 사이에도 우주
천하를 전부 같이 상응할 수 있다는 그 점입니다.[248)]

스님은 특별한 능력을 언급하지는 않는다. 그러나 두 번째 단계에서
얻는 것이 六神通이라고 한 것처럼 神通을 얻었음에는 틀림없는 것으
로 보인다. 스님의 회상을 찾는 사람들은 다양한 문제들을 가져왔다.
그 중에서도 病苦로 찾아오는 사람들이 많았다. 그들에게 주는 가르침
은 오로지 主人空을 믿고 맡기라는 것이었다. 자기를 형성시킨 主人
空 자리에서만이 병도 낫게 할 수 있으니 주인공에게 病苦도 일임하라
고 했다. 그 후에 病이 나아서 감사하다는 말을 하면 스님은 내게 감사
하다고 하지 말고 主人空 자리에 감사하게 놓으라고 했다.

그것은 위의 인용문에서처럼 깨달아 자유자재하다는 것은 온 누리,
물 한 방울에까지 자비를 베풀 수 있는 마음이다. 다른 사람이 病苦로
아프면 내 몸과 둘이 아니어서 스님의 아픔이 될 수밖에 없었기에 스
님은 스스로 아픔을 치유한 것이며, 인간의 몸을 받으면 100% 부처가
될 수 있는 가능성이 있기 때문에 상대의 지극한 믿음과 相應이 되어
서 病苦를 치유했다고 한 것이다. 부처님도 방편으로 神通力을 썼듯
이 大行스님 또한 각자 主人空에 觀하는 法을 알려주기 위하여 병을
방편으로 삼았음을 알 수 있다.

스님은 신도들에게 스스로 갖추고 있는 根本의 佛性을 발현시켜서
목마를 때 물을 달라는 것이 아니라 스스로 떠서 먹을 수 있기를 원했
다. 그러나 스님의 뜻과는 달리 사람들은 눈앞의 문제만을 해결하기
위해 찾아왔으며 그 문제가 해결되고 나면 그만이었다. 어떤 방법으로
祈福信仰에서 탈피할 수 있을까를 고심한 끝에 다른 方便을 써 보았

---

248) 〈담선법회〉 1984. 01.

다. 도살장으로 끌려가는 소를 보고 無住相 布施를 설명했다.

> 소가 도살장으로 끌려갈 때 그 소가 전자에 어떻게 살았으며 그것이 순간
> 나올 때 내가 봤으면 벌써 인연이야, 봤으니까. 그러니까 그 소의 모습을
> 벗을 때도 아프지 않게 벗게 하고 벗게 되면 바로 그 모습은 다 약으로
> 주게 하고, 그 영혼은 건져서 인간 환생으로서 심어 주고, 그러면 일거수
> 일투족 보고, 듣고, 보이지 않는 곳에서도 보고, 이렇게 알고 이렇게 하는
> 거를 일일이 어떻게 쫓아 댕기면서 하나 마음이래야 하지. 만약에 그런
> 공부를 못한다고 하면 내가 이 자리에 앉아서 과거로 돌아가서 해결을 해야,
> 이 현재에 지금 사람을 건지지.[249]

> 소 모습을 벗고 사람으로 나오려면, 또 죽이는 데도 아프지 않게 마취를
> 시키는 것처럼, 둘이 아니게 됩니다. 그러면 그 소는 아프지 않고, 그냥
> 가게 되죠. 그러면서 몸을 벗죠. 소의 몸을 벗고, 소의 몸을 벗어서 모든
> 사람들의 양식이 돼 주고 약이 돼 주고. 그렇게 살리면서 자기 영혼은 그냥
> 다시 진화돼서 바로 탄생이 되는 거죠. 이것이, 우리가 지금 옛날 얘기가
> 아니라 지금 우리가 그렇게 하고 가고 있다는 얘깁니다.[250]

스님은 도살장으로 끌려가는 소를 볼 때마다 소의 고통을 생각하고
소와 하나가 되어서 고통 없이 몸을 바꿀 수 있게 하였다. 소에게 한마
음으로 응해 주듯이 사람들에게도 자기의 根本을 깨달을 수 있도록 한
마음이 돼 주면서, 자신의 근본을 알지 못하면 소가 이유도 모른 채 봉
변을 당하는 것처럼 대처할 수 없다고 설명해 주었다.

스님은 山中苦行 중에 독초를 먹었는지 목에서 피가 울컥 올라와서
죽음 직전에 이른 적이 있었다. 그런데 풀숲에서 뱀이 나뭇잎을 물고
나타났다. '당신이 나를 구해 준 일이 하도 고마워서 이것을 갖다 드리

---

249) 〈승단법문〉 1996. 1. 1.
250) 『허공을 걷는 길: 국외지원 법회』 3권, p.1509.

는 것이니 짓이겨서 먹고 나으라'는 것이었다. 그러고는 '생각 같아서
는 당신을 한번 안아 주고 싶지만 제 몸이 보기 흉하니 그만두고 가겠
다'고 했다.[251] 뱀이 가져다 준 나뭇잎을 먹고 스님은 병이 나을 수 있
었다. 어떤 약효가 있었는지는 모르지만 뱀의 지극한 마음이 작용한
것임에 틀림이 없다. 뱀이 준 것은 단순한 나뭇잎이 아니라 사랑과 慈
悲心이었다.

　이러한 일을 교훈으로 삼아 후일 병고로 찾아오는 사람에게 이름 모를
풀을 처방약으로 주어도 병이 나았던 것은 스님의 慈悲心과 찾아온 사람의
믿음이 작용한 것이다. 처방약에 대한 지극한 믿음으로 병이 나을 수
있음을 보여준 것은 스스로 갖추고 있는 佛性[主人空] 자리를 믿고
가는 것만이 고통으로부터 벗어나는 길임을 알려 주기 위한 것이었다.

　해는 눈이 먼 사람에게도 차별하지 않고 평등하게 따뜻하고 밝은 빛
을 고루 비춘다. 눈 먼 사람에게 아무리 눈을 뜨고 밝은 세계를 보라고
해도 볼 수는 없으나 햇볕의 따뜻함을 느낄 수 있다. 이처럼 중생들은
당장 내 앞에 닥친 문제를 해결하지 못하면 아무리 좋은 설법이라 해
도 들으려고 하지 않는다. 그래서 스님은 우선 햇볕의 따뜻함을 느끼
게 해 주고, 그 후에 눈을 뜰 수 있는 방법[主人空 觀法]을 찾아 스스
로 치유할 수 있도록 도움을 주었다.

　결국 대행스님이 말하는 진정한 成佛은 智慧와 慈悲를 구족하고 衆
生과 더불어 그들의 고통을 내 고통으로 받아들이고, 그 고통에서 벗
어날 수 있는 길을 제시해 줄 수 있어야 하는 것이라고 볼 수 있다.

---

251) 위의 책, p.69.

V

結 論

大行스님(1927-2012)은 한국 불교계에 큰 足跡을 남기신 분이라 할 수 있다. 국내에 한마음선원 본원을 비롯하여 15개의 지원과 국외에 10개의 지원을 설립하여 포교에 심혈을 기울였다. 150여 명에 달하는 출가제자를 두어 각 지원에서 포교와 修行에 매진할 수 있도록 한 것으로도 스님의 일면을 볼 수 있다.

그러나 스님의 어린 시절은 시대적으로 암울한 일제 강점기였기에, 일제에게 모든 것을 빼앗기고 거리로 내몰린 집안 형편으로 삶의 의욕을 잃은 부친의 핍박을 피해 주로 산속에서 생활을 한다. 어디 한군데 의지할 곳이 없었던 스님은 내면의 아빠[主人空]와 대화를 하면서 마음의 눈을 뜨게 되며, 내면의 소리에 귀를 기울이면서 기쁨을 느낄 수 있었다. 그러나 내면의 아빠는 도저히 생각으로는 알 수 없는 수수께끼 같은 물음을 던졌고 그 궁금증을 해결하기 위해 온갖 고행을 견뎌가며 산 속으로 떠돌면서 수행에 매진했다.

한암스님과의 인연으로 19살에 출가를 했으며 23살에 정식으로 사미니계를 받았다. 출가는 하였지만 절에서의 생활은 아주 짧은 기간뿐이었다. 어린 시절부터 익숙한 산속에서의 생활은 스님을 자연과 하나가 되게 했다. 내면에서 나오는 疑情은 공부의 재료였으며 그 疑情을 풀어가는 과정에서 모든 삼라만상 두두물물은 스님의 스승이었다.

스님은 산속으로 遊行하며 스스로 경험하고 체득하여 깨달음을 얻었다. 이후 중생들을 敎化하기 위하여 깨달음의 내용을 펼친 修行法이 '主人空 觀法'이다. 그러나 '主人空 觀法'은 아직 널리 알려지지 않았다. 새로운 수행법으로서 觀法修行은 따로 시간을 내지 않아도 할 수 있기 때문에 바쁜 현대인들에게 있어서 적절한 修行法이 될 수 있을 것이다. 그리고 二分法적인 사고가 팽배해 있는 현대사회에서 나와 너를 경계로 구분 짓지 않아도 서로에게 이익이 되는 마음법이다. 왜냐하면 主人空은 일체 모든 것과 연결이 되어 있기 때문이다.

大行스님은 나무와 전깃불에 자주 비유를 한다. 나무는 뿌리가 보이지 않아도 나무를 지탱하고 뿌리에서 자양분을 올려주기 때문에 나무는 뿌리를 믿고 의지한다. 전깃불 또한 방안의 스위치만 올리면 환하게 불이 켜진다. 그것은 보이지 않는 전선으로 가설이 되어 있기 때문이다.

이처럼 자식과 부모는 물론이고 우주 천체와도 보이지 않는 에너지로 연결이 되어 있다. 이 연결된 것에 스위치만 올리면 되는 것이다. 이 스위치를 올리는 일이 바로 主人空을 믿고 主人空에 나의 一切를 내려놓고 맡기고 지켜보는 것이다.

지금은 經典을 공부할 수 있는 불교교양대학이 많아서 누구나 쉽게 배울 수 있는 여건을 지니고 있다. 그러나 예전에는 經典을 접하는 것이 쉽지 않았고, 漢字로 되어 있는 경우가 많아 어려웠다. 한글로 번역이 되어 있다고 해도 단순히 音만을 달아서 쓰는 경우가 많기 때문에 어렵기는 마찬가지였다. 이러한 불교용어의 어려움으로 인해 절에 다니고 있는 불자들은 대부분 福을 비는 행위만을 해왔다고 해도 과언이 아니다. 최근에 와서야 福을 구하기보다는 福을 짓는다고 하지만 어떤 行이 福을 짓는 것인 줄 모르는 경우가 많다.

스님은 몸으로 하는 行도 중요하지만 마음의 行을 보다 더 강조한다. 몸으로 하는 行은 한계가 있어도 마음으로 하는 行은 無限量이기 때문이다. 主人空 觀法은 바로 빛보다도 빠른 마음으로 하는 行이다. 그냥 무심코 앞에 닥치는 일을 몸으로 움직여서 하기에 앞서 마음으로 行하면 그 일은 바로 그 자리에서도 해결이 될 수 있는 最上昇法이라고 할 수 있다.

우리가 부처님께 육법공양을 올려도 보이는 물질로만 생각하고 올린다면 공덕이 되지 않고 물질과 마음이 하나로 계합된 '한마음'으로 올리면 공덕이 된다. 달마대사가 양무제의 공덕이 하나도 없다고 한 이유는 내가 했다고 하는 我相이 너무 많았기 때문이다. 스님은 功德 과 福德은 천지차이라고 한다. 모두 한데 뭉쳐서 아픔을 서로가 알고 내 아픔도 둘이 아니게 위해 주는 그런 마음 자체가 바로 功德이며, 자신을 위해 기도하고 시주하는 것은 福德이다.

福德은 잠시잠깐 그저 불 반짝 켜 주다가 꺼지는 거와 같지만 功德 은 무명의 굴레에서 벗어나서 세세생생의 밝음을 주게 된다.[252] 공덕 가운데 가장 큰 공덕의 하나는 '主人空 觀法' 修行이다. 관법 수행의 공덕은 因果와 業이 무너지며, 모든 習을 녹이게 되고, 습이 떨어지고 난 자리에서 근본성품인 '참나'가 드러나게 되는 것이다. 이처럼 '참나' 의 발현이 가장 큰 공덕이 되는 것은 근본을 밝혀서 지혜롭게 살고자 하는데 수행의 목적이 있기 때문이다.

'主人空 觀法' 수행의 핵심은 '일체를 내 탓으로 돌려서 둘이 아니게 보라'는 것이다. 이처럼 大行스님의 모든 귀결점은 내 탓으로 돌리는 것이다. 내 탓으로 돌린다고 하여 스스로를 낮추어 자책하는 것이 아 니라 主人空에 觀하는 것이다.

현실 생활에서의 모든 苦는 내가 존재하기 때문에 발생한다. 그러나 내 몸 속의 수십만의 생명들과 의식들이 함께 共生, 共心, 共用, 共體, 共食 하면서 돌아가고 있기 때문에 '나'라고 세울 것도 없다. 부처님은 갈대단의 비유[253]를 들어 '나' 라고 하는 존재를 규명한다. 한 갈대가 넘어지면 다른 갈대도 같이 넘어져 갈대단은 성립될 수 없는 것처럼 내가 존재하기 때문에 내 탓으로 돌려야 하는 것이다.

인간이 자신만의 이익을 추구하고 다른 존재를 무시하거나 파괴하

---

252) 『허공을 걷는 길: 국내지원 법회』 3권, pp.1188-1189.
253) 『잡아함경』 권12(『大正藏』 2, p.81b) "譬如三蘆立於空地 展轉相依 而得堅 立 若去其一 二亦不立 若去其二 一亦不立 展轉相依 而得堅立"

면 그것은 곧 인간 존재의 소멸을 의미한다. 갈대단이 서로 의지해야 바르게 설 수 있는 것처럼 마음과 육체, 정신과 물질, 인간과 자연 등의 존재하는 모든 것은 서로서로 의지해서 생성 변화하는 것이며 서로 의지하는 원인과 조건의 그 관계가 무너지면 저절로 소멸된다. 이러한 연기법으로 보면, 내 몸의 수십만의 세포들이 서로 共生하기 때문에 主人空에 일임해야만 조화롭게 돌아가면서 功德이 될 수 있는 것이다.

　일체법은 無我이고 空이라는 것은 바로 우리가 존재로 생각하고 있는 것들은 존재가 아니라 연기법에 의해 나타난 현상이라는 의미를 표현한 것이다. 붓다가 無我라고 하고 空이라고 하는 말의 의미는 그것이 緣起하고 있다는 의미인 것이다. 따라서 緣起와 無我와 空은 본질적으로 동일한 의미를 갖는다고 할 수 있다.[254]

　그러니 내가 잘했다거나 내가 잘못했다거나 하는 것도 결국은 없는 것이다. 따라서 현실에서 벌어지는 모든 문제의 근원을 내 탓으로 돌리되, 是是非非를 가리지 말고 空心으로 근본의 주인공 자리에 놓고 지켜보기만 하면 된다.

　'主人空 觀法'의 가장 큰 특징은 생활과 병행하여 할 수 있는 것이다. 앞에 닥친 문제를 공부의 재료로 삼아 자신의 일을 하는 동시에 내면에서는 觀法修行을 하고 있기 때문이다. 스님은 태어난 것 자체가 話頭라고 한다. 이 몸 자체가 話頭이기 때문에 일상생활이 곧 話頭가 된다. 일상생활을 話頭로 삼아 문제를 해결해 가는 것이야말로 현실의 생활과 직결이 되는 修行의 방편이다. 그리고 각자의 문제를 분별하지 않고 무조건 내 탓으로 돌려서 主人空 자리에 내려놓는 수행과정에서 각박한 현대인들이 남을 조금이나마 배려할 수 있는 마음이 생길 것이다.

---

254) 이중표, 『아함의 중도체계』 (불광출판부, 1991), p.201.

⌐참고문헌⌐

● 원전류

『雜阿含經』『大正藏』2.

『增壹阿含經』『大正藏』2.

『60華嚴經』『大正藏』9.

『40華嚴經』『大正藏』10.

『80華嚴經』『大正藏』10.

『大般涅槃經』『大正藏』12.

『勝鬘師子吼一乘大方便廣經』『大正藏』12.

『維摩詰所說經』『大正藏』14.

『入楞伽經』『大正藏』16.

『菩薩瓔珞本業經』『大正藏』24.

『中論』『大正藏』30.

『大乘起信論』『大正藏』32.

『大方廣佛華嚴經疏』『大正藏』35.

『搜玄記』『大正藏』35.

『華嚴經疏』『大正藏』35.

『探玄記』『大正藏』35.

『新華嚴經論』『大正藏』36.

『大乘義章』『大正藏』44.

『孔目章』『大正藏』45.

『法界圖記叢髓錄』『大正藏』45.

『華嚴經問答』『大正藏』45.

『華嚴法界玄鏡』『大正藏』45.

『法界次第初聞』『大正藏』46.

● 단행본류

계　환,『대승불교의 세계』(운주사, 2005).

고익진,『불교의 체계적 이해』(광륵사, 2007).

교양교재편찬위원회,『불교학 개론』, (동국대학교출판부, 2005).

국제문화원 편저,『건널강이 어디 있으랴』(한마음 출판사, 2009).

김광식,『그리운 스승 한암스님』(민족사, 2006).

김광식,『탄허 대종사』(금강선원 선문출판사, 2010).

김정빈,『대행전집 : 求道記 道』(글수레, 1985).

김정빈,『무(無) : 대행스님 법어집』(글수레, 1986).

김정빈,『영원의 오늘 : 대행스님 법어집』(연꽃선실, 1989).

김호성,『대승 경전과 禪』(민족사, 2002).

대행,『그냥 무조건이야 : 대행스님 법훈록』(한마음선원, 2009).

서혜원 편,『삶은 고가 아니다 : 생활 법어집』(여시아문, 1996).

서혜원 편,『영원한 나를 찾아서 : 대행스님 법훈록』(글수레, 1987).

원　택,『성철스님 시봉이야기2』(김영사, 2001).

은정희 역,『대승기신론소・별기』(一志社, 1997).

이기영,『유마경강의』(한국불교연구원, 2010).

이제열,『불법, 영원한 복락을 찾아서 : 대행스님 대담집』(여시아문, 1988).

이제열,『한마음 : 대행스님 대담집』(글수레, 1988).

이중표,『아함의 중도체계』(불광출판부, 1991).

전해주,『義湘華嚴思想史硏究』(민족사, 1994).

전해주,『화엄의 세계』(민족사, 2007).

정병삼,『의상 화엄사상 연구』(서울대학교, 2001).

정병조,『文殊菩薩의 硏究』(韓國佛敎硏究院 出版部, 1989).

최봉수,≪초기불교수증론, 20강≫ 동국TV불교아카데미, 2011.

한마음선원 출판부,『한마음요전 ; 대행스님 행장기 및 법어집』(한마음선원 출판부, 2010).

한마음선원 출판부,『허공을 걷는 길 : 대행스님법어집』국내지원법회 전3권 (한마음선원 출판부, 2005).

한마음선원 출판부,『허공을 걷는 길 : 대행스님법어집』국외지원법회 전3권 (한마음선원 출판부, 2011).

한마음선원 출판부,『허공을 걷는 길 : 대행스님법어집』법형제법회 전2권 (한마음선원 출판부, 2000).

한마음선원 출판부,『허공을 걷는 길 : 대행스님법어집』정기법회 전4권 (한마음선원 출판부, 1999).

현대불교신문사 엮음,『생활 속의 불법 수행』(여시아문, 1998).

慧禪,『한마음과 대행禪』(운주사, 2013).

高崎直道 外7人, 鄭舜日 역,『華嚴思想』(경서원, 2006).

李通玄, 효산역,『略釋 新華嚴經論』(운주사, 1999).

테오도르체르바츠키, 권오민 역,『소승불교개론』(경서원, 1986).

小川一乘,『佛性思想』(京都: 文榮堂, 1982).

● 학위논문

가온여울,「한마음 선원과 大行스님의 "主人空" 개념 연구」, (서울대학교 종교학과 석사학위논문, 2005).

고승학,「『大乘起信論』에서의 '如來藏' 개념 연구」, (서울대학교 석사학위논문, 2002).

김보태,「華嚴經과 起信論의 一心 및 修行에 관한 比較研究」, (동국대학교석사학위논문, 1992).

이균희(혜선),「'한마음' 思想과 禪修行體系 研究」, (동국대 선학과 박사학위논문, 2005).

이용권,「한마음 共生實踐過程의 마음治癒에 관한 現象學的 事例 研究」, (동방대학원대 박사학위논문, 2012).

장진영,「『화엄경문답』 연구」, (동국대학교 박사학위논문, 2010).

● 논문

권탄준,「華嚴經에서의 如來에 대하여(Ⅰ)」,『한국불교학』제16권, (한국 불교학회, 1991).

권탄준,「華嚴에서의 證得의 문제」,『정토학 연구』제12집, (한국정토학회, 2009).

마르시 미들브룩스, 「한마음 선원과 그 창시자인 대행스님에 관한 연구 : 내면의 목소리이며 우주의 부처인 주인공을 중심으로」, 『동아시아의 불교 전통에서 본 한국 비구니의 수행과 삶』(한마음선원, 2004).

박종래, 「한마음과학 : 대행스님의 과학관」, 『동아시아의 불교 전통에서 본 한국 비구니의 수행과 삶』(한마음선원, 2004).

석길암, 「일심의 해석에 나타난 원효의 화엄적 관점 -『기신론소』·『별기』를 중심으로」, 『佛敎學報』 49집, (불교문화연구원, 2008).

소홍렬, 「불교와 의식의 과학」, 『공(空)과 연기(緣起)의 현대적 조명』(고려대장경연구소, 1999).

송재운, 「화엄의 심성설」, 『동양철학』(한국동양철학회, 1994).

이수창(마성), 「自燈明 法燈明의 번역에 대한 고찰」, (『불교학연구』 제6집, 2003).

장애순(계환), 「『五敎章』의 信滿成佛에 대한 考察」, (『한국불교학』 제36집, 2004).

청고, 「대행 스님의 함이 없이 하는 도리」, 『동아시아의 불교 전통에서 본 한국 비구니의 수행과 삶』(한마음선원, 2004).

혜선, 「대행 스님의 수행관에 대하여」, 『동아시아의 불교 전통에서 본 한국 비구니의 수행과 삶』(한마음선원, 2004).

혜선, 「도심에서의 禪 : 현대사회에서의 불교수행에 대한 대행 스님의 새로운 접근」, 『제10차 세계여성불자대회학술논문집』(몽골, 2008).

中村董, 「華嚴経に於ける信滿成仏について」, 『印度學佛敎學硏究』 24卷, (日本印度學佛敎學會, 1976).

中村薫, 「『華嚴經』의 菩薩觀 -特に普賢, 文殊, 彌勒の三聖の相互關係 について」, 『日本佛敎學會年報』(日本佛敎學會, 1986).

● 사전류

『불교학대사전』(홍법원, 1996).

인명사전편찬위원회, 『인명사전』(민중서관, 2002).

● **未出刊物**

〈대담법회〉, 대행스님 법문
대담의 형식으로 질문자가 미리 질문의 요지를 만들어서 묻고 대답하는 형식의
법문을 한마음선원 출판부에서 대담법회로 분류하였다.

〈담선법회〉, 대행스님 법문
공식적인 법회의 형식을 갖추지 않고 둥그렇게 모여 앉아서 의문점이 있으면 질
문하고 답변하면서 토론하는 형식의 법회로서 한마음선원 출판부에서 담선법회
로 분류하였다.

〈일반법회〉, 대행스님 법문
1982년 10월 17일 이후부터 정기법회나 법형제법회가 정례화 되기 이전에 가졌
던 법회를 말한다. 정기법회는 1986년 8월 24일 이후부터 매월 셋째 주 일요일
한마음 선원 본원 법당에서 일반 신도들을 대상으로 한 정기적인 법회에서 설한
법문을 말하며, 법형제법회는 1990년 8월 5일 이후부터 매월 첫째 주 일요일, 한
마음선원 본원 법당에서 법형제회의 거사들을 주 대상으로 한 정기적인 법회에
서 설한 법문을 말한다.

〈승단법문〉, 대행스님 법문
스님들이 모인 공식석상에서 스님들을 위한 법문으로 한마음선원 출판부에서
승단법문으로 분류하였다.

찾아보기

바

사

아

자

한국비구니승가연구소 학술총서 ②

연꽃 피는 시간

초판 인쇄 2015년 8월 20일
초판 발행 2015년 8월 30일

저   자 | 芸成(金貞子)·慧敎(李香淑)
펴 낸 이 | 하운근
펴 낸 곳 | 學古房

주   소 | 경기도 고양시 덕양구 통일로 140 삼송테크노밸리 A동 B224
전   화 | (02)353-9908 편집부(02)356-9903
팩   스 | (02)6959-8234
홈페이지 | http://hakgobang.co.kr/
전자우편 | hakgobang@naver.com, hakgobang@chol.com
등록번호 | 제311-1994-000001호

ISBN   978-89-6071-543-1   94220
          978-89-6071-541-7   (세트)

값 : 23,000원